誰都可以成為有錢人！

關於財富的100個故事

100 Stories of Wealth

陳鵬飛◎著

【序言】
關於財富，你想不懂都不行

二十一世紀的今天，身處日益快速發展的經濟生活中，我們面臨著各式各樣的挑戰：龐氏騙局、匯率變化、捆綁消費、財富貶值……各式各樣和財富緊密相關的問題讓每一個現代人都應接不暇。

在現代的社會中，可以說，對於財富，你想不懂都不行。

基於此，我策劃出版了《關於財富的100個故事》這本書，在書中，讀者可以瞭解到財富的基本概念、最懂財富的學者、財富的來源、財富的使用方法及富人們所掌握的財富規律，力圖讓讀者全方位理解財富的原理、來源和通道。

本書的第一部分「外行看熱鬧：什麼是財富」，可以說是寫給所有人的一個入門教程。在這裡，你可以透過單身漢越境免費喝啤酒、「吃狗屎」創造GDP增值、天價理髮店、總統選舉等故事瞭解到貨幣、匯率、銀行、商品、經濟人等財富領域的基本概念。

第二部分「內行看門道：他們是最懂財富的人」，是財富大師們的薈萃之地。在這裡，你可以看到專注工作的丁伯根、毅然拋棄哈佛的天才薩繆爾森、勤勞致富的卡內基等這些正面的形象，也可以看到熱衷賭博的約翰．勞、斤斤計較的凱因斯等幾位走下神壇的形象。但不管形象如何，他們都是最懂財富的人，我們都能從他們身上學習到獲得財富的門道。

第三部分「財富從哪裡來」，應該是讀者最為關注的一部分。你可以讀到用一根別針換來一座別墅、女人們進入交易所、利用美女經濟達成熱門銷售的裁縫店、跑贏CPI的婆婆等個人創造財富的故事，也可以讀到因為一個廁所帶來億萬收入、因為一份保險全船人性命獲救等團體創造財富的故事。

有錢而不會花錢，無疑是最可悲的事情，第四部分「擁有財富，可以做什麼」，為讀者展示最有魅力的消費——能帶來更多財富、更多幸福感的消費才是聰明人的花錢方法。在這一部分的故事中，你能看到五十克朗的購買力、美國政府出手救市、百度高薪聘請獨立董事、給對手出廣告費的商人、高價打造專屬CIS系統的星巴克咖啡、波音收購麥道航空公司等故事，雖然花錢方法各異，但都為自己的企業或者家庭帶來了財富和幸福感。

講述了那麼多的故事，到底財富有沒有規律可循呢？

答案是肯定的。

在本書的最後一部分「富人必須掌握的財富規律」中，透過十幾個通俗易懂的小故事，你可以初步瞭解大城市效應、木桶原理、羊群效應、銀根緊縮等關於財富的專業理論，從而運用這些理論來贏得財富。

最後，願每一位讀者都能擁有自由的財富人生。

【自序】

五年後，你過什麼樣的生活

財富可分為有形和無形兩種，它是銀行的存款、是金銀首飾的數量、是每月薪水的額度、是年終紅包的厚度，也是我們每個人跑得動、吃得下、睡得香、愛得起的幸福感。

因此，當編輯邀稿的時候，我提筆的壓力是很大的——要將這麼龐大的概念用區區一百個故事來概述，實屬不易。

說來很巧，在整理這麼多年和財富「打交道」的資料之初，我恰好和幾位年輕的朋友有個約會。

席間，我們聊到關於財富的問題，有個年輕的朋友直言不諱地表達自己的觀點：「現代社會壓力這麼大，聊什麼幸福感，財富不就是金錢嗎？」

話糙理不糙。

金錢，不僅僅是銀行帳戶上的阿拉伯數字，還意味著權力、安逸和自由。

對身處日新月異的經濟社會中的每一個人（特別是年輕朋友）來說，最受困擾的就是錢。如何獲得錢？有了錢如何賺到更多的錢？那些有錢人的錢都是哪裡來的？這些切實的問題，才是他們最為關注的。

因此，我決定將財富的概念縮小化，將它用一百個故事的形式來展現，也就是讀者朋友即將閱讀的這本《關於財富的100個故事》。

在這裡，財富專指「錢、財、物」等這些我們熟知的概念，希望透過這一百個故事讓每個人邁出通往財富人生的第一步。

財富是什麼？

對一個女人來說，是讓自己經濟更加獨立不依附於任何人的可靠保障；對一個男人來說，是讓自己顯得更有魅力的最佳配飾；對一個母親或父親來說，是讓孩子享受更好物質生活的條件；對一個女兒或兒子來說，是讓父母「像給孩子買東西一樣不用思考價位」的孝心⋯⋯

既然財富是每個人都需要的，那麼我們就來討論一下富人和窮人的差別是什麼？富人總說「錢不是問題」，窮人總說「問題是沒有錢」，那麼，富人和窮人之間，真的是錢多少的問題嗎？

當然不是！

讀完一百個關於財富的故事，你會發現，窮人之所以是窮人，很大程度上是他們不懂財富，缺乏追求財富的勇氣。

有追求致富的心，只是第一步。接下來，你要懂得更多關於財富的專業知識，破解財富的專屬規律，還要從富人們的經歷中學習到累積財富的捷徑。

不要說來不及，哈佛有句校訓：「Thought is already is late, exactly is the earliest time.（覺得為時已晚的時候，恰恰是最早的時候。）」

追求財富，什麼時候開始都不遲，最重要的是你有改變自己的勇敢和決心。

從現在開始，給自己制訂一個財富計畫，五年後的你一定會過上最想要的生活！

目錄

第一章 外行看熱鬧：什麼是財富

第二章 內行看門道：他們是最懂財富的人

第三章 財富從哪裡來

第四章 擁有財富，可以做什麼

第五章 富人必須掌握的財富規律

500
FÜNFHUNDERT DEUTSCHE MARK
A9254487D4
100
A3230905
A4005165
DEL ECUADOR
ANONIMA
08118405

第一章

外行看熱鬧：什麼是財富

貨幣
神奇的百元大鈔

貨幣，是用作交易媒介、儲藏價值和記帳單位的一種工具，是專門在物資與服務交換中充當等價物的特殊商品。

時鐘指向下午兩點，正是小鎮最為炎熱的時刻。臨街的店主們都懶洋洋地窩在家中不肯出門，街上顯得空蕩蕩的。

小鎮的經濟已經蕭條很長時間了，鎮上每個人都是債臺高築，靠著信貸度日。每個人都想解決自己的債務，但迫於沒有任何經濟來源，只能日復一日地消磨下去。

時鐘又不慌不忙地走到兩點半。

門可羅雀的旅店門口停住了一個人，他拖著行李箱，皮鞋上浮了一層薄灰，看樣子應該是一個長途跋涉的旅人。

旅人向店內張望了一下，隨後走了進來，在昏昏欲睡的老闆面前拿出一張百元大鈔：「老闆，我想住店，這是一百美元，先押在你這裡，我進去看看有沒有喜歡的房間，如果有，我今晚就在這裡留宿了。」

旅店老闆眼睛放光：「好，客人請隨便看！」

旅店很大，老闆並不擔心旅人會很快出來，就拿著百元大鈔迅速趕往隔壁的屠夫家：「喂，我來還你錢！」

屠夫很高興，拿了旅店老闆的錢，急忙跑到街道對面，付清了欠養豬戶的豬錢。養豬人家也很高興，因為他欠了賣飼料人的錢，就匆匆忙忙趕過去，把剛拿到的百元大鈔給了賣飼料的人。

在隨後的十分鐘內，這張百元大鈔很「忙碌」，賣飼料的人把它給了飼料供應商，飼料供應商又把這錢給了妓女，償付他之前的嫖資。妓女拿著錢來到旅店老闆這裡，與旅店老闆結算她之前住店的錢，不多不少，剛好一百美元。

看到百元大鈔完整歸來，旅店老闆興奮之極，他把已經被眾人揉皺的百元大鈔熨好，再次放回到櫃檯上，等待旅人從店中走出來。

旅人很快就走了出來，對旅店老闆說：「我不打算住在這裡了，你店裡沒有一間房間是我喜歡的。」

旅店老闆也不生氣，無債一身輕給了他分外的好心情，他笑嘻嘻地對旅人說：「沒關係的，您告訴我房間不合適在哪裡，我一定會改造到讓您下次留下來為止。」

旅人在意見冊上寫下改進的建議，又行色匆匆地離開這個小鎮。

這個下午，沒有人得到什麼物質，也沒有人失去什麼東西。但是，全鎮人的債務都結清了，小鎮又重新煥發了生機。

天下「財」經

想要瞭解貨幣，首先就要弄明白什麼是一般等價物。

一般等價物是從商品中分離出來充當其他一切商品的統一價值表現的商品，它的出現是商品生產和交換發展的必然結果。

歷史上，人們曾經用黃金、白銀，甚至是石頭、貝殼，充當過交易中的一般等價物，後來因其攜帶不方便、貴金屬的供給不足等原因，逐步退出歷史舞臺。

目前，各國承認的一般等價物為各個國家發行的紙幣及銀行支票等，也就是貨幣。

貨幣，是用作交易媒介、儲藏價值和記帳單位的一種工具，是專門在物資與服務交換中充當等價物的特殊商品。既包括流通貨幣，也包括各種儲蓄存款。貨幣在流通過程中擔當著價值尺度、流通工具、貯藏工具、支付工具及世界貨幣五種職能，其中價值尺度是其最基本的職能。而故事中提到的一百元就是行使了價值尺度、流通工具兩種職能。

從本質上，貨幣可以分為債務貨幣與非債務貨幣兩大類，債務貨幣就是當今主要已開發和開發中國家所通行的法幣系統，它的主要部分是由政府、公司以及私人的「貨幣化」的債務所構成，美元就是其

各國的貨幣。

中最典型的例子，它就是在債務產生中被創造出來的，流通中的每一美元，都是一張債務欠條。

一般來說，每個國家都只使用唯一的一種貨幣，並由其國家的中央銀行發行和控制。但目前流通市場上也存在著例外，比如說歐盟國家中，既有自己國家的貨幣，同時也有歐元。

財富名人堂

查理．厄根（Charles Ergen）：男，西元二〇一三年《富比士》全球億萬富豪排行榜上第一百名，淨資產一百零六億美元。美國人，從事傳媒業。曾在菲多利公司擔任財務分析員，後和妻子一起開著卡車銷售衛星電視，最終創辦了一家提供衛星電視的網路公司。近年來收購了百視達公司，並且花三十億美元購買了尚未得到美國聯邦通信委員會批准使用的無線頻譜，成為傳媒業大亨。

交易
「叔叔，你把我賣了吧！」

交易，是指雙方以貨幣及服務為媒介的價值交換。

彤彤的爸爸靠打零工賺錢養家，在一次的事故中不幸去世了，家裡就只剩下彤彤和她的媽媽。而媽媽在爸爸的事故發生後不久就患了急性肺炎，整日纏綿病榻，不管白天還是黑夜都是咳嗽聲不斷。

這一切發生的時候，彤彤只有七歲。

在這個仍然需要躺在爸爸媽媽懷抱裡撒嬌的年紀，彤彤就已經扛起了整個家的重任。她爸爸的事故發生後，施工單位只給了少量的賠款，彤彤和媽媽不懂得為自己維權，拿著這點錢開始了孤兒寡母的日子。

本來賠款就不是很多，再加上媽媽的病，彤彤不得已選擇了輟學，懂事的她沒有告訴媽媽，每天按照上學的時間出門，其實都是去撿垃圾換錢了。撿垃圾的時候，彤彤最喜歡撿到別人丟棄的課本，她都會當作寶貝一樣拿回家自學。

有天，彤彤出去撿垃圾回來，村裡的婆婆攔住她說：「彤彤，最近不要去村西玩了。那邊的人口販子從監獄裡放出來了。」

「人口販子是做什麼的？」年幼的彤彤不太懂成人複雜的生存規則。

「人口販子就是專門找妳這樣的小朋友，賣給那些沒有孩子的家庭。」婆婆解釋說。

「啊！」彤彤大吃一驚，「小朋友也能賣？」

「那當然，還能賣不少錢呢？」婆婆說完又叮囑道，「沒事別去村西啊！」

彤彤懂事地答應了。

一個月後，彤彤的媽媽開始咳血，醫生說需要盡快動手術，手術費需要四千元人民幣。回到家中的彤彤為難地看著自己的小帳本，那上面詳細記錄了每一天的花費和賣垃圾換來的收入，還差兩千元。以後要更努力地撿垃圾賣錢了，彤彤暗暗地想。

但是媽媽的病情越來越嚴重，每天整夜整夜地咳嗽，幾乎沒有睡著的時候，彤彤聽著媽媽的咳嗽聲揪心極了，但是不管她怎麼努力去撿垃圾，還是差了一千八百元。

這天，彤彤忘記婆婆的警告來到村西，看到一個中年人正蹲在河邊吸菸。村裡的人彤彤都認識，看著這張陌生的臉龐，她才想起婆婆的告誡來。她的第一反應是拔腿就跑，但沒跑多遠，就停住了腳步，轉身向中年大叔走去。

「叔叔。」彤彤向中年人開口。

中年人抬頭看她，問：「有事嗎？」

彤彤緊張地說：「叔叔，你把我賣了吧！我媽媽要看病，我還差一千八百元，只要把我賣一千八百元就夠了……」

天下「財」經

故事中的小女孩將自己當作商品，向人口販子提出交易的要求。雖然是個悲情的故事，但是也反映出了交易的本質。簡單說來，交易是參與交易的雙方以貨幣及服務為媒介的價值交換。

西元二〇〇九年諾貝爾經濟學獎得主者威廉姆森這樣定義交易：「A transaction occurs when a good or service is transferred across a technologically separable interface. One stage of activity terminates and another begins.」根據威廉姆森的定義，當商品或服務透過「技術上不同的介面」轉移，交易就產生了。這種交易可以發生在個人和個人之間（如故事中小女孩和人販子之間），也可以發生在企業的內、外部，也可以發生在大市場的平臺中，只要資源透過某種媒介（可以視為貨幣）順利進行轉移。

交易會有成本，狹義交易成本是為履行契約所付出的時間和努力，廣義交易成本是為談判、履行合約和獲得資訊所需要運用的全部資源。威廉姆森在《資本主義經濟制度》一書中，將交易成本區分為「事先的」和「事後的」兩類。事先的交易成本是指「起草、談判、保證落實某種協定的成本」；事後的交易成本是交易已經發生之後，它包括當事人想退出某種契約關係所必須付出的費用等多種形式。

財富名人堂

埃克· 巴蒂斯塔（Eike Fuhrken Batista）：男，西元二〇一三年《富比士》全球億萬富豪排行榜上排名第一百名，淨資產一百零六億美元。巴西企業家，EBX 集團創始人，同時也是巴西首富，主營採礦和石油。他畢業於德國亞琛大學冶金工程系，最初從事的是黃金交易和礦產業。他堅稱自己的父親從未給自己提供過任何方面的資金支援。

匯率
單身漢免費喝啤酒

由於世界各國貨幣的名稱不同、幣值不一，所以一國貨幣對其他國家的貨幣要規定一個兌換率，這個兌換率就是匯率。

這是一個發生在美國和墨西哥邊境上的真實故事。

新年開始，美國人吉米初到墨西哥。在到達墨西哥之前，這個快樂的單身漢已經走過了世界上的很多地方，對於如何融入當地人的生活很有一套自己的方法。

經常旅遊的人都知道，初到一個陌生的城市，首要的事情就是把自己手裡的錢兌換成當地認同的貨幣以方便購物。

而我們的故事也從這裡開始了——

吉米到銀行首次把自己手裡的美元兌換成披索，在第一次的兌換中，一美元等於一披索（peso）。帶著一個披索，吉米到酒吧裡花〇．一披索買了一瓶啤酒，和墨西哥小鎮當地的人開懷暢飲，歡慶新年。

所有賓客盡歡，直到凌晨才慢慢散去。

歡樂過後，吉米又來到和墨西哥小鎮一線之隔的美國小鎮隨意閒逛。在這裡，他又打算把在墨西哥小鎮花剩下的〇．九披索兌換成了美元以便買點紀念品回家。在這裡他驚喜地發現美國小鎮支持的美元、披索匯率異於墨西哥匯率，不是一美元等於一披索，而是一美元等於〇．九披索。

這〇．一披索的「差價」讓吉米手舞足蹈，這就意味著他從此以後可以在墨西哥的小鎮上無限免費飲用啤酒了。

他把〇．九披索換成一美元，又回到墨西哥小鎮上，繼續花〇．一披索買了一瓶啤酒，暢飲之後回到美國小鎮上，再把剩餘的〇．九披索兌換成一美元，就這樣反覆幾次，他手裡還是有一美元。換句話說，他喝下去的啤酒都是免費的。

在墨西哥小鎮的第三天，吉米在酒吧裡遇到了一個有趣的人，他自稱是經濟學家，對吉米講了很多關於財富的故事。這些有趣的故事讓吉米突然想起自己這兩天免費喝啤酒的事來，禁不住將事情原原本本告訴了經濟學家，並說出自己的困惑：「我手裡始終都有一美元，我是穩賺不賠的。但我不明白的是，我明明買了啤酒，為什麼手中一直有一美元，相當於沒有任何花費呢？那麼，到底是誰花錢買了那些啤酒給我呢？」

經濟學家為他答疑說：「簡單來說，你在墨西哥小鎮上擁有一披索，是一個具有十瓶啤酒購買能力的人。當你購買了一瓶啤酒後，拿著你的〇．九披索到美國兌換成一美元，但如果你在美國，你的購買能力就無法到達十瓶啤酒。因此你回到墨西哥，又變成了具有十瓶啤酒購買能力的人。你兌換錢幣的過程實際上是匯率變換的問題，在匯率的市場上，墨西哥的本幣披索較為豐富，而美元的需求是大於供給，因此，外匯市場需要用一個較高的價格來收購美元。所以，你在墨西哥喝的這些酒，其實是美國的中央銀行為你買的單。」

「所以，如果我很好地利用匯率這個概念，實際上可以從中賺到一筆錢的。」吉米問。

「那是當然。」經濟學家舉杯道，「財富規律無所不在，只要你願意去瞭解它，就一定能找到賺錢的辦法。」

天下「財」經

在快樂的單身漢的故事中，涉及到財富的一個重要概念，就是匯率。在外匯市場上，匯率也常被稱為「外匯行市」或「匯價」，指的是一國貨幣兌換成另一國貨幣的比率，是用一種貨幣表示另一種貨幣的價格。由於世界各國貨幣的名稱不同、幣值不一，所以一國貨幣對其他國家的貨幣要規定一個兌換率，這個兌換率就是匯率。

故事中的經濟學家提到外匯市場的需求和供給，從短期來看，一個國家的匯率是由這個國家兌換外幣的需求和供給所決定的。但從長期看來，一個國家的匯率影響因素繁多，其中最主要的因素有：相對價格水準、關稅和限額、對本國商品相對於外國商品的偏好以及生產率。

一個國家的匯率會影響到這個國家的進出口貿易水準，如果本幣對外的比值貶低，能發揮到促進出口、抑制進口的作用，反之亦然；匯率也會影響到一個國家的物價，從進口消費品和原物料來看，匯率的下降會引起進口商品在國內的價格上漲；另外，短期資本流動也常常受到匯率的較大影響。

財富名人堂

勞倫娜·鮑威爾·賈伯斯（Laurene Powell Jobs）：女，美國人，從事電腦應用及傳媒業，西元二〇一三年《富比士》全球億萬富豪排行榜上排名第九十八名，淨資產一百零七億美元。她是蘋果創始人史蒂夫·賈伯斯的妻子，曾在高盛當過固定收益品種交易策略分析師，同時也是公益組織愛默生基金會的創始人和主席。

商品
西門慶的兩次送禮

商品，是為交換而產生（或用於交換）的對他人或社會有用的勞動產品。

西門慶是歷史上鼎鼎有名的人物，他不僅生活放蕩，還是個十足的吝嗇鬼。但他也不是時時刻刻都吝嗇，該大方的時候，他可比任何人都大方。小說《金瓶梅》就有兩段關於他「大方」贈送禮物的記載。

話說西門慶結識奸臣蔡京之後，整天都在家裡琢磨，怎麼能透過一擲千金的方法，來得到這位重臣的扶持，終於，他等到了一個機會——那就是蔡京的壽宴。

蔡京在自己的壽辰大宴四方來賓，醉翁之意眾人皆知，精明的西門慶當然也參透了其中的奧妙。

但壽禮要如何送得得體，又讓蔡京大人滿意，這可是很有技術性的挑戰。

西門慶想來想去，終於在蔡京壽宴前一日決定好了禮單的內容。

在壽宴當天，他的隨從來保、吳典恩負責押送禮品，禮單上寫著「四座一尺高的四陽捧壽的銀人、兩把金壽字壺、兩副玉桃杯、兩套杭州織造的蟒衣、南京綢緞、羔羊美酒若干。」

這份禮物送得可算是金貴，給蔡京留下的印象是：「但見黃烘烘金壺玉盞，白晃晃減仙人；良工製造費工夫，巧匠鑽鑿人罕見。錦繡蟒衣，五彩奪目；南京綢緞，金碧交輝；湯羊美酒，盡貼封皮；異果時新，高堆盤盒。」

蔡京非常高興，當場就給西門慶三個承諾：一是任命西門慶為「金吾衛衣左所副千戶、山東等處提刑所理刑」；二是任命押送禮物的吳典恩做清河縣驛丞；三是任命來保為山東鄆王府校尉。

一份禮物換來三個人的前程，對西門慶及其同黨而言，可謂是相當划算的買賣。

後來，在蔡京的第二次壽宴上，西門慶親自押送壽禮，這次送的是「大紅蟒袍一套，官綠龍袍一套；漢錦二十匹，蜀錦二十匹，火浣布二十匹，西洋布二十匹，其餘花素尺頭共四十匹；獅蠻玉帶一圍，金鑲奇南香帶一圍；玉杯、犀杯各十對，赤金攢花爵杯八只；明珠十顆。又體己黃金二百兩」。

《金瓶梅》插圖──「賂相府西門脫禍」。

這第二次的賀禮更是

送得蔡太師欣喜異常，壽宴當天，只留了西門慶一個人陪他喝酒，對一個商人而言，這算得上是至高無上的榮耀了，也讓別的人清清楚楚看到了西門慶在蔡太師心目中的地位。

雖然這兩份禮單可能是小說家的刻意誇張，但也讓我們瞭解到，西門慶做為商人，和當時那些靠一味節省發跡的傳統商人是不同的，他更明白商品交換的真實意義。

天下「財」經

商品的基本屬性是價值和使用價值。

價值是商品的本質屬性，使用價值是商品的自然屬性。一般使用價值越高的商品，價值也越高。

做為商品，首先必須是勞動產品。如果不是勞動產品就不能成為商品。比如，自然界中的空氣、陽光等，雖然是人類生活所必需，但這些都不是勞動產品，所以它們不能叫做商品；做為商品，還必須要用於交換，不能做為交換的勞動產品不能叫做商品，比如傳統社會中的男耕女織產生的布料和糧食，雖然也是勞動產品，但只是做為自家使用，不能承擔交換使命，也不能叫做商品。

經濟生活中的商品各式各樣，對其區分有三種原則：

一、物質原則，即商品不同的物質性，商品是物質，是客觀存在，不同商品的物質內容及存在形式都會不同。

二、時間原則，商品存在的時間，稱為商品的時間特徵，在不同時間記載的商品是不同的商品。

三、區域原則，商品所處的地理區域，稱為商品的區域特徵。商品也要從區域特徵上加以區分，區域特徵相同的商品可以直接進行交換，反之亦然。

財富名人堂

呂志和：男，西元二〇一三年《富比士》全球億萬富豪排行榜上排名第九十八名，淨資產一百零七億美元。中國香港人，從事博彩業。六〇年代涉足地產發展，八〇年代開始拓展酒店業務，九〇年代初將業務拓展至中國內地，西元二〇〇二年取得澳門娛樂牌照，希望發展世界級水準的集度假、消閒、購物、商貿會議及娛樂於一身之旅遊事業。

價值
天價理髮店

價值，泛指客體對於主體表現出來的積極意義和有用性，可視為是能夠公正且適當反映商品、服務或金錢等值的總額。

西元二〇〇九年，在中國的河南省，轟動一時的「天價理髮」案件正式宣布開庭，涉案人員葉某當庭宣稱自己沒有錯，聲稱「理個頭髮兩三萬人民幣很正常。」

這話還要從一年前說起，西元二〇〇八年，正在專科學校讀書的小雅和她的同學小莉在鄭州市的「保羅國際」理髮店理髮，幾個小時下來，兩人的理髮費竟然高達一萬兩千元人民幣，而在她們消費前，店員曾經給她們展示過店內的消費單，分別是洗剪吹三十八元、洗髮用品六十元和護髮用品六十元。兩人身上只有幾百元的生活費，拿不出鉅額的理髮費，店員便不讓她們離開。

後來，店員給她們提了一個意見，說只要辦一張店裡九千八百元的 VIP 卡，就能享受五折優惠，剩餘的錢將會存在卡裡當作下次消費的資金。無奈之下，小雅和小莉只好向全班三十多位同學借錢，終於在晚上將近十點的時候離開了理髮店。

回到學校後，小雅和小莉在學校老師的幫助下，將理髮店告上法庭。在法庭上，涉案人員「保羅國際」的負責人葉某明顯對於「對簿公堂」不是很在意，時而撓頭揉肩，時而捲起面前的紙張，見到記者拍照還會微笑。維持秩序的民警幾次上前，才讓他有所收斂。

鄭州市二七區人民檢察院以強迫交易罪對葉某提起公訴，在庭審中，葉某一再強調，自己只負責髮型技術方面的工作，其他的事情一概不管。事發當天，他沒有和受害人小雅、小莉說過一句話，辦卡一事應該找店長詢問。

而「保羅國際」理髮店的店長金某則稱，按照店裡的規定，髮型師自己的客人由其全權負責，九千八百元的卡也不是經自己手辦的，是受害人在收銀臺辦的。

而髮型師認為，事發當天，店長金某瞭解到兩名受害人洗髮選擇了一百二十元的產品後，認為她們是有消費能力的群體，就授意他讓對方多選項目、多消費。後來，葉某知道此事後，就把髮型師叫過去罵了一頓，並下了命令：必須讓受害人辦理九千八百元的總監金卡，否則就要罰款或開除他。髮型師還說，按照公司規定，如果髮型師不聽從總監的安排，受害人當天沒有辦卡，那麼辦卡的錢就要由髮型師自己墊付。

對於髮型師的說法，負責人葉某和店長金某自然是全盤否認，葉某的辯護人更是指責髮型師有推卸責任之嫌。

庭審中，法庭還對小雅、小莉兩人使用的護髮品進行了市場的詢價調查，其售價不足三十元，而最後支付的價格卻完全和其價值不符，是進貨價的六十倍之高。

這次案件庭審時間非常長，從早晨十點一直審訊到晚上十點半，由於涉案之廣，甚至未能做到當庭宣判。

天下「財」經

在經濟學中，價值是商品的一個重要性質，它代表該商品在交換中能夠交換得到其他商品的多少，價值通常透過貨幣來衡量，也就是我們熟知的價格。故事中一萬兩千元人民幣的理髮費就是價格，雖然它是不合理的價格。

按照馬克思政治經濟學的觀點，價值就是凝結在商品中無差別的人類勞動，即產品價值。馬克思還將價值分為使用價值和交換價值，使用價值是給予商品購買者的價值，是指某個物品具有使用的價值（即該商品多麼有用），如水具有很高的使用價值；交換價值是給予商品提供者的價值，指商品可交換其他商品的價值（即該商品多麼值錢），如黃金具有較高的交換價值。

商品的價值量是由生產該商品的社會必要勞動時間決定的，社會必要勞動時間是指在現有的社會正常的生產條件下，在社會平均的勞動熟練程度和勞動強度下製造某種使用價值所需要的勞動時間。生產商品的社會必要勞動時間是隨著勞動生產率的變化而變化的。因此，勞動生產率越高，生產單位商品所耗費的社會必要勞動時間就越少，單位商品的價值量就越小。故事中價格之所以不合理，就是因為其商品中凝聚的社會必要時間並沒有那麼多。

財富名人堂

傑克・泰勒（Jack Taylor）：男，西元二〇一三年《富比士》全球億萬富豪排行榜上排名第九十四名，淨資產一百一十億美元。美國人，從事服務業。他旗下的企業租車公司、全國租車公司以及阿拉莫租車公司組成了全美規模最大的車隊，按照營收計算也是最大的租車公司。

銀行
小島上的「管家」

銀行，是透過存款、貸款、匯兌、儲蓄等業務，承擔信用仲介的金融機構。

在遠離世俗紛擾的海上漂浮著一個小島。小島上的居民並不多，不過一千餘人，他們一直過著男耕女織的生活，日子過得悠閒逍遙。

但隨著生產力的提高，剩餘物品不斷出現，島上民選出來的領袖開始發愁了。東西多了，大家的生活自然會過得更好，但問題也隨之出現了，那就是如何交換的問題。島上的居民在自己的生產物剩餘時，就會拿到市場上和別人交換，比如養牛的用牛奶換取別人家的布料，製造布料的再拿牛奶去換鍋碗瓢盆。這樣的交換雖然實用，但是也存在著問題，比如養牛拿著牛奶換了布料，布料製造者拿著牛奶去換鍋具，但是製造鍋具的人並不需要牛奶，這就導致布料製造者無法換到自己需要的鍋具，而牛奶在自己手裡久了也會變質，最後變得一文不值。

當人們總是無法交換自己想要的東西時，人心就開始浮動了。照這樣的狀態發展下去，小島遲早有一天會發生大亂。

就在領袖一籌莫展之時，島上的金匠登門造訪了。

「聽說您最近為了一件事煩心，我有一個好計策。」金匠說。

難得有人願意出謀劃策，領袖很高興：「說說看。」

「是這樣。」金匠掏出自己的帳本拿給領袖看，「大家在東西剩餘的時候，總是喜歡來我這裡兌換些首飾或者鍛造好的金塊。因為這些東西不容易壞，而且很貴重，大家都喜歡。為此，我萌生出一個想法，能不能將所有需要交換的物品都兌換成金塊，再用金塊去買自己所需要的物品。」

這的確是個好主意。

領袖立即勾畫了一個符號，讓金匠按照這個符號去鍛造金幣，大家手裡的物品都能夠拿到金匠這裡兌換成這種金幣，然後再用金幣去買自己需要的物品。

金幣的效果果然不錯，小島上的經濟有序運行了一段時間，但新的問題又產生了。

很多島民向領袖反映，金幣攜帶還是不夠方便，而且有的物品不需要一個金幣來支付，這就意味著需要把金幣分割開來，這樣金幣就有了磨損，影響再次使用。

領袖把金匠召來，和他商量對策。

金匠想了想說：「不如大家把金幣都放在我這裡，我來負責給大家開票，大家手裡有幾個金幣，我就給大家開幾張票，這樣就解決了難以攜帶的問題。只是關於磨損的問題，我不知道該怎麼解決。」

領袖思索片刻：「那就再製造銀幣、銅幣，這樣幾種幣種統一使用的時候，人們就不用發愁金幣分割的問題了。」

「是的。」金匠搓著手說，「還是您聰明。我這就著手去辦。」

領袖點點頭：「那你以後就做小島的錢幣管家吧！你要定期向島民們彙報你鋪子的儲備情況，為了方便管理，你的店鋪從此更名為銀行。」

至此，小島上有了第一家銀行，負責發放、兌換金幣等工作。

天下「財」經

銀行一詞，源於義大利 Banca，其原意是長凳、椅子，是最早的市場上貨幣兌換商的營業用具。它是透過存款、貸款、匯兌、儲蓄等業務，承擔信用仲介的金融機構，主要的業務範圍有吸收公眾存款、發放貸款以及辦理票據貼現等。

故事中的金鋪就是銀行的最初形態。歷史上最早的銀行是義大利人在西元一四〇七年在威尼斯成立的。其後，荷蘭的阿姆斯特丹、德國的漢堡、英國的倫敦也相繼設立了銀行。十八世紀末至十九世紀

大清銀行兌換券

初，銀行得到了普遍發展。

在中國，明朝中葉就形成了具有銀行性質的錢莊，到清朝又出現了票號。第一次使用銀行名稱的國內銀行是「中國通商銀行」，成立於西元一八九七年五月二十七日，最早的國家銀行是西元一九〇五年創辦的「戶部銀行」，後稱「大清銀行」。

現代西方國家的銀行結構非常繁雜，按職能可劃分為中央銀行、商業銀行、投資銀行、儲蓄銀行和其他專業信用機構。它們構成了以中央銀行為中心、股份商業銀行為主體、各類銀行並存的現代銀行體系。

二十世紀以來，隨著國際貿易和國際金融的迅速發展，在世界各地陸續建立起一批世界性的或地區性的銀行組織。

財富名人堂

夏琳·德卡瓦略·海內肯（Charlene de Carvalho-Heineken）：女，西元二〇一三年《富比士》全球億萬富豪排行榜上排名第九十四名，淨資產一百一十億美元。瑞士人，從事飲料製造業，曾在荷蘭萊登大學學習法律。在其父弗雷迪·海內肯去世後，她繼承得到荷蘭啤酒釀造商喜力百分之二十五的控股權，該公司在超過六十五個國家擁有逾一百七十個優質品牌。

通貨膨脹
丈夫的狡辯

通貨膨脹，指因貨幣供給大於貨幣實際需求，亦即現實購買力大於產出供給，導致貨幣貶值，而引起的一段時間內物價持續而普遍地上漲現象。

某日，丈夫沐浴後，發現自己的腰上長了一圈肉，出了淋浴間，他就對妻子說：「我最近肚子變大了。」

正在忙家事的妻子看都沒看他一眼，就應聲道：「你不是一直號稱自己身材標準嗎？怎麼也會發胖了？」

丈夫走到沙發上坐下，點燃一根菸說：「怎麼能說我是發胖了呢？我這個身材叫做與時俱進，不能叫發胖，應該稱之為『通貨膨脹』。」

「一派胡言！」妻子嗔道，「發胖就是發胖，說什麼通貨膨脹！」

「不對。」丈夫狡辯說，「發胖是不正常的，而通貨膨脹是正常的。」

「通貨膨脹正常？」妻子依舊沒有停下忙碌的雙手，「你別以為我不懂經濟學。上學的時候，老師都講過，通貨膨脹時，社會是不正常的，小偷看到錢都不拿，反而會把裝錢的簍子拿走。當初，德國發生了通貨膨脹，街頭的孩子用成捆的馬克在堆積木玩；家庭主婦燒飯的時候，懶得去買煤球，就用家裡的錢當燃料。這種現象難道是正常的嗎？」

「妳說的那是通貨膨脹達到無法挽回的程度，我所說的通貨膨脹是在能控制範圍之內。現在人生活水準高了，營養過剩了，人們的體重普遍上升。如果我不跟隨潮流長點肉，恐怕當新的身材標準出來時，我就被歸為『偏瘦』的行列了。所以我才長點肉，維持自己在新標準出來的時候，還能夠擁有標準的身材。」

妻子此時已經拿起拖把準備拖地了，看了一眼丈夫，說：「什麼破邏輯！」

丈夫哈哈大笑：「這可不是我說的，這是專家說的，他說國際上一般認為通貨膨脹率警戒線是百分之三，但中國近期仍然可維持百分之九的經濟成長率，所以我們不應該侷限於此，標準可以提高到百分之四．五。」

妻子沒說話，只是用力擦著地板。

丈夫繼續嘮叨說：「其實嚴格算來，我這個也不是一般性通貨膨脹，充其量是結構性通貨膨脹。」

聽到自己沒有聽過的名詞，妻子來了興趣：「什麼是結構性通貨膨脹？」

丈夫解釋說：「比如說，我現在肚子長了肉，但是我的胸圍、手臂、大腿都沒長肉，就像專家說的那樣，中國現在也只是房子在漲價，通信、汽車等等都在降價，所以不是全面通貨膨脹，只是局部的，也就是結構性通貨膨脹。」

「狡辯！」妻子搖搖頭，「你就是結婚之後缺乏運動，所以才長胖了。」

「哦，說到這個問題。」丈夫又點燃一根菸，「那就更不能怪我了，我這是輸入型膨脹。」

「怎麼說？」

丈夫嘿嘿一笑：「我與妳結婚後，每天和妳吃的是一樣的東西，喝的是一樣的東西，晚上還要呼吸妳周圍的空氣，所以我變胖是妳傳遞給我的。」

「是嗎？」妻子停下手裡的工作，站在原地挑釁地看著丈夫。

「當然，專家說，美國亂印鈔票，導致國際油價飛漲，中國要進口大量石油，自然成本就高了。油價一漲，塑膠就漲；塑膠一漲，各種機器設備就漲了；機器設備一漲，生產出來的飼料、化肥也漲；飼料、化肥一漲，豬肉、白菜也要漲，加上運費也在漲，所以什麼產品都漲了。所以說，中國的通貨膨脹並不是自身的不健康，而是美國經濟有問題。」

「這麼說，你變胖完全是我的原因了？」妻子挑眉微笑。

丈夫聳聳肩：「按照專家的意思是這樣的！」

「別再提什麼專家！趕緊過來給我拖地！」

天下「財」經

通貨膨脹實質是社會總需求大於社會總供給（供遠小於求）。紙幣、含金量低的鑄幣、信用貨幣的過度發行都會導致通貨膨脹。

通貨膨脹對居民收入和居民消費的影響表現在：實際收入水準下降；價格上漲的收入效應和替代效應導致福利減少；低收入者福利受

西元一九二三年德國爆發惡性通貨膨脹，孩子們用成捆的馬克當積木玩具。

損，高收入者卻可以獲益；以薪水和租金、利息為收入者，在通貨膨脹中會遭受損害；而以利潤為主要收入者，可能獲利。

通貨膨脹的類型分為低通貨膨脹、急劇通貨膨脹、惡性通貨膨脹、成本推進型通貨膨脹、輸入型通貨膨脹和結構性通貨膨脹。故事中丈夫的狡辯就是以結構性通貨膨脹為經濟學依據的。

通貨膨脹的表現形式有：貨幣主義、理論模型、曲線位移、攻擊面學說和新凱因斯主義等。國家中央銀行，如美聯儲，可經由設定利率及其他貨幣政策來有力地影響通貨膨脹率。高利率（及資金需求成長遲緩）為央行反通脹的典型手法，以降低就業及生產來抑制物價上漲。

財富名人堂

爾納斯特・伯德瑞利（Ernesto Bertarelli）：男，西元二〇一三年《富比士》全球億萬富豪排行榜上排名第九十四名，淨資產一百一十億美元。瑞士人，從事生物製品、金融、投資業。他出生於豪富世家，十歲開始跟隨其父親接觸商界，十七歲時幫助公司做年度預算，三十一歲時正式接替父親成為家族企業（雪蘭諾公司）的 CEO，並帶領公司進入世界醫藥界前三位。

GDP
「吃狗屎」創造出的財富

GDP，也就是國內生產總值，是一定時期內一個國家（或地區）的經濟中所生產出的全部最終成果（產品和勞務）的市場價值。

安迪和凱米是經濟學系的兩名研究生，因為兩人的實力相當，所以他們的關係一直處在亦敵亦友的狀態。

這天，兩人在一起上學的路上，看到了一坨狗屎。

安迪對凱米說：「凱米，如果你把這坨狗屎吃了，我就給你五千萬。」

聽了這話，凱米心裡動起了小算盤，這安迪雖然一直和自己不和，但優點是家裡夠有錢，而且此人一向是說話算話的，不過就是吃坨狗屎，大不了拿到錢之後去洗胃。

於是，凱米蹲下來，把那坨狗屎吃得一點不剩。安迪也按照之前說的那樣，給了他五千萬的支票。

兩個人繼續往學校走，雖然還是有說有笑的，但是彼此心裡都不舒服。安迪怨恨凱米竟然沒有下限，害他白白損失了五千萬元，而凱米也在抱怨自己的行為，他竟然在自己「敵人」的面前吃了一坨狗屎，要是安迪無法保守祕密，那他在學校還怎麼立足？

就在兩人都懊悔不已時，他們發現前方又出現了一坨狗屎，懊悔不已的凱米決定放棄自己贏到的五千萬元，他對安迪說：「跟你商量一件事情。」他指著那坨狗屎說：「如果你把這坨狗屎吃了，我就把你給我的五千萬還給你。」

安迪心下猶豫，雖然吃了狗屎可以把自己的錢拿回來，但是吃狗屎也太噁心了點，萬一凱米說出去……

但他轉念一想，凱米自己也吃過狗屎，如果他在學校說自己吃狗屎的事情，那就來個魚死網破，也將他吃過狗屎的事情說出去。

就這樣，安迪也吃了一坨狗屎。

繼續往學校走的路上，兩個人都晦氣極了，什麼都沒得到，反倒兩人都吃了一坨狗屎。

來到學校後，教授見安迪和凱米一臉沮喪，就將他們叫到自己的辦公室，問到底發生了什麼事。

兩人猶豫了半天，最後難為情地說出了實情。

教授聽後，笑著把教科書打開，翻到介紹 GDP 的一頁對他們說：「你們看，雖然你們什麼都沒有得到，但是你們卻為國家貢獻了一億元的 GDP ！」

天下「財」經

GDP，即國內生產總值，是指在一定時期內（一個季度或一年），一個國家或地區的經濟中所生產出的全部最終產品和勞務的價值，常被公認為衡量國家經濟狀況的最佳指標。它不但可反映一個國家的經濟表現，還可以反映一國的國力與財富。

它與國民生產總值（GNP）不同之處在於，GDP 不將國與國之間的收入轉移計算在內。也就是說，GDP 計算的是一個地區內生產的產品價值，而 GNP 則計算一個地區實際獲得的收入。

最常見的計算公式是：GDP ＝消費＋投資＋政府支出＋出口－進口。

意思就是，老百姓花費的總數＋存到銀行的錢＋政府的花費＋出口到國外總值－從國外進口貨物總值，這是會計學上說的，通俗點說就是算帳。

GDP 在實際核算方法上，有三種計算方法：生產法、收入法和支出法。

一、生產法 ，將國民經濟各行業的增加值相加，得到國內生產總值。

計算公式為：增加值＝總產出－中間投入 。

二、收入法，國民經濟各部門的增加值之和等於國內生產總值 。

計算公式為：增加值＝勞動者報酬＋生產稅淨額＋固定資產折舊＋營業盈餘。

三、支出法 ，將最終消費、資本形成總額、政府支出以及貨物和服務的淨出口總額相加，得到國內生產總值。

計算公式為：GDP ＝政府消費＋居民消費＋資本形成總額＋貨物和服務淨出口。

無論是從生產、收入和支出的哪一個角度核算，理論上結果都應該是一致的。但在實際操作中由於資料來源不同，計算結果會出現某些差異，這種差異稱之為統計誤差，而一定限度內的統計誤差是允許出現的。

財富名人堂

阿齊姆．普萊姆基（Azim Premji）：男，西元二〇一三年《富比士》全球億萬富豪排行榜上排名第九十一名，淨資產一百一十二億美元。印度人，從事電腦應用業，是印度第三大軟體出口商 Wipro 的董事長。有人說他是一個「生意精」，做什麼都行，從食用油公司到香皂，從電腦軟體到成品電腦，直到打造出印度 IT 業的「航空母艦」，沒有一樣有虧本。

激勵機制
不吃青蛙的蛇

激勵機制，是在組織系統中，激勵主體系統運用多種激勵方法並使之規範化和相對固定化，而與激勵客體相互作用、相互制約的結構、方式、關係及演變規律的總和。

在清澈的河面上，漁夫撒下了黃昏前的最後一次網。

「今天的收成真不錯。」漁夫看著自己滿倉的魚，十分滿意，就等著最後收網打道回府了。

當漁夫剛想收起最後一網魚的時候，發現在成堆的魚兒中有一條青蛇，青蛇嘴巴裡還叼著一隻青蛙。

青蛙看到有人注意到自己，就大聲呼叫道：「好心人，求求你救救我吧！我不想被牠吃掉啊！」

漁夫很同情青蛙的慘狀，就與青蛇商量說：「你把青蛙放了，我給你魚吃行不行？」

青蛇搖頭說：「我想吃魚的話，自己隨時可以去抓。」

漁夫環顧自己的漁船，除了魚，也沒什麼東西可以跟青蛇交換了。而狡猾的青蛇嘴裡叼著青蛙，狡黠地看著他，等著他開出更好的條件。

漁夫轉身拿起魚叉，舉起來向青蛇示威道：「你要是不把這隻可憐的青蛙放走，我就用魚叉把你叉死。」

「就憑你？」青蛇輕蔑地說，「恐怕魚叉還沒舉起，我尖銳的牙齒就已經咬到了你的咽喉了。」

說完，青蛇吐出蛇信子，做出威脅漁夫的姿態來。

漁夫心想，拼速度的話，自己肯定是拼不過青蛇，可是自己還能拿什麼來跟牠交換呢？

漁夫看看自己一身的破爛衣服，目光停在了腰間挎著的那壺酒上。

他抱著試一試的態度，解下腰間的酒壺，試探地靠近青蛇：「你要不要喝點酒？」

「酒？」青蛇來了興趣，瞳孔隱隱發光，「我聽說過這個東西，但是從來沒喝過，給我嚐一嚐吧！」

漁夫給青蛇灌了幾口酒，青蛇覺得很好喝，就放了可憐的青蛙，自己也樂滋滋地離開。

救下青蛙後，漁夫收起最後一網魚打算回家，就在他返航的路上又遇見了青蛇，青蛇此刻嘴裡叼著兩隻青蛙。

漁夫詫異地問：「你這是做什麼？怎麼又回來了？」

青蛇可憐兮兮地答道：「我給你帶來了兩隻青蛙，你再給我喝幾口酒吧！」

天下「財」經

只要給員工他沒有的或者是他需要的（比如故事中青蛇沒有的酒），就會產生意料不到的激勵效果，這個激勵效果的完成機制就是激勵機制。

激勵機制包含以下幾個方面：

一、誘導因素集合，就是用於調動員工積極性的各種獎酬資源。

二、行為導向制度，就是組織對其成員所期望的努力方向、行為方式和應遵循的價值觀的規定。

三、行為幅度制度，即對由誘導因素所激發的行為在強度方面的控制規則。

四、行為時空制度，指獎酬制度在時間和空間方面的規定，包括特定的外在性獎酬和特定的績效相關聯的時間限制。

五、行為歸化制度，指對成員進行組織同化和對違反行為規範或達不到要求的處罰和教育。

激勵機制一旦形成，它就會對組織產生作用，作用可劃分為助長作用和致弱作用。

財富名人堂

約翰．保爾森（John Paulson）：男，西元二〇一三年《富比士》全球億萬富豪排行榜上排名第九十一名，淨資產一百一十二億美元。美國人，從事金融、對沖基金業。他是 Paulson&Co. 公司總裁，這家公司是一家總部位於紐約的對沖基金。約翰．保爾森也是美國次貸危機中的最大贏家，在這次金融危機中大肆做空而獲利，因此被人稱為「華爾街空神」。

薪水
一隻牧羊犬的績效薪水

薪水，是用人單位以貨幣形式支付給勞動者的勞動報酬，包括計時薪水、計件薪水、獎金、津貼和補貼、加班薪水以及特殊情況下支付的薪水等。

遠離鬧市的鄉下，坐落著一個美麗的農場。

這裡除了農場主人一家外，還有一群羊、一群牛、一隻永遠趾高氣揚的小公雞和圍繞牠身邊的幾隻小母雞。

農場中的小動物們除了晚上要回窩睡覺外，其餘時間都是由農場主人帶著四處尋覓食物和嬉戲。時間長了，農場主人對這種生活很煩悶，就張貼招募啟事，想找一個幫手來替代自己。

首先來應徵的是一隻擁有多年工作經驗的牧羊犬。

農場主人為了吸引牧羊犬來這裡工作，就對牠說：「我這裡除了管吃管住外，每月支付你一斤羊毛做為薪水。」

牧羊犬對這個薪資水準根本不滿意：「這有什麼稀奇的，別家也是這麼承諾我的。而且你這裡動物又多，我看管起來會很費力的。你最好多給我點薪水，不然我就去別家工作了。」

「這樣吧！除了固定的薪水外，年底我還會另外支付給你三斤羊毛做為績效薪水。」

「績效薪水？」聽到這個新名詞，牧羊犬來了興致，「什麼是績效薪水？」

「這樣跟你解釋吧！我們先設定一個目標，這個目標就是，在你看管農場的這一年內不准丟失任何一隻動物。如果你能做到，我到年底的時候，就會多給你三斤羊毛做為獎勵。」

只要完成本職工作，就能多拿三斤的羊毛，牧羊犬很滿意這個條件，就和農場主人簽定了為期一年的合約。

在這一年裡，農場主人幾乎每天都在找牧羊犬的錯誤，並且拿這些錯誤做為藉口來扣減牧羊犬的薪水。長時間下去，牧羊犬覺得自己幾乎要崩潰了，牠多次提出離職，都被農場主人以年底的績效薪水做為誘餌而宣告失敗。不可否認，那多出來的三個月薪水還是很讓牧羊犬動心的。

就這樣，牧羊犬在農場裡足足工作滿了一年，終於到了年底。

農場主人將牧羊犬叫到自己的房間，拿出足足四斤羊毛對牧羊犬說：「感謝你這一年幫我的忙，這裡有四斤羊毛，是你這一年的績效薪水和額外獎勵。」

牧羊犬拿著羊毛，激動地對農場主人說：「多謝老闆，我來年還會好好看管您的動物們。」

「來年？」農場主人詫異地問，「你不是說要辭職嗎？」

「您對我這麼好，我怎麼會辭職呢？」牧羊犬抱著四斤羊毛，高興地不肯放手，「那我就去忙了！」

「去吧！」

其實，農場主人也很滿意，在這一年裡，他透過各種藉口扣減牧羊犬的薪水，遠遠多出四斤羊毛了。整體算下來，牧羊犬這一年薪水還低於當時面試談過的「每月一斤羊毛」呢！

賺到了錢，又能讓自己的員工滿意，農場主人簡直要為自己的智慧喝彩了。

天下「財」經

薪水是生產成本的重要部分，法定最少數額的薪水為最低薪水，同時薪水也有稅前薪水、稅後薪水、獎勵薪水等各種劃分。

薪水分配遵循按勞分配原則及宏觀調控原則。

影響薪水等級的因素主要有：

一、內在因素，是與勞動者所承擔的工作或職務的特性及其狀況有關的因素。主要內容包括勞動者的勞動、職務的高低、技術和訓練水準、工作的時間性、工作的危險性、福利及優惠權利、年齡及年資。

二、外在因素是指與工作的狀況、特性無關，但對薪水的確定構成重大影響的一些經濟因素。主要內容包括生活費用與物價水準；企業負擔能力；地區和行業間通行的薪水水準；勞動力市場的供需狀況；勞動力的潛在替代物；產品的需求彈性。

故事中提到的績效薪水也是部分國家實行薪水制度的一部分，是指用人部門除了傭金外，根據員工績效考核（指標完成率）而增發的獎勵性質的薪水。

財富名人堂

魯珀特·默多克（Rupert Murdoch）：男，西元二〇一三年《富比士》全球億萬富豪排行榜上排名第九十一名，淨資產一百一十二億美元。美國人，從事傳媒業。出生在澳大利亞墨爾本以南三十英里的一個農場，畢業於牛津大學。他是全球龐大傳媒帝國新聞集團的主要股東，董事長兼行政總裁。以股票市值來計算，新聞集團已是世界上最大的跨國媒體集團，亦稱為「默多克的傳媒帝國」。

內卷化效應
牧童的故事

內卷化效應就是長期從事一項相同的工作，並且保持在一定的層面，沒有任何變化和改觀。這種行為通常是一種自我懈怠、自我消耗。

某雜誌社的社長辦公室中，一位年輕的記者正在說服他的上司，希望他能同意自己去鄉村調查的請求。

「社會上值得報導的事情那麼多，為什麼一定要去鄉村？」社長不同意年輕記者的請求，「更何況，有專門的鄉村類型的雜誌會去做報導，我們做為一本上班族讀物，沒有必要去關注不屬於我們的讀者群體。」

「是這樣的，社長。」年輕記者解釋說，「二十世紀六〇年代末，美國一位名叫克利福德・格爾茨的人類學家，曾在爪哇島生活過。他在爪哇島並不是享受度假，而是致力於觀察當地人的生活。經過幾年的觀察，他發現原生態農業在維持著田園景色的同時，長期停留在一種簡單重複、沒有進步的輪迴狀態。農民每天就是日出而作，日落而息，日復一日，年復一年。我覺得這個現象在當今的鄉村也存在，而這個現象對於都市的上班族也是有啟發作用的。」

社長陷入沉思，年輕記者趁熱打鐵說：「雖然都市中的上班族並不會像農民一樣，每天重複完全一樣的工作，但是，在上班族之中，類似這樣的自我消耗、自我懈怠的現象也是存在的。如果我能親臨鄉村，找到一個能警醒大家的實例，對於上班族們肯定有很大的督促作用。」

社長認為有道理，說：「那你去吧！回來的時候要交給我一個完美的實例。」

就這樣，年輕記者來到了一個落後的鄉村，在這裡進行為期一週的觀察，他的觀察結果和克利福德．格爾茨的觀察結果完全一致，但他承諾社長的最符合內卷化效應的實例卻一直都沒有找到。直到臨走躺在草地上休息時，他遇到了一個牧童。

他問牧童：「你為什麼要放羊呢？」

牧童覺得這個問題很可笑：「當然是為了賣錢啊！」

「賣錢了之後呢？」年輕記者又問。

牧童回答：「長大了娶個媳婦。」

「娶媳婦之後呢？」

「生孩子。」

「生完孩子呢？」

「放羊。」

「……」年輕記者說不出一句話，但心裡卻很高興，這簡直就是「內卷化效應」的最佳實例。

回到雜誌社之後，年輕記者將自己和牧童的這番對話寫成了一篇精彩的報導，當期雜誌的銷售量突破新高，很多讀者都說對自己的觸動極大。

天下「財」經

內卷化效應是美國人類學家克利福德·格爾茨所冠名的，是指長期從事一項相同的工作，並且保持在一定的層面，沒有任何變化和改觀。這種行為通常是一種自我懈怠、自我消耗。

一個企業只有在不斷的創新中才能得到發展，如果不能引進新的管理機制，不斷提升自己的競爭力，最終得到的結果只能是被市場淘汰。換言之，一個管理落後、不肯變化自己行為模式的公司最後只能讓自己陷入內卷化效應之中。

對人而言，也是一樣的道理。如果一個人總是不思改變，缺乏鬥志，最後也會像故事中的牧童一樣，陷入周而復始的輪迴狀態。

可見，不管是企業，還是個人，事業的進步、財富的累積和增長都離不開創新。

所謂創新，實際上就是獲得新知識和擴充新知識並能發現新事物的能力。

在知識經濟的時代，創新是核心的競爭力，只有始終走在前面，不斷求新求變，財富才會滾滾而來。

財富名人堂

哈羅德．哈姆（Harold Hamm）：男，西元二〇一三年《富比士》全球億萬富豪排行榜上排名第九十名，淨資產一百一十三億美元。美國人，從事石油開採、其他採掘、天然氣業。父母是奧克拉荷馬州的農民，他從小做過擠牛奶、收雞蛋、餵雞的工作，身為家中十三個孩子之一，他只獲得了高中文憑。哈樂德．哈姆從事的第一份工作是用泵抽天然氣，後創辦了哈樂德．哈姆卡車運油服務公司和大陸資源公司。

路徑依賴
戴爾的崛起

路徑依賴，是指人類社會中的技術演進或制度變遷均有類似於物理學中的慣性，即一旦進入某一路徑（無論是「好」還是「壞」）就可能對這種路徑產生依賴。

十二歲，對一般孩子來講，還是在父母的懷抱中肆意撒嬌的年齡。但對戴爾來說，卻已經是跳出父母給自己劃定的路線，開始獨立創造財富的年齡了。

戴爾在十二歲那年愛上了集郵，和別的孩子不同，他集郵除了是一門興趣與愛好外，還是賺錢的方法之一，他常常搜集那些難得的郵票，然後交給拍賣會去賣，再用得到的費用繼續購買新的郵票，等待新的賺錢機遇。

戴爾一直用這樣的方式在賺錢，直到有一天，他在報紙上看到了一則新聞，決定跳出這種賺錢模式，尋求一種嶄新的、或許能賺到更多錢的方式。

戴爾找到自己的鄰居，這位鄰居和他一樣有著集郵的興趣與愛好。

戴爾的來訪讓鄰居很意外，此時沒有什麼拍賣會，也沒什麼新的郵票出現，而戴爾平時只會在這兩個時刻找到他互通消息。

「你來找我有什麼事嗎？」鄰居為戴爾端上咖啡問，雖然這個孩子只有十二歲，但他的賺錢能力一直讓鄰居不敢小覷。

「我來找你，是想到了一種新的賣郵票方式，這個方式可以讓我們賺更多。」

「我們賣郵票不是一直都找拍賣會來操作嗎？為什麼你突然想換方式呢？」

戴爾拿出計算機和鄰居算了一筆帳：「我們來算算看，一張郵票交給拍賣會，他們會收取仲介費，而我們如果在報紙上刊登廣告，直接找到買主，不僅能賺到郵票的錢，還能把仲介費給一起賺了。更重要的是，我們可以直接面對買主，不僅能交到更多志同道合的朋友，還能瞭解他們的真正需求，我們下次購買郵票時，也就有的放矢了。」

鄰居覺得這個主意很不錯，立即給報社打了電話，談好郵票出售的廣告刊登事宜。

廣告刊登後的第三天，戴爾的郵票就被人訂購了。除去廣告費的開支，戴爾此次出乎意料地賺了兩千美金，這是他第一次嚐到拋棄中間人、和買主直接接觸的好處。在他之後的生意中，一直秉持著這種直接銷售的模式。

上國中後，戴爾對電腦有了濃厚的興趣，他從店裡買來零件，自己進行組裝，再把組裝好的電腦賣給別人。在這整個過程中，他發現IBM一臺售價三千美元的筆記型電腦，零件的價格僅需要七百美元就可以買到。於是，他就堅持自己改裝電腦，還經常按照客戶的需求提供不同功能的電腦。這些經歷都為日後DELL公司的崛起奠定了發展道路，而戴爾本人也憑藉這種商業模式在西元二〇〇二年被《財富》雜誌評為五百強企業家中的第一百三十一位。

天下「財」經

一旦人們做了某種選擇，就好比走上了一條不歸路，慣性的力量會使這個選擇不斷自我強化，並讓你一路堅持下去。

在故事裡，戴爾是從組裝電腦開始尋找到了適合自己的商業路徑，從而在這一路上不斷自我強化，最終攀上了財富的高峰。

人們在日常生活中常常會遵循路徑依賴效應，比如，人們往往習慣光顧自己熟悉的商店，會選擇同一方式來進行自己的工作，會長期購買同一品牌的商品。但需要注意的是，在一直遵循同一路徑進行生活時，也需要具備面對條件變化隨時調整自己生活路徑的能力。比如，戴爾在郵票買賣中賺到的第一桶金就是調整了自己的經商路徑得來的。

讓「路徑依賴」理論聲名遠播的是道格拉斯·諾思，他用「路徑

戴爾公司在上海成立的中國設計研發中心

依賴」理論成功地闡釋了經濟制度的演進，並於西元一九九三年獲得諾貝爾經濟學獎。

財富名人堂

吉羅德·卡文迪什·格羅夫納（Gerald Cavendish Grosvenor）：男，西元二〇一三年《富比士》全球億萬富豪排行榜上排名第八十九名，淨資產一百一十四億美元。英國人，從事房地產開發業。他是英國最富有的地產商，也是最大的地主。除此之外，他在其他國家，如加拿大、西班牙等國也擁有土地。

金本位
美元陰謀的破產

金本位制是以黃金為本位幣的貨幣制度，即每單位的貨幣價值等同於若干重量的黃金。當不同國家使用金本位時，國家之間的匯率是它們各自貨幣的含金量之比。

二十世紀七〇年代初，在巴黎、倫敦等城市的街頭上，計程車掛上了「不再接受美元」的牌子，乞丐也在自己的帽子上寫上「不要美元」的字樣，一時間美元像是病菌攜帶物一般，處處遭人嫌棄。銀行、旅館、商店的態度也是一樣，當客戶攜帶美元出現時，服務人員都是一副恨不得將客戶趕出房門的表情。

可是誰會想到，僅僅兩年前，美元還是能夠代替黃金的貴「錢幣」。

想要瞭解這一現象，就要從第二次世界大戰開始講起——

第二次世界大戰，是繼歐戰之後發生的人類歷史上最大規模的戰爭，作戰雙方分別為：以德國、義大利、日本、法西斯等軸心國及保加利亞、匈牙利、羅馬尼亞等僕從國為一方；以美國、英國、蘇聯、中國等反法西斯同盟和全世界反法西斯力量為另一方。

這場戰爭先後有六十一個國家和地區、二十億以上的人口被捲入，雖然最終正義的一方獲勝，但全世界人民為勝利付出的代價卻過於慘重。但有意思的是，當人們在第二次世界大戰即將結束的時候，卻發現美國成了這場戰爭最大的受益者。有關資料顯示，美國當時擁有的黃金儲量佔世界各國官方黃金儲備總量的百分之七十五以上，幾乎全世界的黃金都透過戰爭流到了美國。

在這個背景下，美國邀請參加籌建聯合國的四十四國政府的代表在美國布列敦森林舉行會議，簽定了《布列敦森林協定》。

《布列敦森林協定》規定，美元和黃金掛鈎，其他國家的貨幣與美元掛鈎，也就是代表著美元從此就成了國際清算的支付方法和各國的主要儲備貨幣，而不是之前一直沿用的金本位制度。

《布列敦森林協定》對於維持第二次世界大戰後的歐美國家的經濟制度做出了巨大的貢獻，但是，美元畢竟不是貴金屬，其本身是沒有價值的，只不過是一國發行的紙幣而已。隨著戰後經濟的逐步復甦，人們漸漸發現自己手裡的美元變得不值錢了，在西元一九七一年七月第七次美元危機爆發後，尼克森政府宣布實行「新經濟政策」，停止

各國代表簽定《布列敦森林協定》。

履行外國政府或中央銀行可用美元向美國兌換黃金的義務。而在當年十二月的《史密森協定》中，美元對黃金貶值，美聯儲拒絕向國外中央銀行出售黃金。至此，美元與黃金掛鈎的體制名存實亡。

兩年後，西歐出現拋售美元，搶購黃金和馬克的風潮。使得《布列敦森林協定》中的固定匯率制度也完全垮臺了。

至此，美國政府想用美元替代黃金的計畫徹底宣布破產。

天下「財」經

金幣本位制是由牛頓創立的，最早實行的國家是英國。

英國政府在西元一八一六年頒布了鑄幣條例，發行金幣，規定一盎司黃金為三鎊十七先令十點五便士，銀幣則處於輔幣地位。

金本位盛行於十九世紀中期，在歷史上，曾有過三種形式的金本位制度：金幣本位制、金塊本位制、金匯兑本位制。其中金幣本位制是最典型的形式，在經濟學上，狹義的金本位制就是指金幣本位制。

金幣本位制，也就是以黃金為本位幣的貨幣制度。在金本位制下，每單位的貨幣價值等同於若干重量的黃金（即貨幣含金量）；當不同國家使用金本位時，國家之間的匯率由它們各自貨幣的含金量之比——金平價來決定。

金幣本位制的內容包括：用黃金來規定所發行貨幣代表的價值；金幣可以自由鑄造，任何人都可將金磚交給國家造幣廠鑄造成金幣，也可用金幣兑換成金磚；金幣具有無限制支付方法的作用；各國的貨幣儲備是黃金，國際結算也使用黃金。

金本位制通行了約一百年，在第一次世界大戰爆發後，各國實行自由浮動的匯率制度，匯價波動劇烈，國際貨幣體系的穩定性已不復存在，金幣本位制宣告結束。

財富名人堂

約翰．弗雷德里克森（John Fredriksen）：男，西元二〇一三年《富比士》全球億萬富豪排行榜上排名第八十七名，淨資產一百一十五億美元。賽普勒斯人，從事航運業。高中輟學，他最初進入一家船務經紀公司，二十九歲開始獨立工作。上世紀八〇年代，他的油輪在伊拉克與伊朗戰爭期間冒風險運輸石油並攫取鉅額利潤，為他賺得「第一桶金」。

山寨產品
不「抄襲」不蘋果

山寨產品，是指為了滿足那些受消費能力限制，無法滿足生活需求品的群體對某種欣賞的產品的消費慾望，透過「複製、模仿、學習、借鑑和創新改良」等方法，推向市場的產品。

在一次聚會上，吉姆偶遇了自己多年前的同學喬安，多年不見，兩人自是熱情寒暄了一陣子。在暢談完童年趣事之後，兩人自然地將對話的主題轉移到各自目前的工作上。吉姆很自豪地向老同學介紹了自己正為蘋果公司服務，他不僅對自己的工作和公司感到自豪，對蘋果的靈魂人物史蒂芬．賈伯斯更是大為崇拜。

喬安只是撇撇嘴，依舊和多年之前一樣毒舌：「一個只靠山寨別人產品的公司，有什麼值得驕傲的。」

「山寨？」吉姆覺得不可思議，「你說蘋果公司別的缺點我或許能夠認同，但是你說蘋果公司『山寨』他人的產品，我實在是無法苟同。」

他掏出自己的蘋果手機，熟練地打開影片播放：「你看看這個。」手機上播放的正是賈伯斯在西元二〇〇七年第一代iphone「出世」時在發布會上的表現，賈伯斯神采飛揚地向世界展示在當時還沒有被廣為接受的「觸控式」手機，舞臺之下的蘋果粉絲們都激動得熱淚盈眶。

「這也沒什麼。」喬安不屑地說，「蘋果並不是觸控式手機的創始人，賈伯斯只不過是將之推廣開來而已。」

「蘋果怎會不是觸控式手機的開創者？」吉姆爭辯道，「我們能看到的第一部觸控式手機難道不是 iphone1 嗎？」

「我們在市場上見到的第一部觸控式手機的確是蘋果的，但是你要知道，蘋果的設計師在西元二〇〇六年提交過一份 iPhone 原型機的設計稿，稿子上很清楚地寫明，其創意理念來自於索尼某款被淘汰的 Walkman，為了證明與索尼的關係，設計師還在稿子裡畫的產品上打上了索尼的 Logo。」

「就算你說的都是真的，那麼蘋果也不過是在借用索尼的一些不成熟的想法，然後將之變得更加適應商業化而已。哪怕是大家同時想到了開發觸控式手機的方法，也是蘋果將其發揚光大的，索尼只不過是把它丟進垃圾桶裡而已。誰的水準比較高一些，不用我多說了吧？」吉姆又擺出一副得意洋洋的表情來。

「那麼，iOS 6 系統中出現的指標鐘錶幾乎和瑞士火車站的鐘錶在外觀上一模一樣，這個問題你怎麼解釋呢？」

「呃……這個問題。」吉姆也表現出了猶豫的神情。畢竟西元二〇一二年瑞士聯邦鐵路公司控告蘋果抄襲其鐘錶設計的問題，蘋果公司也是表現出了願意「協商」的態度，而不是以往「得理不饒人」的強硬姿態。

「說不出話了吧？」喬安哈哈大笑起來，「不抄襲怎麼會是蘋果呢？」

「喂！」吉姆不高興起來，「說了這麼多，你是在什麼公司服務呢？」

「我在三星啊！」

「哈哈！」吉姆轉怒為樂，「就是那個因為抄襲被判給蘋果公司鉅額賠償的公司？在抄襲這方面，蘋果還真是要對你們甘拜下風呢！」

天下「財」經

山寨產品雖然在專利保護方面或多或少會對原產品有侵權行為，但也同時具有積極意義。

它是市場經濟培育期的必然現象，「山寨文化」是一種民間的智慧和創新，「山寨模式」是發展中國家市場經濟發展的必經之路。人們應該辨證地分析看待「山寨現象」，去深層解剖「山寨現象」的社會意義。

故事中蘋果的行為在某種程度上也可以被視為是「山寨」其他產品，如果所有的「山寨產品」都能用正確的態度規範化自己的「山寨」行為，則或許能進一步繁榮市場經濟。

財富名人堂

德斯·納瓦羅·德卡馬戈（Dirce Navarro De Camargo）：女，西元二〇一三年《富比士》全球億萬富豪排行榜上排名第八十七名，淨資產一百一十五億美元。巴西人，從事建築建材業。她財富的一大部分來自於其在 Camargo Correa 集團中所持有的股份。該集團由其已故丈夫塞巴斯提奧·卡馬戈於西元一九三九年創立，涉足水泥、能源和建築等多個領域。德斯在其丈夫於西元一九九四年逝世時，擔任 Camargo Correa 集團的董事長，直至西元一九九六年卸任。

經濟人
君子國的討價還價

經濟人，即假設人的思考和行為都是目標理性的，唯一試圖獲得的經濟好處就是物質性補償的最大化。

在中國清朝小說《鏡花緣》中，杜撰了一個國家，叫做君子國。顧名思義，生活在這個國度裡的人都是君子，無論貧窮貴賤，他們的舉止言談都是彬彬有禮的，做起商品交易來也是大公無私，沒有任何私心的。

做為一個開放的國度，君子國裡的人也要進行商品交易，只是和君子國外的人不同，君子國裡買東西的人往往主動要求多給錢，而賣東西的人則要求少要錢。

有個人想要為妻子買一串珠寶項鍊，他拿起一串祖母綠的寶石項鍊問賣東西的人：「這串項鍊多少錢？」

《鏡花緣》繡像

賣東西的人仔細看了看自己的項鍊，回答說：「你看這個東西值多少錢？我看你已經來來回回走過很多遍了，相信對價格你在自己的心裡已經有了定位。」

買東西的人也不客氣，開口對賣東西的人說：「給你一百兩白銀吧！」

「一百兩白銀太多了，您太客氣了。」賣東西的人婉拒道。

買東西的人大吃一驚：「我付給您的錢已經算是少的了，您怎麼還說多呢？你這樣的話，我怎麼能買呢？」

賣東西的人表現得很誠懇：「您看我這項鍊，顏色不如老王家的純正，裂縫處理也不如隔壁老李家的完美，我怎麼好意思要你花那麼多錢來買我這個不太完美的商品呢？」

買東西的人搖頭道：「我是識貨的人，你這個是純天然的祖母綠寶石，他們雖然花色比你好，但是都是人工的，我還是想要買天然的送給我老婆。」

賣東西的人雖然心裡很高興，但嘴上還是說著：「既然你真的想買，那就照你說的半價轉讓給你吧！」

「不好，不好。」買東西的人慌忙擺手，「這麼好的項鍊，一百兩已經是很低的價格，我怎麼能半價佔您便宜呢？這樣對您太不公平了。」

賣東西的人說：「一點都不失公平。你要真的想買，就半價拿走；如果你不願意，就到別家去看看吧！看看他們那裡是不是有更適合的商品。」

買東西的人實在是很喜歡這串項鍊，不由分說給了一百兩白銀就想把項鍊拿走。賣東西的人一看急了，大嚷大叫起來，堅決不讓他走，引來了一堆群眾圍觀。

圍觀的群眾瞭解到事情的原委後，都紛紛指責買東西的人「欺人不公」，買東西的人實在沒辦法，只好和賣東西的人商量，拿了原本打算買的那串祖母綠項鍊，又附帶了一套銀飾才最終作罷。

天下「財」經

經濟人的概念來自亞當·斯密《國富論》中的一段話：每天所需要的食物和飲料，不是出自屠夫、釀酒家和麵包師的恩惠，而是出於他們自利的打算。不說喚起他們利他心的話，而說喚起他們利己心的話，不說自己需要，而說對他們有好處。

經濟人的概念是針對「道德人」和「社會人」的，它假設人的行為動機就是為了滿足自己的私利，工作是為了得到經濟報酬。它認為經濟人是以完全追求物質利益為目的而進行經濟活動的主體。人都希望以盡可能少地付出，獲得最大限度的收穫，並為此可不擇手段。故事中君子國的「討價還價」宗旨是違背了經濟人假設的。

美國工業心理學家麥格雷戈提出過針對「經濟人」假設的概括。他提出多數人天生是懶惰的，他們都盡可能逃避工作；多數人都沒有雄心大志的；多數人的個人目標都是與組織目標相矛盾的，必須用強制、懲罰的管理辦法；多數人工作都是為滿足基本的生理需要和安全需要；人大致可分為兩類，多數人都是符合上述設想的人，另一類是能夠自己鼓勵自己，能夠克制感情衝動的人，這些人應負起管理的責任。

財富名人堂

宗慶後：男，西元二〇一三年《富比士》全球億萬富豪排行榜上排名第八十六名，淨資產一百一十六億美元。中國人，從事飲料製造業。宗慶後在經歷貧苦的幼年生活、動盪的中年生活後，四十多歲白手起家，現任杭州娃哈哈集團有限公司董事長兼總經理。

檸檬市場
二手車市場的瓦解

檸檬市場也稱次品市場，是指資訊不對稱的市場，即在市場中，產品的賣方對產品的品質擁有比買方更多的資訊。

X市場是遠近聞名的二手車市場，幾乎所有想買二手車的人都會到這裡來挑選、交易，但出乎意料的是，這個龐大的二手車市場竟然在一夜之間倒閉了。這讓遠道聞名而來的Y先生頗為意外。

Y先生沿著X市場的外圍繞了一圈，隨處可見破敗的景象。大部分的商家都已經關門回家了，僅有幾家還堅持開業的，店主也都是打著哈欠，眼睛無神地盯著來往的幾位客人，完全沒有招呼的慾望。

到底是什麼讓這風靡一時的二手車市場變得如此蕭條？新聞記者出身的Y先生忍不住帶著疑問來到了市場管理處。

市場管理處的工作人員熱情接待了他，於是，兩人就有了如下的對話——

Y先生問：「我想來買一輛二手越野車，現在看起來，X市場是不是沒有辦法達成我的願望了？」

管理處的工作人員點頭道：「這個市場已經完蛋了，你要是想買二手車，還是看看能不能跟個人做交易吧！」

「選擇與個人交易的話，完全陌生的兩個人，誰也不知道對方誠信如何，如果他給我的是一個外表嶄新而內在完全報廢的車，我豈不是就吃虧了？」

「你以為X市場是怎麼破產的？不就是這個原因嗎？」

Y先生表示不解：「願聞其詳。」

「舉個簡單的例子吧！」管理處的工作人員端起茶杯喝了一口，又把茶杯放回桌上，「我之前想把我一百五十萬的車給賣了，就拜託市場上比較熟的商家，你知道最後他們給我的預估成交價是多少嗎？」

「三十萬？」

管理處的工作人員深深看了Y先生一眼：「沒錯，看來你是做過功課的，三十萬的確是我那輛車的理想價位，可是商家給我的最終估價卻只有二十萬。」

「差這麼多？」Y先生不可思議地說，「是你熟悉的商家打算自己吞掉那差價的十萬嗎？」

「不是。」管理處的工作人員說，「這個市場，最初還是有些好貨色的。好車和壞車的比例大概是百分之五十。好車的價值是三十萬左右，品質較差的大概在十萬左右，所有車的平均價值是在二十萬左右。這個資訊是大家都知道的，所以每個人來到市場都想用二十萬買到一輛好車。」

聽到工作人員口中對買主的輕視，Y先生忍不住為買主辯解道：「這個問題也怪不了買主，畢竟他們不瞭解車輛的真實情況。他們只知道自己有可能買到那百分之五十的好車，但更有可能買到那百分之五十的壞車，畢竟你去問商家，他們都會說自己的車是好車。」

「是的。」管理處的工作人員並沒有反駁Y先生的話，反倒順著他的話說下去，「正因為這樣，我就不想賣我的車了。而與我情況相同的賣家越來越多，這個市場上的好車也越來越少，後來當人人都拿二十萬來買輛壞車的時候，這個市場也就玩完了。」

Y先生恍然大悟：「這活脫脫就是檸檬市場理論啊！」

天下「財」經

西元一九七〇年，三十歲的經濟學家喬治·阿克爾羅夫發表了《檸檬市場：品質不確定和市場機制》的論文，開創了逆向選擇理論的先河。他憑著該論文，獲得西元二〇〇一年的諾貝爾經濟學獎。

「檸檬」在美國俚語中表示「次品」或「不中用的東西」，因此，檸檬市場也稱次品市場，是指資訊不對稱的市場，即在市場中，產品的賣方對產品的品質擁有比買方更多的資訊。檸檬市場在極端情況下，就會像故事中的二手車市場一樣，劣等品會逐漸佔領市場，從而取代好的商品。

如同故事中所展示的那樣，檸檬市場的存在是由於交易一方並不知道商品的真正價值，只能透過市場上的平均價格來判斷平均品質，由於難以分清商品好壞，因此也只願意付出平均價格。但平均價格對好的商品來說是不公平的，商家為了追求利益的最大化，會逐步用低於平均價的商品充斥市場，最後導致只剩下壞商品。在這樣的情況影響下，買家面對價格較高的好商品時，也會持懷疑態度，最終還是會挑選一件價格較低的差商品，從而形成市場的惡性循環。

財富名人堂

蘇旭明：男，西元二〇一三年《富比士》全球億萬富豪排行榜上排名第八十二名，淨資產一百一十七億美元。泰國人，從事飲料製造業。祖籍中國廣東汕頭澄海，祖輩早年移居泰國謀生，十幾歲便開始打工賺錢。他透過選擇把經營釀酒業當作終生的事業。經過幾十年的奮鬥。蘇旭明已擁有了 Sura Makeras 和 Sura Thrp 兩家泰國最大的釀酒廠及集團。

物價水準
十一樓的三個住戶

物價水準是指整個經濟的物價，是用來衡量所在的目標市場所潛在的消費能力和分析其經濟狀況的重要指標。

在一個中等社區的十一樓住著三戶人家，每家的主人分別是甲、乙和丙。

住在一一〇一室的甲是標準的當地人，祖孫三代都生活在這個城市，早就累積到了一定的財富，到了甲這一代，已經是在當地擁有八間房產的富足人家了。甲每天無所事事，僅靠每月八間房的房租就已經生活得比一般的上班族還要幸福了。

住在一一〇二室的乙是一個從外地來當地工作的上班族，和大部分來到大城市的年輕人相似，他畢業於知名大學，靠上班賺薪水維生，遠在千里之外的父母心疼兒子，給他在這個城市買了一間房子。因為這個城市的房價過高，老人們也只能用一生的積蓄給兒子付了頭期款，乙每個月都要把自己薪水的大部分用來支付房貸。

住在一一〇三室的丙是個商販，沒什麼文化，靠著在這個大城市裡賣菜才積存了一點錢，但他的收入遠遠不能負擔當地的房價，為了讓孩子在社區附近的學校入學，他狠心租了這間房子。

後來，甲、乙、丙三個人聽到了一個消息，國家決定增收地價稅和房屋稅。這個消息讓丙很高興，他對妻子說：「太好了，反正我們沒有房子，讓那些炒房的人吃屎去吧！等他們都破產了，房價降低了，我們說不定就能在這個城市買間房子，徹底紮根了。」妻子也很高興，跟著丙更加努力經營。

乙聽到這個消息，說不上高興還是不高興，他打電話給家裡的父母說：「反正我就一間房子，收那些房子多的人的地價稅和房屋稅。說不定房價大跌，我還能再買一間做為投資。」父母聽了也很高興。

最不高興的就是住在一一〇一室的甲了，他的地價稅和房屋稅都會增加，可是要如何彌補這些損失呢？他想到了一個辦法。

甲敲開了所有租戶的房間，這其中也包括住在一一〇三室的丙：「從下週起，房租要上漲百分之五。」

百分之五？丙自然而然想到了是地價稅和房屋稅的問題，國家增收地價稅和房屋稅的比例是百分之一，而甲一下子就要漲百分之五，很明顯是想把這個費用加給租戶身上。

丙跟妻子商量，兩人決定搬家，但是找了半個月後，他們失望了，因為這個區域的房租都上漲了百分之五。

雖然鬱悶，但是丙知道自己不能吃虧，因此，他將菜價也提高了百分之五。

兩天後，甲和乙去市場上買菜，發現市場上的價格上漲了百分之五。走遍附近的菜市場，價位都差不多，兩人只好鬱悶地決定少吃點。

就這樣，該地區的物價隨著菜價逐步上漲了，人們都覺得自己的生活水準下降了， 而 CPI 也隨之上漲了。

天下「財」經

物價水準不是某個物品或某類別物品的價格，而是整個經濟的物價，是用來衡量目標市場潛在的消費能力以及經濟狀況的一個重要指標，是經濟穩定、財政穩定以及貨幣穩定的集中表現，制約著社會總體需求量的基本平衡。

衡量物價水準的指數有兩個：

一、「GDP 平減指數」，是經濟學家們用來監測經濟中平均的物價水準，從而監測通貨膨脹率的衡量指標，反映的是國內生產的所有物品與勞務的價格，因此進口消費品價格的變化並未反映在 GDP 平減指數中。

二、「居民消費指數」，即我們熟知的 CPI，這是反映居民購買並用於消費的商品和服務項目價格水準的變動趨勢和變動幅度的相對數。它是四大宏觀調控指標之一，既包括城鄉居民日常生活需要的各類消費品價格，也包括多種與人民生活密切相關的服務項目價格，比如故事中涉及到的菜價問題。

CPI 可以全面反映多種市場價格變動因素及其對居民實際生活的影響程度，國際上也用 CPI 來做為通貨膨脹或通貨緊縮的重要衡量指標。

財富名人堂

亞歷杭德羅．桑托．多明戈．達維拉（Alejandro Santo Domingo Davila）：男，西元二〇一三年《富比士》全球億萬富豪排行榜上排名第八十二名，淨資產一百一十七億美元。哥倫比亞人，從事飲料製造業。畢業於哈佛大學歷史系，是哥倫比亞啤酒業大亨馬里奧．桑托．多明戈．普馬雷霍的兒子，西元二〇一一年十月繼承了父親的公司。

赤字
誰是美國最優秀的總統？

赤字，是指財政年度內財政支出大於收入的差額，意為虧本。

西元二〇〇四年，《富比士》雜誌提出了一個問題：「誰是二十世紀美國最優秀的總統？」

這個問題自從美國總統雷根去世後，就一直沒有人提起，直到《富比士》雜誌再次將這個問題帶到美國民眾的面前。

正在接受採訪的美國前總統柯林頓（左邊）

經過幾個月的投票調查，《富比士》雜誌最終給了美國民眾一個大多數人都認為公允的答案——柯林頓。

為什麼大部分的民眾會選擇柯林頓做為他們最優秀的總統？《富比士》雜誌的專題記者在街頭隨機採訪——

年僅十六歲的瑟琳娜說：「柯林頓入主白宮八年，雖然他的花邊新聞最終毀了他，但他在經濟上為美國做出的貢獻，每一個美國民眾都是有目共睹的。特別是他的下一任……」

瑟琳娜欲言又止，記者追問道：「妳是說布希總統？」

瑟琳娜點點頭：「我的老師說他是個好戰份子，把美國經濟拖垮了。他在位的時候，剛好是美國經濟衰退的時候，他不好好處理經濟問題，還一直對外開戰，財政就出現了鉅額的赤字，美國成為世界上『雙赤字』最嚴重的國家。」

「雙赤字？」記者笑起來，「妳知道什麼是雙赤字嗎？」

「知道啊！」瑟琳娜說，「老師教過，是指財政赤字引起了貿易赤字。」

在瑟琳娜之後，接受記者採訪的是一位華爾街的投資者，他對於財富的理解要比瑟琳娜深刻地多，他對記者說：「在柯林頓之前，總統羅斯福曾經面對經濟危機，它產生的原因是胡佛政府的不干預經濟的做法，即完全由市場調節，導致生產相對過剩，由此，羅斯福採用凱因斯主義。而柯林頓上臺之後，面對的是另一種情況，那時國家壟斷資本主義已經形成，七〇年代的滯漲和石油危機造成經濟的再一次調整。而面對挑戰，柯林頓和他的智囊團選擇的是把市場和調控結合起來的國家宏觀調控方法。」

「沒錯。」身為財經新聞記者，自然是對投資者的表述明白至極，他補充說道：「美國政府一向以財政赤字聞名，柯林頓擔任總統期間，讓赤字轉化成了盈餘，我認為這是他對美國最大的貢獻。他執政能力在不斷成長，美國經濟也隨之相伴。長達一百二十三個月的持續增長是誰都無法想像的，美國經濟進入巔峰狀態之際，新經濟潮流迅猛，勢不可擋。實行新經濟計畫，表現為資訊化和全球化。」

「是。」投資者贊同說，「美國可以說是進入了新經濟時代，柯林頓總統對網際網路革命的支持也是經濟增長的重要因素。」

記者認同地點頭：「也連帶創造了高薪的工作機會，帶動了經濟的運轉。」

「是的。」投資者笑道，「誰能讓民眾口袋裡有錢，誰就是民眾心目中最優秀的總統。」

天下「財」經

赤字，是指財政年度內財政支出大於收入的差額，因會計上習慣用紅字表示而得名。在中國，財政收支是透過國家預算平衡的，財政赤字通常表現為預算執行結果支大於收的差額，故亦稱預算赤字。一年的財政收入代表可供國家當年集中掌握支配的一部分社會產品，財政支出大於收入，發生赤字，意味著由這部分支出所形成的社會購買力沒有相應的社會產品做為物資保證。

為彌補財政赤字，國家往往不得已只能增發紙幣，即增加沒有物資保證的貨幣發行。如果財政赤字過大，財政性貨幣發行過多，物資供應長期不能滿足需要，就會發生通貨膨脹，造成物價上漲，致使居民生活水準下降。

故事中提到的柯林頓總統在面對財政上的新危機，除了大力發展新的產業創造工作機會外，還採用了較為溫和、謹慎的貨幣政策，以彌補以往政府遺留的財政赤字問題。

因此，應按照量入為出的原則安排財政支出，保持財政收支平衡。但由於工作失誤或發生戰爭、嚴重自然災害等意外事故，也往往會使財政短收或超支，形成赤字。

財富名人堂

詹姆斯・西蒙斯（James Simons）：男，西元二〇一三年《富比士》全球億萬富豪排行榜上排名第八十二名，淨資產一百一十七億美元。美國人，從事金融、對沖基金業。世界級的數學家，也是最偉大的對沖基金經理之一。他於西元一九五八年畢業於麻省理工學院數學系，二十三歲獲得加州大學伯克利分校的數學博士學位，其最著名的研究成果是發現並實踐了幾何學的測量問題。

所得稅
拒繳個人所得稅的作家

所得稅，又稱所得課稅、收益稅，指國家對法人、自然人和其他經濟組織在一定時期內的各種所得徵收的一類稅收。

湯米妮最近遇到一件煩心事，這件事實際上在過去的十幾年裡一直困擾著她，但是從來沒有像今年這樣讓她心煩意亂。煩亂的源頭其實是件值得慶祝的事——湯米妮紅了。

是的，經過十幾年日日夜夜的寫作，經過十幾年和年輕作者的較量，湯米妮的新作品終於不再是過去出版商視為「賠本」的產品，而搖身一變成為人人得以捧場的暢銷書，如今，洛陽紙貴已不足以形容湯米妮新作的暢銷程度。

但問題也隨之而來了，和稿費跑得一樣快的，是稅務局的報稅單。湯米妮形容他們是「聞著臭味而來的蒼蠅」。

「可是，親愛的，妳的稿費並不是臭味的。」湯米妮的好友凱薩琳逗趣說。

湯米妮憤憤不平的樣子：「我好不容易獲得了一點利益，他們就圍上來了，不是蒼蠅是什麼。」

凱薩琳哈哈大笑，湯米妮突然想起什麼似的：「為什麼我要繳稅？」

正在喝水的凱薩琳一下子噎住了，想了一會兒說：「因為所有人都繳稅。」

「不對。」湯米妮反駁說，「一定是有什麼法律條文規定的。我們來查一下吧！看我是不是能逃過這一劫。」

凱薩琳說：「反正人人都是要繳稅的，妳何苦浪費這個時間跟國家過不去？」

「這怎麼是跟國家過不去呢？」湯米妮堅持說，「這是為我自己的利益而戰！」

凱薩琳斜睨她：「我現在要去跳舞，妳做個選擇吧！是在這裡找妳的法律條文，還是跟我去找樂子？」

湯米妮倔強地指指自己腳下的地：「我留在這裡。」

凱薩琳聳聳肩，轉動一下自己的大裙襬長裙，就翩然離開了。

第二天，還沒等凱薩琳從酒醉的狀態中醒過來，就被急促的敲門聲驚醒了。她光腳去開門，門外站著她的好朋友湯米妮。

「妳最好是有好藉口。」凱薩琳不悅地揉揉自己的太陽穴。

「是的，是的，我有。」湯米妮急促地說，同時搖動自己手中的紙張，「我可以讓妳今後每年都省很多錢。」

多年好友，凱薩琳當然知道她在說什麼，把她引到自己房間坐下後問：「妳真的找到了可以不繳稅的辦法？」

「當然，本來就不應該繳稅，我們是付出勞動換來的費用，現在國家卻要我們分出我們的勞動所得，還要讓我們覺得那是理所當然的，其實這些都是那些銀行家的陰謀。」

「為什麼跟銀行家有關係？」凱薩琳不解。

湯米妮高深莫測地笑笑：「我問妳，美聯儲是什麼？」

「是我們的央行。」凱薩琳不明白這個問題有什麼值得提問的地方。

「但是，它卻是由幾大銀行家控制的。」湯米妮看著凱薩琳還是不以為然的樣子，換種方式來說，「簡單地說，他們擁有印鈔票的權力，他們把印出來的鈔票借給政府，可是政府沒錢還，就只好想辦法找民眾來要錢，這個要錢的方式就是徵稅。」

「然後呢？」

「然後，實際上是在銀行家們的壓力下，政府立法徵稅了……」湯米妮說。

凱薩琳打斷她的話：「妳說了立法。」

「沒錯，我說了，但是這個法律是違反憲法的，憲法規定了除了幾種稅務必須繳納外，其他稅務民眾不一定非得繳納。遺憾的是，個人所得稅並不在這幾種必需的稅種中。」湯米妮挑眉對好友笑道。

就這樣，湯米妮成為不繳納個人所得稅的女作家，在她的「慫恿」下，她的好友凱薩琳也不再繳納個人所得稅，而正如湯米妮設想的那樣，她們並沒有因為不繳納個人所得稅而產生任何法律上的麻煩。

天下「財」經

所得稅又稱所得課稅、收益稅，指國家對法人、自然人和其他經濟組織在一定時期內的各種所得徵收的一類稅收。有些國家以公司為課稅的稱為企業課稅，這經常被稱為公司稅，或公司收入稅，或營利事業綜合所得稅；有些國家以個人收入課稅的。各地（國）政府在不同時期對個人應納稅收入的定義和徵收的百分比不盡相同，有時還分稿費收入、薪水收入以及機會中獎所得（例如彩券中獎）等等情況分別納稅。

所得課稅能較好促進公平，一般認為付出一定的徵收成本，以改善社會公平狀況是非常必要的。在經濟增長過程中，消費、投資等要素對經濟增長最直接。個人所得稅直接影響消費需求，繼而間接影響投資需求。企業所得稅的稅後可支配的收入高低，直接影響企業稅後可支配的收入高低，影響企業的投資報酬率，進而影響投資。

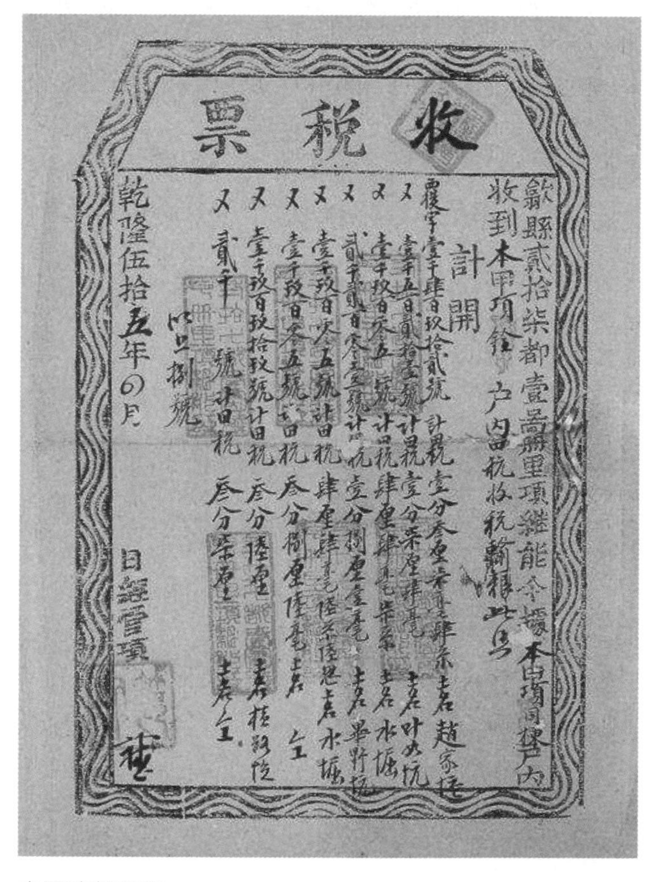

中國清朝稅票

個人所得稅是所得稅的重要組成部分，其內容包括薪水、薪金所得；個體商戶的生產、經營所得；稿酬所得；財產租賃所得；財產轉讓所得；機會中獎所得等。一般來說，各國的個人所得稅是做為法律條文寫進憲法中的，但也有國家未列入法律，比如說故事中的美國，當個人所得稅沒有寫進法律中，民眾就有權利拒繳。

財富名人堂

阿南達·克里斯南（Ananda Krishnan）：男，西元二〇一三年《富比士》全球億萬富豪排行榜上排名第八十二名，淨資產一百一十七億美元。馬來西亞人，從事通信營運業。他是哈佛大學工商管理學院碩士，他發射了馬來西亞第一顆人造衛星；他擁有馬來西亞最大的行動電信公司、最大的私營衛星電視公司、最大的電視廣播網路；他建起了馬來西亞人引以為傲的「雙子塔」。他龐大的企業王國以高科技業務領軍，其中涉及娛樂業、空間產業、博彩業、航運、通訊等。

WTO 可笑的引資理由

WTO，即為世界貿易組織，是當代最重要的國際經濟組織之一，目前擁有一百五十九個成員國，成員國貿易總額達到全球的百分之九十七，有「經濟聯合國」之稱。

一個義大利人來到某個發展中國家進行投資考察，在他考察投資環境的幾天裡，當地的官員一直陪著他鞍前馬後，伺候周到。

就投資環境而言，義大利投資商對於當地的環境還算滿意，他看好這片仍未完全開發的環境，只要當地的投資政策沒問題，他相信自己是能夠放心讓資金留在這裡生根發芽的。

投資考察的最後一天晚上，當地官員請義大利投資商在豪華酒店吃了一頓大餐，宴席剛剛開始，義大利投資商就問了官員三個問題：「是這樣的，我已經考察過了環境，對於大致的經濟發展，心裡已經有了打算。我現在想知道三個問題。」

「您請說。」官員仍舊是一副「願效犬馬之勞」的表情。

義大利投資商的問題比較尖銳：「我想知道，我到你們這裡投資能享受什麼樣的政策優惠？我會遇到什麼樣的風險？如果我投資的企業失敗了，最有可能會是什麼原因？」

當地官員拍拍胸脯說：「你放心，你來投資，我們國家對其他地方有的政策優惠，我都會給你，別人沒有的，只要你需要，我也能給你；你的風險就是我的風險，你所有的風險我都會替你解決好，你就踏實投資吧！」

義大利投資商皺著眉頭說：「這可以算是前兩個問題的答案，那麼我提出的第三點呢？」

「第三點，你就更可以放心了。」當地官員對義大利投資商勾肩搭背道，「你就把心放到肚子裡吧！就算是有人拿著槍指著你，我都幫你堵槍眼。最後就算失敗了，跳樓也是由我來，輪不到你。」

義大利投資商尷尬地笑笑，宴會正式宣布開始。

就在宴會到達尾聲的時候，當地官員問義大利投資商：「你考慮得怎麼樣了？什麼時候開始投資？」

義大利投資商回答：「實在抱歉，我不能在貴地投資。」

當地官員很意外：「為什麼，如果是條件方面的問題，我們還可以再商量。」

義大利投資商說：「不是，您給我的條件不是不好，而是太好了。但是，您給我別的地方不能給予的政策，這是違反國際規則的。我遇到了風險，由您使用特權來解決，這個也是有失公平的。最後一個問題，您根本不讓我知道我有可能因為什麼事情失敗，我就完全沒有辦法做了。不讓我知道怎麼死，我就永遠不知道該怎麼活，所以我不能在您這裡投資。」

「你！」當地官員氣得眼珠子都快瞪出來了。

義大利投資商接著說：「如果您想引進資金，還是多學學 WTO 的政策吧！這樣才會引入更多更優秀的資金，祝您成功！」

說完，義大利投資商頭也不回地離開當地，尋找更適合投資的合作夥伴去了。

天下「財」經

西元一九九四年四月十五日，在摩洛哥的馬拉喀什市舉行的關貿總協定烏拉圭回合部長會議決定成立更具全球性的世界貿易組織 ，以取代成立於西元一九四七年的關貿總協定。這個更大的世界貿易組織就是我們現在熟知的 WTO。

正如故事中義大利的人所說，WTO 的成立，是為了公平。它能有效調和世界經濟貿易中的不公平，促進經濟和貿易發展。

WTO 中最主要的幾項原則是：最惠國待遇原則、國民待遇原則、無歧視待遇原則、互惠原則、關稅減讓原則、取消數量限制原則和透明度原則。

部長級會議、總理事會、各專門委員會、祕書處與總幹事組成了 WTO 的組織機構。其中，部長級會議是世貿組織的最高決策權力機構，由所有成員國主管外經貿的部長、副部長級官員或其全權代表組成，通常兩年舉行一次會議，討論和決定涉及世貿組織職能的所有重要問題，並採取行動。

WTO 的官方語言為英文、法文和西班牙文，這三種語言的文本為正式文本，具有法律效力。

財富名人堂

斯特芬·科萬特（Stefan Quandt）：男，西元二〇一三年《富比士》全球億萬富豪排行榜上排名第八十一名，淨資產一百一十九億美元。德國人，從事汽車整車業。他的家族——科萬特家族從布巾廠發展成為德國著名家族掌控寶馬汽車公司。

龐氏騙局
別做最後那個倒楣鬼

龐氏騙局是一種最古老和最常見的投資詐騙，是指利用新投資人的錢來向老投資者支付利息和短期回報，以製造賺錢的假象進而騙取更多的投資。

查理斯．龐茲在金融史上也是赫赫有名的人物，雖然他的有名並不是因為什麼優秀事蹟。

龐茲生於義大利，後移民到美國。在美國做過各種工作，一心想發大財。美國最不缺的就是這樣的做著發財夢的青年，經過十幾年的尋找「機遇」，龐茲發現最快速賺錢的方法是金融。

美國金融史上最著名的騙子——查理斯．龐茲

於是，龐茲隱瞞了自己的歷史來到了波士頓，設計了一個投資計畫，向美國大眾兜售。

龐茲設計投資計畫的時候，正是第一次世界大戰剛剛結束，世界經濟體系處於一片混亂的時候。龐茲便利用了這種混亂，四處向民眾遊說，稱購買歐洲的某種郵政票據，再賣給美國，便可以賺錢。當時的世界，國家之間由於政策、匯率等等因素，很多經濟行為普通人通常很難搞清楚。龐茲一方面在金融方面故弄玄虛，另一方面則設置了巨大的誘餌，他宣稱，所有的投資在四十五天之內都可以獲得百分之五十的回報。而且，他還給人們「眼見為實」的證據：最初的一批「投資者」的確在規定時間內拿到了龐茲所承諾的回報。於是，後面的「投資者」大量跟進。

在如今看來可笑的投資專案，在當時卻有將近四萬名波士頓市民參與了。甚至在當時，龐茲被看作是和哥倫布、馬爾孔尼（無線電發明者）齊名的義大利人，因為他發現了錢。

龐茲確實發現了錢，他住在有二十個房間的別墅，買了一百多套昂貴的西裝，擁有數十根鑲金的枴杖，還給他的妻子購買了無數昂貴的首飾，連他的菸斗都鑲嵌著鑽石。

但這件事在當時也給龐茲帶來了不小的麻煩，在他的「投資計畫」進行得如火如荼的時候，有個金融學家看不下去，站出來拆穿了龐茲的西洋鏡，說他的「投資計畫」根本不可能賺錢。

但龐茲「藝高人膽大」，不但沒感到害怕，還專門找人在報紙上寫了一篇文章來反駁金融學家浪得虛名，不懂得金融投資的本質。因為他最初的「客戶」都得到高額回報（其實是他拿後來投資者的錢支付的利息）。

只要是騙局，總會有被拆穿的那天。西元一九二〇年八月，龐茲宣告破產，因為他所收到的錢，按照他的「投資計畫」所說的，夠買幾億張歐洲郵政票據了，但事實上，他從頭到尾只買過兩張。

龐茲被判處五年刑期，出獄後，他又用同樣的方法繼續騙錢，最終使得自己蹲了更長時間的監獄。西元一九三四年，龐茲被美國遣送回義大利，可是他死性不改，妄想去騙墨索里尼，最後沒能得逞。

當龐茲死去的時候，身無分文，但他的名字卻被永遠記在了歷史的文卷中。

天下「財」經

龐氏騙局在中國又稱「拆東牆補西牆」、「空手套白狼」，雖然各式各樣的「龐氏騙局」五花八門，千變萬化，但本質上都具有一些共同特徵：

一、低風險、高回報的反投資規律。眾所周知，風險與回報成正比乃是投資鐵律，「龐氏騙局」往往以較高的回報率吸引不明真相的投資者，從不強調投資的風險因素。如龐茲許諾的投資在四十五天之內都可以獲得百分之五十的回報。

二、「拆東牆、補西牆」的資金騰挪回補特徵。騙子們總是力圖擴大客戶的範圍，拓寬吸收資金的規模，以獲得資金騰挪回補的足夠空間。

三、投資訣竅的不可知和不可複製性。盡量保持投資的神祕性，宣揚投資的不可複製性，是其避免外界質疑的有效招術之一。

四、投資的反週期性特徵。「龐氏騙局」的投資項目似乎永遠不受投資週期的影響，無論是與生產相關的實業投資，還是與市場行情相關的金融投資，投資項目似乎總是穩賺不賠。

五、投資者結構的金字塔特徵。塔尖的少數知情者透過榨取塔底和塔中的大量參與者而謀利。有些身處龐氏騙局中的人其實也明白自己處於不正常的狀態中，但他們都不相信自己會是最後一個受騙者，於是積極發展「下家」，成為騙子的幫兇。

財富名人堂

安妮．考克斯．錢伯斯（Anne Cox Chambers）：女，西元二〇一三年《富比士》全球億萬富豪排行榜上排名第八十名，淨資產一百二十億美元。美國人，從事傳媒業。她繼承了報業財產，在價值八十七億美元的媒體王國中佔有百分之九十八的財產，共有十七份日報，三十份不定期報紙，十五家電視臺，八十一家廣播電臺。同時，還參與曼海姆二手汽車交易，只這一項的銷售額就有五十四億美元。

FÜNFHUNDERT DEUTSCHE MARK
500
A9254487D4
100
A3230905
2425205
中國人民銀行
4005165
DEL ECUADOR
ANONIMA
08118405

第二章

內行看門道：**他們是最懂財富的人**

亞當·斯密
無情人的迷糊

亞當·斯密，是經濟學的主要創立者，被稱為「經濟學鼻祖」、「現代經濟學之父」和「自由企業的守護神」。

「書籍就是我的情人」、「我別無所好，所好的只是書」，這兩句話的出處都來自於經濟學鼻祖亞當·斯密。這位寫下《國富論》的著名學者一生未娶，只把書當作自己的情人。而他的一生，還以常常會處於遊心於物外的狀態聞名。

十八世紀八〇年代，那時候亞當· 斯密快五十歲了，他來到了愛丁堡，當地的居民舉行一個歡樂的派對來款待這位最傑出的公民。

亞當·斯密當時出現在眾人面前的裝束是：一件淺色外套、短褲、白絲襪、有扣的鞋子，戴的是平頂的海狸皮帽，拿著手杖。穿著沒問題，但是他的表情和言行卻有問題。他直勾勾地望向天空，嘴裡唸唸有詞，像是在嘮叨些什麼。他每走一步

亞當·斯密位於愛丁堡的塑像，背後即為聖·吉爾斯大教堂。

就要遲疑一下，似乎想換個方向走，甚至想倒退著走。

圍觀的群眾有人小聲議論道：「這就是我們最傑出的公民？他看起來……好像一隻蠕蟲。」

「別胡說。」他的同伴阻攔住他的下一句，「可能大科學家的思維和我們不同，他也許在思考重要的問題呢！」

就在這時，一位派對的服務生走上前來用手杖向亞當．斯密行禮，這是一種對長者的禮節。就在服務生等待亞當．斯密點頭還禮時，亞當．斯密突然陷入一種催眠似的狀態，他用相同的禮儀回應了服務生。服務生驚訝了，當時在現場的民眾也驚訝了，全場安靜地注視這個老人緩緩向會場中心走去，而當他走到會場中心恢復神智的時候，他完全不知道自己剛才做出了多麼出格的行為，還是意氣風發地向全場民眾發表關於財富及國家經濟生活的演講。

類似這樣的事情還有很多，據亞當．斯密的好友回憶，有一次亞當．斯密去查理斯湯森參觀一家工廠，在和塞黑討論自由貿易時，他自己走進一個巨大的坑道裡而導致談話不得不結束。

甚至還有一次，亞當．斯密遊心於外物，利用麵包和奶油製作成了一壺茶，並在喝了之後宣稱這是他喝過最難喝的茶。

關於亞當．斯密的趣聞較多，但這並不意味著人們對他是不尊敬的，相反，人們對這個在二十八歲就受聘為格拉斯哥大學教授的天才尊敬萬分，追隨他的學生眾多，他們尊稱他為「經濟學鼻祖」、「現代經濟學之父」和「自由企業的守護神」。

天下「財」經

亞當・斯密最著名的著作是《國富論》，這本書對經濟學領域的創立有極大貢獻，使經濟學成為一門獨立的學科。

亞當・斯密提出了許多對後世有巨大影響的經濟理論，包括：

一、分工理論：分工的起源是由人的才能具有自然差異，經由剩餘產品的交換行為，促使個人增加財富，擴大社會生產。

二、價值論：具有最大使用價值的財貨，往往不具交換價值。

三、分配理論：即勞動薪水、資本利潤及土地地租自然率之決定理論。

四、賦稅理論：提出四大賦稅原則，即公平、確定、便利、經濟。

五、貨幣理論：貨幣的首要功能是流通工具，持有人持有貨幣是為了購買其他物品。

六、資本累積理論：透過分工過程，可增加勞動生產量，提高國民所得，增強國民儲蓄意願與能力。

財富名人堂

羅納德．佩雷爾曼（Ronald Perelman）：男，西元二〇一三年《富比士》全球億萬富豪排行榜上排名第七十九名，淨資產一百二十二億美元。美國人，從事金融、槓桿收購。是位畢業於沃爾頓商學院的兼併天才，西元一九七八年購買了珠寶商 Cohen-Hatfield 的一百九十萬美元的股份，七年後轉手賣給了 Sam Walton（沃爾瑪創始人）。西元一九八五年收購了動漫公司 Revlon。西元二〇〇二年將金州銀行集團（Golden State Bancorp）以六十億美元的價格出售給了花旗銀行。他在 Scientific Games、軍用捍馬製造商 AM General、電影公司 Panavision 都擁有股份，近年以七億美元的價格出售了證券公司 Allied Barton。

凱因斯
斤斤計較的富豪

約翰．梅納德．凱因斯，英國經濟學家，因開創了經濟學的「凱因斯革命」而著稱於世，被後人稱為「宏觀經濟學之父」、「資本主義的救世主」。

倫敦的早晨，一個男人衣冠不整地躺在床上，和他的經紀人通電話，為他自己的一所大學、一個辛迪加的巨大投機業務及他自身做出許多重大的決定，這個男人就是著名經濟學家約翰．梅納德．凱因斯男爵，他不但開闢了宏觀經濟學的研究陣地（他的兩本主要著作給他帶來了巨大且歷久不衰的聲譽），還擔任過大學司庫和劍橋大學學監、政府官員和顧問等，並且還是一位富有的投資者。

一天，凱因斯和一個朋友準備去阿爾及利亞首都阿爾及爾度假，在車站等待火車的時候，幾個穿著樸素的小孩走到他們身邊：「先生，需要擦鞋嗎？」

兩人看看腳上的皮鞋，出門走得急，鞋子已經不那麼亮了。於是，他們在小孩提供的板凳上坐下，享受孩子們提供的擦鞋服務。

孩子們的擦鞋技術不錯，等到服務結束後，凱因斯的朋友問孩子們：「多少錢？」

「一英鎊。」孩子們回答說。

凱因斯掏出一英鎊交到孩子手中，就此準備離開。

但孩子們卻擋住他的去路。

「怎麼了？我不是給你們錢了嗎？」凱因斯詫異道。

幾個孩子相互看了一眼，選定其中看起來年齡比較大的一個開口說：「你只給了一個人的錢。」

「什麼？」凱因斯驚訝，「每個人都要收一英鎊？」

孩子們點點頭。

「你們這不是在擦鞋，你們是在搶錢！」堂堂一個經濟學家卻被一群孩子給打劫了，凱因斯覺得不可思議，拉著朋友就想離開。

幾個孩子看起來也是「打劫」界的老手，他們大嚷大叫道：「這裡有人擦鞋不給錢！」惹得等車的乘客們都向他們這邊看來，聽清孩子們的嚷叫後，對凱因斯和他的朋友指指點點，議論的話不絕於耳。

「算了吧！」凱因斯的朋友作勢要掏出錢包，「給他們吧！這樣子多難看。」

「不行！」凱因斯阻擋朋友掏錢，「我絕對不能貶低貨幣的價值。誰都知道，擦鞋不會超過〇．五英鎊，我給他們的價格已經是很公允的了，他們想要更多，我一個子兒都不會多給，這是不符合經濟規律的！」

「只是這麼點錢，何必呢？」朋友很想息事寧人，畢竟在公用場合被幾個孩子要脅的感覺不太好受。

但凱因斯堅持不能多給，擦鞋的孩子們一直跟在他們身後討取擦鞋費用，甚至當他們登上火車後，生氣的孩子們還向他們堅持不斷地扔石子。

雖然這可能是凱因斯一生中比較極端的例子，但也從某種方面反映出了這位大經濟學家對於貨幣價值的看法，也許正因為這種對於貨幣價值的極端尊重，才使得他成為了一位富有的投資者。

天下「財」經

約翰．梅納德．凱因斯（西元一八八三年～一九四六年），英國經濟學家，因開創了經濟學的「凱因斯革命」而著稱於世，被後人稱為「宏觀經濟學之父」、「資本主義的救世主」。他創立的「宏觀經濟學」與佛洛伊德所創的「精神分析法」和愛因斯坦發現的「相對論」一起並稱為二十世紀人類知識界的三大革命，也被評為二十世紀「最有影響力」的經濟學家。

約翰．梅納德．凱因斯

凱因斯提倡的主導經濟理論是以馬歇爾為代表的新古典學派的自由放任經濟學說，也就是傳統經濟學，這種學說是建立在「自由市場、自由經營、自由競爭、自動調節、自動均衡」的五大原則基礎上的，其核心是「自動均衡」理論。

凱因斯主義的理論體系是以解決就業問題為中心，而就業理論的邏輯起點是有效需求原理。凱因斯進一步認為，由消費需求和投資需求構成的有效需求，其大小主要取決於消費傾向、資本邊際效率、流動偏好三大基本心理因素以及貨幣數量。

財富名人堂

繆西婭・普拉達（Miuccia Prada）：女，西元二〇一三年《富比士》全球億萬富豪排行榜上排名第七十八名，淨資產一百二十四億美元。義大利人，從事零售、紡織服裝業。她是奢侈品與時裝公司普拉達的創始人馬里奧・普拉達的孫女。西元二〇一一年六月，普拉達在香港證交所上市，繆西婭也因此重返富比士富豪榜。

揚·廷貝亨
專注才能成功

揚·廷貝亨（Jan Tinbergen），經濟計量學之父，西元一九六九年與朗納·弗里施共同獲得首屆諾貝爾經濟學獎。

揚·廷貝亨從小就是個聰明的孩子，家裡的長輩不管教他什麼，他都能做到過目不忘。但聰明的孩子往往都對世界充滿好奇，時時刻刻想要去瞭解這個世界，注意力就顯得不那麼專注。

為了糾正他的這個錯誤習慣，揚·廷貝亨的媽媽想出了一個辦法。

這天，媽媽把揚·廷貝亨叫到身邊：「寶貝，媽媽講一個故事給你聽好不好？」

揚·廷貝亨最愛聽故事了，立即乖乖地坐到媽媽身邊，睜大眼睛注視著媽媽。

媽媽拿出一個小火車做為道具，對揚·廷貝亨說：「我今天要講的是一個小火車的故事。從前啊，有一輛特別聰明的小火車，它跑得比其他小夥伴都快，家裡人都很喜歡它。」

「就和我一樣。」揚·廷貝亨搖著腦袋說。

「是的，就和你一樣。」媽媽摸摸他的腦袋繼續往下講，「這個小火車每天都在思索自己將要去什麼地方，終於有一天，它決定了自己要去遙遠的Ａ市。於是，做好準備的小火車載著一車的乘客就往Ａ

市出發了。沿途的風景很美，小火車一路上都很高興，車上的乘客也非常滿意。」

「然後他們一路到了A市？」揚・廷貝亨做出打哈欠的動作，「媽媽，這個故事很無聊啊！」

媽媽示意揚・廷貝亨耐心點，「他們在前往A市的途中遇到了另外一輛小火車，這輛小火車剛從B市回來，它眉飛色舞地向小火車描述B市的風景有多美，小火車不禁動心了，經過反覆的思索，小火車決定帶著乘客們去B市。」媽媽講到這裡，故意停下來，想看看揚・廷貝亨的反應。

「這怎麼行呢？」揚・廷貝亨說，「太不負責了吧？那一車的乘客不去B市。」

「對啊！所以當小火車到達B市的時候，滿車的乘客都很憤怒，他們紛紛指責小火車耽誤了他們的行程，有個急著在A市轉車的乘客甚至都急得暈過去了。」

「媽媽，妳是想透過這個故事告訴我，做事要專注，每次只做好一件事，最終才能成功嗎？」聰明的揚・廷貝亨舉一反三，很快就明白了媽媽的意思，媽媽欣慰地點點頭。

揚・廷貝亨不負所望，在之後的工作和學習生涯中，都秉持著只做好一件事的態度。終其一生，揚・廷貝亨都專心致志於使數理經濟學與統計分析結合在一起，為創建資產階級經濟計量學而堅持不懈，最終獲得了諾貝爾獎。

天下「財」經

揚．廷貝亨（西元一九〇三年～一九九四年），荷蘭經濟學教授，經濟計量學之父，主要貢獻是把統計應用於動態經濟理論，西元一九六九年與朗納．弗里施共同獲得首屆諾貝爾經濟學獎。他在學術上的貢獻有：最早創立了經濟計量學模型，維持了短期經濟預測的可靠性；提出「廷貝亨法則」，用以平衡國家經濟調節政策和經濟調節目標之間的關係；將經濟政策變數劃分為「目標、資料和工具」三類，明確指出了分析問題和經濟政策研究間的區別；在《國際秩序的重構》中提出要剷除國際關係體系中不公平的狀況；關注發展中國家的經濟問題，促進國際合作和經濟一體化。

揚．廷貝亨對西方經濟學的貢獻主要有三個階段：

第一階段是自西元一九二九年至第二次世界大戰期間，他提出了「蛛網理論」，利用數學和統計方法對商業理論進行統計檢驗，開創了經驗宏觀經濟學。

第二階段是第二次世界大戰結束到五〇年代中期，透過三本著作奠定了短期經濟政策規劃的基礎。

第三階段是五〇年代以後，主要關注發展中國家的經濟問題。

財富名人堂

郭鶴年：男，西元二〇一三年《富比士》全球億萬富豪排行榜上排名第七十六名，淨資產一百二十五億美元。馬來西亞人，祖籍中國福建省福州市，是馬來西亞最傑出的企業家，享有「酒店大王」和「亞洲糖王」之稱。他控制馬來西亞原糖市場的百分之八十、世界原糖市場的百分之二十。經營的業務從甘蔗種植、製造糖、麵粉、飼料、油脂、礦山，到地產、金融、酒店、產業、種植業、商貿和船運等。七〇年代，郭鶴年開始進軍酒店業，成立了香格里拉酒店集團。

保羅．薩繆爾森
拋棄哈佛的通才

保羅·薩繆爾森（Paul Anthony Samuelson），美國著名經濟學家，是第一個獲得諾貝爾經濟學家的美國人，師從哈佛大學經濟學權威學家阿爾文．漢森，兩人為推廣宣傳凱因斯主義有著巨大的貢獻。

在經濟學界中，有一位經濟學家，因其在經濟學著作中無所不在，被稱為是經濟學界的最後一個通才，這位經濟學家就是保羅．薩繆爾森。

如果問薩繆爾森一生最愛的地方是哪裡，他一定會回答是哈佛，但是哈佛卻沒有回應他同樣的熱愛。

在薩繆爾森年滿二十五歲時，他在報章雜誌上發表的文章數量已超過了他的年齡。可是這個突出的成績在哈佛大學似乎並不被看中，他只是一名普通的哈佛經濟學教員，收入微薄。終身教授職位對他來說，只是一個遙不可及的夢。

但這些都不是薩繆爾森最終拋棄哈佛的理由，而是他的出身。

當聽到一位遠遠不及自己的同事獲得哈佛終身教授的職位時，薩繆爾森衝到人事經理的辦公室，怒氣沖沖地說：「為什麼是他獲得了最終的名額？我發表的論文比他多多了！」

人事經理很平靜地說：「他來自堪薩斯州，而你來自於印第安那州的加雷；他不是猶太人，而你是猶太人。」

「這是什麼狗屁規矩！」薩繆爾森生氣地大喊大叫。

「沒辦法。」人事經理雖然也覺得抱歉，但這事不是他能決定的，「學校的規定就是這樣的。從我本人角度，我很同情你的境況。」

同情？薩繆爾森覺得不可思議，自己對哈佛的熱愛最終只換來對方的這麼一點回應，憤怒之下，他立即答應了麻省理工學院的邀請。

在有些人看來，薩繆爾森從哈佛大學轉到麻省理工學院任教是降級了，因為麻省理工學院是一所科技工程類學校，其經濟系並不為人所知。美國經濟及政治界領袖中很少有人出自這所學院。當時的學術界反猶太盛行，但麻省理工學院並不參與其中，而是願意雇用薩繆爾森這樣思維敏捷的猶太人執教。也正因為有所取捨，薩繆爾森才能在麻省理工學院獲得自己學術上的高峰——獲得諾貝爾獎。

在麻省理工學院，薩繆爾森得到了前所未有的重視，而麻省理工學院對技術的關注與薩繆爾森的天賦極為吻合。薩繆爾森將經濟學看作是一門數學，這在當時是一個非傳統的全新視角。從亞當·斯密到約翰·梅納德·凱因斯，經濟學大多以文字來表述。在哈佛大學，經濟學也只是停留在文字層面的探討，而在麻省理工學院，薩繆爾森使經濟學成為了一門數學。

西元一九四八年，薩繆爾森憑藉其廣博的學識和出色的文采，推出了一本名為《經濟學 101》的教科書。儘管書名很簡單，但很長時間以來一直位於最佳暢銷書行列。薩繆爾森曾經這樣說：「如果我可以為一個國家撰寫教科書，那麼就讓那些有意願的人們去制訂它的法律吧！」

天下「財」經

保羅· 薩繆爾森（西元一九一五年～二〇〇九年），美國著名經濟學家。他在經濟學術上的成就有：提出「要素價格均等化定理」，制衡兩國間貿易的開展；提出「斯托爾帕－薩繆爾森定理」，即價格是產品價格與要素邊際生產率的乘積，所以價格的變動會超過產品價格的變動；提出「乘數－加速原理」，為經濟週期理論研究做出了重要貢獻。

在保羅．薩繆爾森經典著作《經濟學》中，他提出稅收的性質來説明資本主義國家是一種公平的分配，抹煞了資本主義稅收的根本性質，掩蓋了資本主義國家稅收的真正來源；也對傳統稅收原則中的「利益原則」和「犧牲原則」做了分析，提出一個國家應採用比例稅率和累進稅率；提出了稅收對經濟的重大影響。這本著作以四十多種語言在全球銷售超過四百萬冊，是全世界最暢銷的教科書，影響了整整一代人。

財富名人堂

雷伊・達里奧（Ray Dalio）：男，西元二〇一三年《富比士》全球億萬富豪排行榜上排名第七十六名，淨資產一百二十五億美元。美國人，從事金融，對沖基金業。西元一九七五 年在自己位於曼哈頓的公寓內創立了布里奇沃特公司，他現在掌管著全球最大的對沖基金公司布里奇沃特聯合公司。由於大量投資美國和德國國債，他的對沖基金在西元二〇一一年對沖基金普遍虧損的情況下，依舊獲得了約百分之二十的投資報酬率。

約翰·羅
賭博為伴的一生

約翰·羅（John Law），英國金融學家和經濟學家，以推行紙幣聞名，被稱為「金融和紙幣之父」。

在一個冬日的深夜，英格蘭死牢的監獄突然打開了。

這對死牢來說，是件不尋常的事情。首先，如果有新的罪犯進來，很少是在深夜；其次，牢門是從裡面往外打開的，也就是說，是有人要出來而不是進去。

誰能有這麼大的本事？

伴隨著牢門的輕輕開啟，一個大約六英尺的瘦高個兒從裡面走進來，雖然死牢裡的燈光很暗，可是還是能看到他皮膚黝黑，五官俊朗，眉宇間閃爍著自信的光芒。很難想像，這樣的一個人會被關進死牢裡。

這個人就是英國銀行家和經濟學家約翰·羅。

天才總是有點獨特的癖好，這點在約翰·羅的身上展現得尤為明顯。

傳記作家珍妮特·格一森寫的《百萬富翁》一書的副標題形容約翰·羅是個英格蘭「花花公子、賭徒、角鬥士，開創了現代金融體制」。

約翰·羅飲酒無度、熱愛賭博、玩女人，把祖先留給他的鉅額遺產揮霍一空，更在西元一六九四年釀下大錯——在決鬥中殺死了自己的情敵。因為這次失誤，約翰·羅被關入到英格蘭死牢中，但他憑藉自己的三寸不爛之舌和大量的金幣賄賂了看守死牢的工作人員，深夜從英格蘭死牢中逃了出來，也就出現了最開始的那一幕。

約翰·羅出生自一個富貴的金匠及銀行家家庭中，是家中長子。獨特的家庭環境、長期的耳濡目染使得約翰·羅從小就有了經濟頭腦。剛滿十四歲，約翰·羅就被帶到父親的會計事務所中做學徒。憑藉著過人的天賦，約翰·羅在父親的事務所中做得非常順心。隨著年齡的增長，約翰·羅長成為一位英俊瀟灑的青年，他漸漸不滿足於會計事務所這樣一塊小天地。當他父親去世後，他就打包出售父親的事務所，帶著鉅額財富到達了他嚮往已久的大都市——倫敦。

在倫敦，約翰·羅憑藉著自己聰明的腦袋和高超的算術技巧，成為賭場上的常勝將軍，大量的金錢源源不斷地流入到他的口袋中。在情場上，英俊的約翰·羅更是得意。

但是在這些風光之下，他也沒有忘記抓住機會學習金融財政方面的知識。當他從死牢越獄成功後，更是憑藉這些知識在荷蘭一度充任了英國外交使節的祕書，並潛心研究當時歐洲規模最大、實力最雄厚的阿姆斯特丹銀行。當然，在夜晚來臨時，人們還是能在賭場裡看到他的身影。

約翰·羅對於賭博是如此熱愛，即便是後來他憑藉自身的財政知識幫助法蘭西建立銀行，做出過一番成績，也惹出了一番禍事，但臨死前陪伴他的，仍舊是賭場和賭術。

天下「財」經

約翰·羅（西元一六七一年～一七二九年），英國金融學家和經濟學家。他憑藉超凡的數學天賦，在賭場大放異彩，積聚了鉅額財富，可以算是一夜暴富，並因此引出一個詞的創生──「millionaire」（百萬富翁）。

約翰·羅於西元一七〇五年創立了銀行信用證，發行以地產或其他資產做擔保的紙幣。

西元一七一五年，法國路易十四國王去世，他生前極盡奢華，將整個法國財政揮霍一空，他死後掌權的攝政王奧爾良公爵為了改善危在旦夕的法國經濟，採納了約翰·羅的建議，授權他開設了法國歷史上的第一家銀行並開始發行紙幣。後來紙幣氾濫成災，全盤崩潰，差點引發一場革命暴動，而約翰·羅則在西元一七二九年死於威尼斯的一個貧民窟中。

約翰·羅為貨幣革命開了一個好頭，但本質上卻理解錯了貨幣與財富之間的關係，他以為貨幣和財富是一種東西，創造貨幣就等於是在創造財富，事實上貨幣只是財富的一個結果，重要的不是創造貨幣，而是創造財富。

財富名人堂

阿比蓋爾·詹森（Abigail Johnson）：女，西元二〇一三年《富比士》全球億萬富豪排行榜上排名第七十四名，淨資產一百二十七億美元。美國人，從事金融、資金管理業。她是富達集團創始人的孫女，她的家族擁有該集團百分之四十九的股份。西元二〇一一年，她被富達投資集團任命為核心業務部門的總裁。

安德魯・卡內基
貧窮少年致富記

安德魯・卡內基（Andrew Carnegie），美國「鋼鐵大王」，是美國人心目中的一代傳奇。

鋼鐵大王安德魯・卡內基很小就表現出商業天賦。

卡內基小時候家裡很窮，父母欠著外債，一家人的生活過得很拮据。有一次，卡內基養的母兔子生了一窩小兔子，父母都沒有時間幫他照顧，他自己也沒有足夠的食物提供給這些小兔子。父母建議他扔掉小兔子，讓牠們自生自滅，但卡內基捨不得，最後想出了一個好辦法。

卡內基把自己所有的朋友都聚集一起，讓他們圍觀可愛的小兔子們，大家都很喜歡，愛不釋手。

卡內基對他們說：「大家都很喜歡小兔子是吧？可是我沒有足夠的食物餵牠們，如果你們能幫我弄金花菜和車前草來餵牠們，我就用你們的名字來命名小兔子。」

孩子們一聽都特別高興，能擁有一隻用自己名字命名的小兔子是多讓人激動的事情啊！朋友們一口答應了下來。整個暑假，小朋友們都心甘情願地幫助卡內基採摘金花菜和車前草，只為了看看以自己名字命名的那隻小兔子。

除了商業上的天賦，卡內基最終會成為鋼鐵大王，和他的勤奮也分不開。他在少年時代曾經做過一份負責遞送電報的工作，每天的薪水只有五角錢。卡內基並不滿足於這小小的五角錢，他一直想做一名接線員，那樣可以賺更多。於是，當接線員都還沒來上班的時候，卡內基就早早跑到公司，用公司的機器聯繫收發電報。

機會永遠屬於有準備的人，就在卡內基的練習期間，公司忽然收到了一份從費城發來的電報。電報異常緊急，但是當時接線員都還沒有上班，於是卡內基代為收了下來，並趕緊將電報送到了收報人的手中。收報人很感激他，將這件事告訴了他的上司，卡內基很快就被提升為接線員，薪水也增加了一倍。

工作只能讓卡內基完成溫飽問題而已，真正引領他走上致富之路的，是一次特別偶然的機會。那時卡內基坐火車去外地，路上遇到一位發明家。這位發明家和他相談甚歡，拿出了自己發明的新臥車模型給他看。長久的貧窮讓卡內基對於金錢的機會特別敏感，他立即察覺到這是個好的機會，這項發明一定會有遠大的前程。於是，回到家中，卡內基向所有的親友借錢，買了擁有那項發明的公司的股票。這個明智之舉讓他在年僅二十五歲時，就能每年得到五千美元的分紅。這次的投資，也讓卡內基順利走上了致富之路。

天下「財」經

安德魯·卡內基（西元一八三五年～一九一九年），出生在一個窮苦的普通家庭，十二歲時，他做為蘇格蘭移民跟隨家人來到美國。

西元一八九二年，卡內基組建了以自己名字命名的鋼鐵帝國——卡內基鋼鐵公司，成為名副其實的鋼鐵大亨，當時與洛克菲勒、摩根並立成為美國經濟的三大巨頭之一。

卡內基受到世人的尊敬，被美國人當作傳奇歌頌並不僅僅因為他創立的鋼鐵帝國，而是他對於社會公益事業的貢獻，在家人相繼離世的重創之下，卡內基毅然決定將自己所有財富都捐獻給社會，他設立了各種基金，創建卡內基大學，並興辦千餘座圖書館以幫助有志上進卻家境貧窮的年輕人。他生前捐贈款額之巨大，足以與死後設立諾貝爾獎金的瑞典科學家、實業家諾貝爾相媲美。

安德魯·卡內基沒有單純做為商業巨賈被記住，而做為「商而優則慈」的代表人物傳世。

財富名人堂

安東尼奧·艾爾米里奧·德莫拉埃斯（Antonio Ermirio de Moraes）：男，西元二〇一三年《富比士》全球億萬富豪排行榜上排名第七十四名，淨資產一百二十七億美元。巴西人，多元化經營。他和他的直系親屬擁有沃托蘭庭集團的全部股權，這家巴西巨頭擁有眾多業務，從工業原物料生產到金融無所不包，西元二〇一一年其水泥和紙漿、造紙業務發展尤為驚人。

約翰·鄧普頓
雞蛋不要放在同一個籃子裡

約翰·鄧普頓（John Templeton），鄧普頓集團的創始人，富比士資本家雜誌稱他為「全球投資之父」、「歷史上最成功的基金經理之一」。

約翰·鄧普頓在投資方面是一個具有傳奇色彩的人物。

有一次，朋友請教他如何才能在投資中收益，他說了一個關於「雞蛋不要放在同一個籃子裡」的故事給朋友聽。

一個農婦提了滿滿的一籃子雞蛋到城鎮上的市集去賣，她的丈夫心疼她提那麼多的雞蛋，提出要去送她，但被她拒絕了，就她看來，這點重量難不倒自己。

但是，農婦還是高估了自己的體力。遠途無輕擔，在將要走到城鎮的市集時，農婦終於還是太累了，決定坐下來休息一下。

農婦在路邊的樹蔭坐下，同在樹蔭下乘涼的還有一位智者，兩人打個招呼就閒聊起來。

智者問：「妳從哪裡來？一個女人提著這麼多的雞蛋可真是不容易趕路啊！」

農婦回答說：「智者，我是從三十里外的農場趕來的，我家男人說要送我，我沒讓他來，農場裡還有一堆工作等著他做呢！」

「真是個體貼的好妻子。」智者回答道，「這麼多雞蛋需要花多長時間啊？」

「我們養了十幾隻雞，這些雞蛋都是我們半個月來積存的，我的孩子上學就靠它們來繳學費了。」

「成本的積存不易啊！」

「是的。」被智者這樣一感慨，農婦也不禁感嘆起農場生活的艱辛來。

短暫的休息過後，農婦站起身來準備繼續趕路，但早晨沒吃飯的她剛站起來就眼前一黑，腳下一個踉蹌，腳邊的雞蛋籃子打翻了，滿籃的雞蛋都紛紛自殺般地撞向石頭，一顆不剩。

農婦先是愣了一下，隨即反應過來，看著腳下的雞蛋液體，聞著空氣中生雞蛋的腥味，不禁傷心地嚎啕大哭。

智者見狀站起身來，安慰她說：「別難過了，下次妳不應該把雞蛋放在同一個籃子裡，妳看籃子裡堆得多高啊！妳要是放在好幾個籃子裡，即便打翻了一籃，還有其他幾籃不會損失呢！」

講完這個故事，約翰·鄧普頓問自己的朋友：「從這個故事裡，你有沒有學到什麼啊？」

朋友說：「投資要多投幾個方面？」

「是的。」約翰·鄧普頓說，「正如農婦積存雞蛋不容易一樣，我們每個人最初用來投資的錢一定是累積來的，如何讓自己辛苦賺到的錢不損失，就是投資需要學習的第一件事，其次才是如何賺錢，即拿到城鎮的市集上去賣。這拿到市集上的過程，一定要注意多觀察，最終選擇多方向投資。」

「我明白了，你可真聰明。」朋友讚嘆道。

約翰・鄧普頓哈哈大笑起來：「投資也要多看看書，這可不是我首創的，最早力挺『雞蛋不要放到同一個籃子』理論的是一九九〇年諾貝爾經濟學獎得主、美國經濟學家馬克維茨，他在論文中早就有了論述。」

天下「財」經

鄧普頓的投資方法被總結為：「在大蕭條的低點買入，在高點拋出，並在這兩者間遊刃有餘。」他的投資風格是：尋找那些價值型投資品種，也就是他說的「找便宜貨」。他的投資法寶是：「在全球尋找低價的、長期前景良好的公司做為投資目標。」

投資大師約翰・鄧普頓

鄧普頓退休後，將其投資法則歸納為十五條向世人傳教：

1、信仰有助投資。

2、謙虛好學是成功法寶。

3、從錯誤中學習。

4、投資不是賭博。

5、投資要做功課。

6、跑贏機構投資者。

7、價值投資法。

8、買優質股份。

9、趁低吸納。

10、不要驚慌。

11、注意實際報酬。

12、分散投資。

13、嘗試各種投資組合。

14、監控自己的投資。

15、對投資抱正面態度。

財富名人堂

阿列克謝・莫爾達索夫（Alexey Mordashov）：男，西元二〇一三年《富比士》全球億萬富豪排行榜上排名第七十三名，淨資產一百二十八億美元。俄羅斯人，從事金融，對沖基金業。俄羅斯北方鋼鐵公司的首席執行長，其資產在近些年內大幅增加，主要得益於國際鋼材價格的上漲。雖然經濟趨勢大好，但他還是打算出售至少一部分外國資產，以便專心經營在俄羅斯的產業。

賈尼尼
商業奇才出少年

賈尼尼（A.P. Giannini），全美第一大銀行家，美洲商業銀行創始人，是美國第一家為普通百姓提供金融服務的銀行，被人們稱為「現代銀行業之父」。

賈尼尼在不到十歲的時候，母親改嫁了一位好心的車夫。繼父對賈尼尼很好，一直都覺得他是個特別聰明的孩子。

在賈尼尼十二歲的時候，繼父和母親開了一家水果批發商行，賈尼尼做事能吃苦，待人又熱情，很快就成了商行中的好幫手。

透過對商行生意的觀察，賈尼尼對繼父建議說：「我聽說過聖阿那有賣柳橙和葡萄柚，我們進點貨怎麼樣？」

繼父大吃一驚：「聖阿那？那麼遠的地方誰去進貨？誰會吃柳橙和葡萄柚？」

賈尼尼說：「雖然路程遠，但是很值得我們跑一趟的，聖阿那是柳橙和葡萄柚的產地，他們的售價一定很低，只要我們能新鮮地運來，肯定會大賺一筆的。」

繼父半信半疑地從聖阿那運來柳橙和葡萄柚，市場反應果然和賈尼尼設想的一樣，民眾很喜歡這兩種水果，甚至在日後，原本在加州極為罕見的柳橙和葡萄柚也成了加州的特產。

面對自己的初次市場嘗試，賈尼尼並不滿足，他想要的更多。為了降低進貨價格，他拋棄了水果商販，親自去跟果農們洽談。在農作物未採收之前就與農民訂立收購契約。這要付一部分訂金，但蔬菜和水果的價格卻要比碼頭上便宜得多。他這樣做，不僅從販運商手中奪走了利潤，而且，比販運商們買來的還便宜。農民也很樂意，因為得到了訂金，農作物的銷路也有了保證，又可以減少甚至避免氣候突然變化造成的損失。這種做法是一個了不起的創舉。年僅十九歲的賈尼尼因此被人們視為經商的奇才、鬼才。

經過幾年的奮鬥，賈尼尼和繼父已經小有成就，後來，他娶了銀行家的女兒，這場婚姻徹底影響了他的事業軌跡。

賈尼尼憑藉岳父遺留下來的股份，進入了哥倫布銀行當董事。他為人熱情的性格讓他很快得到下屬的愛戴，但是他和銀行的其他董事之間卻經常發生爭執。

銀行原先的董事們堅持因循守舊，而賈尼尼堅持銀行應該拓寬經營範圍、堅持平民化。雙方都不退讓，最終做為後來者的賈尼尼放棄了。

放棄哥倫布銀行，不代表賈尼尼放棄自己的人生，他一直在思考，既然自己有想法，為什麼不自己做呢？

於是，賈尼尼找來十個人合夥開辦銀行。股東只佔三分之一股份，其餘三分之二在普通民眾中募股，這些人包括魚販、菜商的老闆和一些鄉下農民。總的來說，以義大利移民為主要對象，名稱就叫義大利銀行。

義大利銀行最初並不很順利，一些窮苦人民寧願把錢藏在床底下，也不願意交給銀行。賈尼尼的親生父親正是因為借一美元而慘遭橫禍，賈尼尼記得這種困窘，於是他一家家造訪，勸說他們，雖然並沒有獲得更多的資金，但卻讓義大利銀行被更多的人所熟知。

不久之後，三藩市發生了舉世震驚的大地震，面對災難，大多數的銀行選擇拒不開門，怕民眾借錢。賈尼尼卻反其道而行之，在災難後的第四天，賈尼尼在報紙上刊登廣告稱：「義大利銀行正式開業，時間照舊，露天營業，不受地震威脅！」

此舉使得義大利銀行廣為流傳，但和賈尼尼設想的不同，前來存款的人比借錢的多，因為地震引起了火災，人們開始覺得把錢放在家裡不安全。這次行動讓那些拒不開門的銀行家們懊悔至極。

就這樣，義大利銀行得以從很低的起點上飛快地崛起，最終成為美國第一大銀行。

天下「財」經

賈尼尼的父親因為一美元被人開槍打死，對他產生很大的衝擊，在他成為銀行家後，堅決反對放高利貸，一心為農民和普通民眾服務，打破了銀行只為少數富人服務的歷史，創建了遍布歐美的義大利銀行分行網。

賈尼尼只有國小文憑，卻能用七國語言打出廣告，將普通百姓做為銀行的宣傳對象。他創建的美洲商業銀行的資產規模僅次於花旗和摩根大通，而在二十世紀四五〇年代，它一度是美國規模最大的商業銀行，也是美國第一家為普通百姓提供金融服務的銀行。

金融大亨賈尼尼銀行總資產達二十億美元，可是他的全部遺產卻只有價值四十三萬九千美元的不動產，在離世前他將這近五十萬存款全部捐獻出來，用於醫學研究和銀行員工子女教育獎學金，這是當之無愧的「為大眾而服務」。

財富名人堂

米哈伊爾．羅霍羅夫（Mikhail Prokhorov）：男，西元二〇一三年《富比士》全球億萬富豪排行榜上排名第六十九名，淨資產一百三十億美元。俄羅斯人，從事金融、投資業。他出生於一個普通家庭，西元一九八九年以優異的成績畢業於莫斯科金融學院國際經濟關係學系，曾在前蘇聯一家大型外貿銀行工作。西元一九九一年結識了俄羅斯第一代財閥波塔寧並被後者所賞識。在蘇聯解體之際接手俄羅斯最大的鎳金製造公司，同時擔任俄羅斯最大的黃金生產商主席以及聯合進出口銀行老闆。

約翰·大衛森·洛克菲勒
敢大額貸款的「吝嗇鬼」

約翰·大衛森·洛克菲勒（John Davison Rockefeller），美國實業家、慈善家，是美國歷史上的第一位億萬富豪和全球首富。

洛克菲勒生平的最大特點就是神祕莫測，他主管著當時最大的企業和慈善事業，卻一直是位令人難以捉摸的古怪人物。他締造了美孚，創造了巨大的財富，其人生經歷也因此而充滿了傳奇色彩。

洛克菲勒的父親是一個行為放蕩的假藥販子，正因為這種職業，全家人都生活在動盪不安的生活中，生怕父親哪天會被員警發現，一家人從此斷了經濟來源。

在這樣的環境下，洛克菲勒到了十六歲那年，花一毛錢在市場上買了個小本子，認認真真記下自己每天的開銷，這個習慣一直延續到他成為公司大股東之前。當洛克菲勒在六十多歲的時候，再次翻開這個小本子，不禁老淚縱橫，認為這是他一生最寶貴的財富。

擁有商業天賦的洛克菲勒在十八歲起就開始嘗試靠自己賺錢，並且每次都能賺到錢，但賺到錢的洛克菲勒還是依舊那麼節省，並且一如既往地記錄自己的各項開支。甚至在他腰纏萬貫後，迎娶自己的高中同學蘿拉，也只是花了十五美元購買了一個婚戒，並把該項開銷記錄在「雜項開支」裡。

就是這樣一個吝嗇鬼，在開發石油期間卻敢大筆貸款以擴大煉油廠。洛克菲勒的這個舉動惹惱了他的合作夥伴克拉克，兩人經常大吵大叫，這讓洛克菲勒非常頭痛。

洛克菲勒在他的回憶錄中說，那是西元一八六五年二月一日的一天，洛克菲勒將幾個公司合夥人帶到自己家裡，向他們講述了自己打算快速發展煉油廠的想法——這恰恰是克拉克最深惡痛絕的事情。

那一天，洛克菲勒和自己的朋友們談得很不愉快，最後洽談的結果是，他們打算賣掉公司，轉讓給能夠出價最高的人。

經過反覆思量，洛克菲勒決定自己買下公司，而克拉克也有此意。到了拍賣公司的那一天，克拉克帶著自己的律師來助陣，洛克菲勒則自己為自己代言。

拍賣的底價不高，僅有五百美元，但在合作夥伴們的哄鬧下，很快漲到了五萬美元，這已經遠遠超過了洛克菲勒認為的煉油廠的價值。最後，價格被克拉克提升到七萬美元，洛克菲勒明白，如果自己失去這次機會，下次再得到一個煉油廠的機會就不知道還需要多少年了。

最終，洛克菲勒在克拉克的挑釁下最終給出了七萬兩千五百元的報價。就這樣，二十六歲的他贏得了克利夫蘭最大的煉油廠，每天能提煉原油五百桶。

洛克菲勒儘管一向行事謹慎，這次卻顯示出遠見和膽量，煉油廠的成功競拍為洛克菲勒日後成為石油大王打下了堅實的基礎。

天下「財」經

約翰．大衛森．洛克菲勒（西元一八三九年～一九三七年），美國實業家、慈善家。西元一八七〇年他創立了標準石油公司，並於短短九年間壟斷了全美百分之九十的石油市場，儘管如此，洛克菲勒並沒有因壟斷市場而任意提高油價，反而在他統領石油行業的數十年間，日常用油的價格降低了近百分之八十。

洛克菲勒說：「繼續努力吧！我們要永遠記得我們是在為窮人們提供用油，而且必須是又便宜又好的油。」

自洛克菲勒的第一份薪水開始，他就開始將十分之一捐給教會，當他擁有鉅額財富時，也慢慢將重心從商界移至慈善事業，他的捐助主要集中在教育與醫藥方面。美國兩所頂尖大學：芝加哥大學與洛克

約翰．大衛森．洛克菲勒和家人

菲勒大學都是他出資創辦的。他還資助了北美醫學研究，包括根除鉤蟲和黃熱病，也對抗生素的發現給予了很大的幫助。洛克菲勒一生總共捐助了約五億五千萬美元用於慈善事業，開創了美國富豪行善的先河。

財富名人堂

李健熙：男，西元二〇一三年《富比士》全球億萬富豪排行榜上排名第六十九名，淨資產一百三十億美元。韓國人，從事手機製造業。韓國最大的綜合財團三星集團的掌門人，三星電子在西元二〇一一年的總銷售額達到了一千五百五十億美元，成為全球最大的記憶體晶片和平板電視生產商。

華倫·愛德華·巴菲特
健康才是真正的財富

華倫·愛德華·巴菲特（Warren Edward Buffett），美國投資家、企業家及慈善家，被稱為「股神」。

五歲開始在家門口擺地攤兜售口香糖，十一歲買了人生第一支股票，十七歲進入賓夕法尼亞大學攻讀財務和商業管理，一年內獲得學士學位，二十歲考入哥倫比亞大學，又在一年內獲得經濟碩士學位，二十七歲賺到五十萬美元，三十四歲掌管的金錢達到兩千兩百萬美元……這些輝煌的紀錄都屬於人們心目中的「股神」巴菲特。

在賺取大額金錢之後，有人問巴菲特：「你現在已經是美國最富有的人之一了，下一個目標是什麼？」

巴菲特回答：「我下一個目標就是成為美國最長壽的人，沒有什麼比健康更重要了，健康才是最寶貴的財富。」

提問的人反駁說：「那是因為你現在是富有的人，如果你現在是貧苦的人，你肯定不會這麼想。」

巴菲特給他講了一個故事，這個故事也是巴菲特經常在大學演講時講給大學生們聽的。

巴菲特說，在他十六歲的時候，他只關心兩件事情：汽車和女孩。因為年輕的時候不善交際，和女孩的交往不是很順利，於是他全部的注意力就轉移到了汽車上，什麼汽車名貴，什麼汽車性能好，他都一清二楚。

就在他十六歲這年的一天晚上，一個神仙進入到他的夢境中。

巴菲特第一次見到神仙，自然興奮至極，尤其神仙開口對他說話，他就更開心了。那神仙對他說的是：「你想要什麼樣的車？不管你要什麼，我都會送給你。明天一大早，這輛車就會綁上絲帶送到你家的門口。」

「真的嗎？」聽了神仙的話，十六歲的巴菲特並沒有被興奮沖昏頭，反而謹慎地問神仙，「這麼好的事情，祢要我拿什麼條件來交換？」

神仙回答說：「放心，我什麼都不要。我給你的這輛車，是你這輩子唯一能夠得到的車，你要用一輩子。」

巴菲特從夢中醒來，發現不過是南柯一夢，等到他老了才明白：其實每個人一生都擁有一輛汽車，這輛汽車就是自己的身體。每個人都只有一個心臟、唯一的一個身體，這個身體每個人都得用上一輩子。如果一個人好好對待自己的身體，就很容易用上很多年；如果不愛惜自己的身體，那麼「這輛車」很快就會變成破銅爛鐵。而當一個人到了四十歲，還不愛惜自己的身體，就如同一輛開了四十年卻從來沒有好好保養過的老爺車一樣，遲早會出大問題的。

天下「財」經

華倫．愛德華．巴菲特（西元一九三〇年——），美國投資家、企業家及慈善家，被稱為「股神」，根據《富比士》雜誌公布的二〇一〇年度全球富豪榜，他的淨資產價值為四百七十億美元，僅次於卡洛斯．史林．埃盧和比爾．蓋茲為全球第三，他對於慈善事業的貢獻也在美國歷史上創下了新的紀錄。

巴菲特從小就極具投資意識，他對股票和數字的鍾情程度遠遠超過了家族中的任何人，十一歲就購買了人生第一支股票。巴菲特的投資模式為：產業＋保險＋投資，也稱之為「伯克希爾」模式。他的投資原則有六條：競爭優勢原則；現金流量原則；「市場先生」原則；安全邊際原則；集中投資原則和長期投資原則。

他最常說的一句話是「投資的第一條準則是不要賠錢；第二條準則是永遠不要忘記第一條！」他歸納出投資的六條法則：賺錢而不是賠錢；別被利益矇騙；要看未來；要賭就賭大的；堅持投資能對競爭者構成巨大「屏障」的公司；要有等待的耐心。

財富名人堂

塞爾日．達索（Serge Dassault）：男，西元二〇一三年《富比士》全球億萬富豪排行榜上排名第六十九名，淨資產一百三十億美元。法國人，從事飛機製造業。從他父親那裡繼承了達索集團，達索集團的現任董事長兼首席執行長，該集團涉足軟體、媒體和航太產品等領域的投資。西元二〇〇四年，達索集團收購了新聞媒體《費加羅報》，此後收購多家媒體公司，並組建了費加羅集團。

岩崎彌太郎
監獄裡學到的財富知識

岩崎彌太郎，「日本第一財閥」三菱財閥創始人，主營海運業，是名副其實的「海上霸主」。

西元一八五四年，岩崎彌太郎一直追隨的老師覺得他們的家鄉實在已經是沒有發展前途了，決定去江戶一帶闖蕩生活。得知這個消息的岩崎彌太郎也想跟著去，就跟父親說了這個決定。

父親在燭光下吸著菸，過了很久才對岩崎彌太郎說：「你放心去吧！家裡一切都交給我。」

於是，岩崎彌太郎在第二天和老師一起踏上了去江戶闖蕩的旅程。

在走到村口的時候，他突然聽到背後老父親在呼喚自己。

岩崎彌太郎轉過身去，老父親胳膊上挎著一個布袋，疾步走到岩崎彌太郎面前，把布袋交給他：「這是一點盤纏，你帶上，如果去到了江戶，有什麼小生意可以做，你還能當本錢。」

岩崎彌太郎知道家裡已經窮得家徒四壁了，父親是從哪裡弄來的錢呢？

看到兒子疑惑，老父親說：「窮家富路。這是賣掉祖先遺留下的山林所得的錢，你什麼都不用擔心，放心去吧！」

岩崎彌太郎很感動，在和老師走到家鄉西邊的妙見山時，他特意來到星神社（一家祠堂），掏出隨身攜帶的筆墨，在星神社的門上寫著：「日後若不能名揚天下，誓不再登此山」以表決心。

在江戶生活的日子，岩崎彌太郎的學識大有長進。但就在他準備一展手腳的時候，家鄉卻傳來了一個壞消息，他的父親被人陷害入了監獄。

岩崎彌太郎從江戶奔回家鄉為父伸冤，但讓他沒想到的是，當地的官員早就已經串通一氣，拒絕了他的伸冤，他年邁的老父親依舊被關押在牢房裡。

憤怒的岩崎彌太郎在官府的柱子上用小刀刻下「無賄不成官，罪由喜惡判定」的字樣，官員很生氣，命人把柱子砍了。岩崎彌太郎又在官府周邊的白牆上寫下了同樣的字樣。官員惱羞成怒，派人將岩崎彌太郎也逮捕下獄了。

岩崎彌太郎被和一個樵夫關在一起，這個樵夫師從名門，擅長算術，還沒來得及用自己的知識大展拳腳，就被關進了牢獄。

一天，樵夫對岩崎彌太郎說：「世界上最有意思的事情就是做生意了。」

岩崎彌太郎說：「我也想做生意，可是我不會算術。」

樵夫高興地說：「我教你，剛好可以打發時間。」

沒多久，岩崎彌太郎就能很熟練地算術了，樵夫誇獎他說：「你可真厲害，我學了四、五年才學會，你竟然不到一個月就全明白了，你的將來一定是不可限量的。」

剛學會算術的岩崎彌太郎也很興奮，他對樵夫說：「我將來要是能成為鉅富，一定送你一衣櫃的金子。」

對別人來說，牢獄之災是慘不忍睹的，但是對岩崎彌太郎來說，這次的牢獄之災卻是一次命運的轉機。一年後，他被釋放了，從此開始踏上了經營之路。

天下「財」經

岩崎彌太郎（西元一八三四年～一八八五年），「日本第一財閥」三菱財閥創始人，明治前期著名的企業家，西元一八七九年的日本富豪排行榜上居第二位，主營海運業。

安藝市岩崎彌太郎像

西元一八七一年，岩崎彌太郎收購「九十九商會」，並於西元一八七三年改名為「三菱商會」，開始了創富的道路。當岩崎彌太郎僅次於三井家族的八郎右衛位居日本富豪榜的第二位後，又以海運業為中心，逐步將業務範圍擴大至匯兌業、煤礦業、海上保險業、倉儲業等。

十九世紀八〇年代，當三井財閥開始對三菱大肆反擊時，岩崎彌太郎積勞成疾，因胃癌惡化而亡，使得三菱幾近資不抵債，幸而岩崎彌太郎的兒子岩崎彌之助扛起了大樑，堅定地實施「果斷決策，進退有度」的經營理念，又一次將三菱帶上了騰飛的道路，被稱為三菱「近代派」的領導者。

今天的三菱集團早已超過二戰前居日本第一的三井集團，成為日本最大的壟斷財團，被經濟界稱為「日本的巨人」。

財富名人堂

唐納德·布倫（Donald Bren）：男，西元二〇一三年《富比士》全球億萬富豪排行榜上排名第六十九名，淨資產一百三十億美元。法國人，從事房地產開發業。曾經靠著滑雪獎學金入讀了華盛頓大學、利用一萬美元的貸款修建了自己的第一棟別墅的青年，現在是美國最富有的房地產開發商，擁有五百棟辦公物業，以及一百一十六個公寓社區。

劉晏
中國最早的理財家

劉晏，是唐朝著名的經濟改革家和理財專家，他將中唐的經濟從將要崩潰的邊緣引向繁盛。

西元七二六年，安史之亂使得唐朝的經濟元氣大傷，皇太子李俶在其父肅宗靈柩前依其遺詔即位，改名豫，史稱唐代宗。

李豫即位之後，面對前輩留下的爛攤子，每日頭痛不能入睡。這時，有人向他推薦了一位賢臣，這個人也確實如舉薦人所說，在日後的為官生涯中，為中唐的經濟做出了不可磨滅的貢獻。這個人就是中國最早的理財家劉晏。

唐代宗李豫畫像

李豫第一次接見劉晏，話說沒幾句，李豫就覺得自己可以信賴這個人，便將國家面臨的真實情況向他做了說明：「劉愛卿，國家面臨的問題，你應該也是了然於胸的，你看應該怎麼解決這些問題呢？」

皇帝的賞識讓劉晏打心眼裡覺得欣慰，他更是明白「知遇之恩當銜環以報」，於是便將自己的看法向李豫一一道來：「陛下，如果您賦予我權力，我想從三個方面進行改革。」

李豫興趣滿滿：「哪三個方面？」

「第一，是改革鹽法。」劉晏慢條斯理地說，「現行的鹽稅甚低，且政府壟斷食鹽的產銷，雖然政府的鹽利大增，但鹽吏猛增，擾民現象嚴重；加之政府壟斷銷售，經營不善，弊病亦多。如果是我管理鹽務，我會變民制官收官運官銷為民制官收商運商銷，由政府獨佔鹽利到官商分利轉化。再輔以常平鹽法，派鹽官運鹽到邊遠地區儲存，在食鹽供應困難、價格上漲時以平鹽出售，做到了『官獲其利而民不乏鹽』。我相信一年下來，可以將獲利提升幾倍，從而充盈國庫。」

「不錯。」李豫讚賞道，「這樣做，既可以解決國庫空虛問題，也能讓老百姓吃到鹽，可謂是一舉兩得。那第二點呢？」

「第二，是整頓漕運。」劉晏接著說，「分黃河水入通濟渠使運河暢通、建造船場專門建造漕船、改直運為分段接運、在各交接之地修建糧倉貯存運來的漕糧，維持國庫儲備糧的充裕。」

「這個問題也很重要。」李豫贊同他的觀點，「第三？」

「第三，是行常平法，平衡物價。」劉晏越說越激昂，彷彿已經看到自己掌握大權對這個國家的頑疾進行修整一般，「選派能幹廉潔的官吏，要他們定期向中央彙報各地雨雪豐歉情況。在糧食豐收的時候，令各地以適當高於市場的價格收購糧食，以免商人趁機壓價，穀賤傷農；在青黃不接，特別是歉收年分，政府用低於市場價格出售糧食，保護百姓。在市場價格正常時，按市價在產糧區收購糧食，以充實儲備或做調劑之用。這樣，既可以使政府穩定了物價，而且也防止了富商大賈囤積居奇，牟取暴利，從而維持國家的財政收入。」

「如此甚好！」李豫激動地從龍椅上走下來，「我給你權力，就按照你說的辦！」

後來，在劉晏為官期間，又採取了一系列的財政經濟改革措施，為中唐經濟的恢復和振興做出了重要貢獻。

天下「財」經

劉晏（西元七一六年～七八〇年），字士安，是唐朝著名的經濟改革家和理財專家，年少時已嶄露才華，名噪京城，七歲就被稱為「神童」。

天寶年間開始從事稅務工作，一路扶搖直上，歷任吏部尚書同平章事、領度支轉運使、鑄錢、鹽鐵等使，實施了一系列的財政改革措施，包括：改革漕運、改革鹽政、改革糧價、推行常平法等。劉晏的經濟思想主要是「利用商品經濟增加財政收入」。他認為到處都有增加收入的門路，而在當時，鹽是人民的必需且急需的商品，因此在鹽價中徵收稅款，就可以讓財政獲得穩固的收益。

劉晏的理財思想是「理財要以養民為先」，他把賦稅的增加建立在戶口增加的基礎之上，透過有利於人民休養生息的政策來促進人口的增加和生產的發展，從而最終實現稅款的增長。

儘管劉晏為安史之亂後的唐朝經濟做出了巨大的貢獻，但在封建制度下卻難逃功高犯忌的命運，最終含冤而死。

財富名人堂

施至成：男，西元二〇一三年《富比士》全球億萬富豪排行榜上排名第六十八名，淨資產一百三十二億美元。菲律賓人，多元化經營。菲律賓華商領袖、SM集團董事長，擁有數十家公司的股權，包括全國第二大銀行。由賣鞋起家，在西元一九五六年於馬尼拉開設第一家店鋪「鞋莊」，在西元一九七〇年代進軍百貨業，在菲律賓開了三十間大型商場，投資事業遍布香港及海外。

范蠡
傳說中的財神爺

范蠡，中國歷史上早期著名的政治家、謀士和實業家，他以經商致富，廣為世人所知，被稱之「財神」。

在中國古代的傳說中，財神是有文武區別的，武財神通常說的是趙西元帥，還有一位是關二爺；文財神，一位是比干，另一位就是范蠡。

為什麼要拜范蠡為財神，這就要從范蠡「三聚三散」的故事說起。

范蠡的「一聚一散」，是他輔佐越王勾踐的時候，兩人深謀遠慮了二十多年，最終勾踐成功復國。復國之後，在論功行賞的宴席上，范蠡發現勾踐面無喜色。長年的交往讓范蠡很瞭解勾踐，這個看起來大度的男人實際上只能共患難而不能共富貴。於是，范蠡毅然辭官離去，帶著家眷及幾件簡單的行李，到了齊國。

到了齊國之後，范蠡擔心越王勾踐追查他的下落，更名改姓，帶著自己的兒子在海邊耕種土地、勤奮治產。范蠡很聰明，他的兒子很孝順，幾年下來，他們就積存了不少家產。

隨著財富的累積，范蠡的名聲也越來越響，響到齊國的國君都知道了他的大名，特意派人送來丞相印章，希望他能擔任齊國的丞相，為齊國效勞。

這個消息並沒有讓范蠡很高興，反而帶給他無盡的煩擾。他對兒子說：「治家能到千金、治國能到丞相，我現在兩樣都得到了，恐怕接下來會有不幸啊！」

為了這接下來可能的「不幸」，范蠡和兒子商量後，將丞相印章退還給了齊國國君，把家裡的萬貫家產也分給了朋友和鄉鄰，帶著一點珠寶和盤纏，和兒子一起繼續悄悄來到了定陶。這就是范蠡的「二聚二散」。

到了定陶的范蠡，乾脆也不改姓了，只讓人稱呼他為陶朱公。

陶朱公在定陶也沒閒著，他憑藉自己的智慧，很快又發現了當地的致富之路。他發現這個地方實在是從事貿易的好地方，於是和兒子一起，還是從耕畜業開始，按照時機向市場提供產品，不久又累積到了鉅額的財富。當范蠡到了老年期，根據自己的身體實際情況，他又開始做起了生意，也是很快累積到大量的金銀財寶。

然而，正如范蠡所擔心的那樣，上天不會一直賜福同一個人，某年，他的二兒子在楚國殺了人，被判死刑。

范家決定用錢來救人，可是委派誰去楚國呢？一開始，范蠡決定派小兒子去，誰知大兒子也想去，在遭到父親的拒絕後，他紅著眼眶，憤恨地說：「家中出了這麼大的事，也不讓我出面，擺明了說我沒用！」說著，拿出匕首，想要自殺。

范蠡嘆了一口氣，語重心長地教導大兒子：「你去也可以，但要謹記，一切聽從莊生的安排，萬萬不可與他發生衝突！」

就這樣，大兒子來到了楚國。

他找到了莊生，獻上重金，然後說明來意。

莊生答應了下來，讓他趕緊離開楚國，接著去求見楚王，說天有不祥之兆，只有行善才能消除災禍，楚王聽後決定赦免罪犯。

實際上，范蠡的大兒子並未離開，他聽到楚王要赦免罪犯的消息，心想，弟弟被放出來已成定局，為什麼還要把黃金送給莊生呢？於是，他竟然厚著臉皮來到莊生家裡。

莊生見到他，不由得大吃一驚，問：「我不是讓你離開楚國嗎？」

范蠡的大兒子假裝恭敬地回答：「我聽說弟弟被楚王赦免了，就來向你辭行。」莊生知道他葫蘆裡賣的是什麼藥，就讓他拿回金子。

原本，這些黃金莊生本來想還給范蠡的，但范蠡大兒子的行為激怒了莊生，他決定給范家一個教訓。

莊生再次去見楚王，說：「民間謠傳您大赦天下只是為了照顧朱公（范蠡）的兒子，不然朱家也不會用重金收買您身邊的人。」

楚王聽罷暴怒，下令殺掉范蠡的二兒子。

范家的人都傻了眼，唯獨范蠡一臉淡然，他長嘆一聲說道：「大兒子從小和我在一起吃苦，養成了勤儉持家的性格，在需要花錢的時候放不開手腳；小兒子含著金湯匙長大，不知創業艱難，自然能捨棄金錢。大兒子執意要去，我知道二兒子必死無疑，只能等著噩耗的傳來啊！」

這是范蠡的第三次聚財和散財。

天下「財」經

范蠡（西元前五三六年～四四八年），字少伯，是歷史上早期著名的政治家、謀士和實業家，他以經商致富，廣為世人所知，後代許多生意人皆供奉他的塑像，被稱之「財神」。

范蠡畫像

范蠡雖然出身貧寒，但年輕時就學富五車，胸藏韜略，三次白手起家均成就鉅富， 又三散家財，自號陶朱公，是中國儒商的鼻祖。

范蠡不僅經商有道，在從政治國方面也頗有建樹，他的儒家思想追求和諧的天道、地道和人道，他在治國方面提出的軍事宗旨是：「強則戒驕逸，處安有備；弱則暗圖強，待機而動；用兵善趁虛蹈隙，出奇制勝。」至今仍為後人稱道並沿用。

范蠡的經濟思想有：「勸農桑，務積穀」、「農末兼營」、「務完物、無息幣」、「平糶各物，關市不乏，治國之道也」、「夏則資皮、冬則資絺、旱則資舟、水則資車，以待乏也」，這些經濟主張至今都對經濟管理研究有著積極的意義。

財富名人堂

馬克・祖克柏（Mark Zuckerberg）：男，西元二〇一三年《富比士》全球億萬富豪排行榜上排名第六十六名，淨資產一百三十三億美元。美國人，從事網路服務業。哈佛大學電腦和心理學系輟學生，美國社交網站Facebook的創辦人，被人們冠以「蓋茲第二」的美譽，是歷來全球最年輕的自行創業億萬富豪。

劉瑾
死後被人吃掉的巨貪

劉瑾，明朝著名的權宦之一，他的財產超過國家國庫的三十倍。

明武宗時的太監劉瑾是中國歷史上有名的宦官之一，他的出名不是因為他有多麼慈善，而是恰恰相反，受他迫害的老百姓千千萬萬，而他的索賄受賄也直接導致了地方衝突的激化。官員們向他行賄後，必然要加重剝削百姓，逼得百姓走投無路，只好反抗。在劉瑾被處死後僅僅幾個月，京城地區便發生了劉六、劉七起義。

明武宗畫像

如果劉瑾僅僅是在權勢的路上越走越遠，也許他還能最終撿回一條命。但他作威作福慣了，竟然想謀朝篡位。但他沒想到，他的所作所為，都完全看在了其他一些人的眼裡，這些人就是「七虎」。

所謂「七虎」，就是指除了劉瑾之外的七位宦官，他們和劉瑾一起經常陪著明武宗遊戲玩樂，對老百姓和百官欺詐勒索，人們都厭惡地稱他們為「八虎」。當劉瑾謀反的跡象顯露出來之後，「七虎」立即離他而去，並且監視他的一舉一動。事實上，「七虎」之所以這樣對待他，也是因為之前他們要求劉瑾利用權力幫助自己的時候，劉瑾都以無利可圖為理由拒絕了他們。積怨已深，「七虎」早就想把劉瑾趕下臺。

西元一五一〇年四月，武宗派都御史楊一清和「七虎」之一的太監張永去平定安化王的叛亂。叛亂平定之後，在向武宗報告戰況時，張永揭發了劉瑾的十七條大罪。

明武宗大吃一驚，怎麼也不敢相信自己的身邊人有造反的傾向，連夜派人將劉瑾抓來問話。詢問的結果讓「七虎」很滿意，明武宗也坐實了劉瑾的謀反之心。

第二天，明武宗帶人親自去搜查劉瑾的府院，結果發現了印璽、玉帶等禁止百姓和官員私自擁有的禁物。而在劉瑾經常帶著覲見的兩把扇子中也發現了匕首。明武宗大怒，下令將劉瑾凌遲處死。

在古代的中國，一般的死刑犯要等到秋天霜降之後才會被處死，但謀反、殺父母等屬於十惡不赦的大罪，因此不等到霜降，當年八月，劉瑾就被凌遲處死了。行刑共分為三天，在最後一天他終於斷氣之後，受過他迫害的老百姓紛紛用一文錢買下劉瑾一條被切割成細條的肉拿回家煮著吃，以解心頭之恨。

天下「財」經

劉瑾（西元一四五一年～一五一〇年），明武宗時的大太監，明朝著名的權宦之一，有「立地皇帝」的稱呼。西元二〇〇一年，《亞洲華爾街日報》曾將明朝太監劉瑾列入過去一千年來，全球最富有的五十人名單。至於他的財產，據清趙翼《二十二史箚記》所載，劉瑾被抄家時有黃金兩百五十萬兩，白銀五千萬餘兩，其他珍寶細軟無法統計，開創了「罰款」先河，領先世界一千多年！

劉瑾六歲被太監劉順收養後也淨身入宮，他既通文史，又善於察言觀色，隨機應變，深受信任，於是數次升遷並最終爬上司禮監掌印太監的寶座。他異常貪婪，為了排除異己冤害了許多朝中正直的官員，而他利用權勢肆意貪污更是給國家帶來了巨大的災難，當他被捕時，從其家中查出金銀數百萬兩，並有偽璽、玉帶等違禁物，後被凌遲處死。

儘管劉瑾極盡貪婪，卻也曾經為國家做出過巨大貢獻，他曾改革政治制度，提出包括人事、民事、軍事方面共八十五項措施，史稱「劉瑾變法」。他還降低賦稅，減輕了農民的負擔。這些都是對國家有益的舉措，卻也無法改變其「巨貪」的名號。

財富名人堂

柳井正：男，西元二〇一三年《富比士》全球億萬富豪排行榜上排名第六十六名，淨資產一百三十三億美元。日本人，從事零售業。日本迅銷有限公司主席兼首席執行長，西元一九七二年接手營業額一億日圓的家業，西元二〇〇四年達三千四百億日圓，並打造出日本休閒服第一品牌 UNIQLO。

第三章

財富從哪裡來

創意
幸福的心情瓶

創意，是創造意識或者創新意識的簡稱，通俗來講就是創新的思想，是打破常規、叛離傳統的思維和想法。

在杭州的一條小巷子，什麼稀奇古怪的東西都有賣。在一個不起眼的角落，一個攤子上整齊擺放著許多舊的瓶瓶罐罐，每個瓶子標價十五～二十五元人民幣不等。

徐阿姨從這攤子經過，心想：「這瓶子怎麼也拿出來賣，誰會買

寄託祝願的心情瓶。

這種東西。」

但出乎徐阿姨的意料，很快攤子面前就排滿了買瓶子的人，幾乎全是年輕人。

徐阿姨擠到攤子前也想仔細看看瓶子，只見攤販是一個二十多歲的姑娘，她看到圍觀者中出現年長者，就熱情地介紹說：「徐阿姨，這個是心靈瓶。」

她拿起一個瓶子給徐阿姨看：「您看這瓶子外面黏著紙條，上面寫著它的名稱，您不妨買一個回家玩！」

徐阿姨拿起瓶子，看到瓶子上面果然都寫著字，比如「睡夠八小時」、「沒有壓力」、「勇敢愛」、「天天都是星期天」等或勵志或溫暖的字樣。

熱門的場面也引來了電視臺的記者，他們扛著攝影機對準攤販，年輕的攤販害羞地說：「我這個創意來自於一位瑞士的設計師，只不過他用的是牛奶盒，而我比較喜歡用玻璃瓶。」

攤販對記者說，她從小就喜歡收集瓶子，她的家裡有很多各式各樣的瓶子，她某一天對著這些瓶子的時候，突然想到自己在公司的壓力無從釋放，就對著瓶子開始講話，就像是很久之前的人們對著樹洞講話一樣。講完之後，她覺得壓力頓時小了很多，於是她將瓶子製作得更加精美，同時附上自己的想法。

出乎攤販的意料，這個精美的小瓶子在網路上引起了瘋狂搶購，很多人都想對著這些個精美的瓶子說出自己的心事，讓它成為自己情緒的發洩口。

在網路上狂銷之後，攤販就開始嘗試在市場上販賣，沒想到反應也很好，很多人都慕名前來，很多時候，她帶來的瓶子都不夠銷售。

記者又隨機採訪了幾個買瓶子的人。一個少女說：「這已經是我第二次來買了。之前我買的是個勵志的瓶子，今天想買個溫暖的瓶子。現在大家壓力都很大，每天回到家看到自己桌子上的勵志瓶，對它說幾句話，就覺得很有療癒感。」

不只少女，幾個排隊的青年也說他們也能從這小小的瓶子上找到療癒感。有個青年對記者說，他想要對一個女孩表白，自己喜歡她很多年了，但是一直都不敢，這次想買一個「勇敢愛」的瓶子給自己，提醒自己要堅持愛下去。

攤販說：「做創意，一定會有風險，但這是我的興趣與愛好，我不想放棄，我今後還會推出其他系列的瓶子，還要在瓶子上加些顏色或花樣，讓這些瓶子更有質感與特別感。」

天下「財」經

創意在經濟財富中的應用展現在「創意產業」中，所謂創意產業，就是指那些從創造力、技能和天賦中獲取發展動力的企業，發展中國家將其定義為「具有自主知識產權的創意性內容密集型產業」，並提出三方面含意，其一是因為創意產業來自於創造力和智力，因此又稱為「智力財產產業」；其二是因為創意產業來自科技、文化和經濟的融合，所以又稱為「內容密集型產業」；其三是因為創意產業為有創造力的人群提供了一個很好的文化氛圍，因此常常和文化產業的內容同時出現。

產生創意多數使用的是「頭腦風暴法」，強調集體思考，互相激發思維，鼓勵短時間內構想出大量的想法，並從中找出新穎有創意的點子。目前，創意所產生的產業集中在「創意市集」、「創意禮品」、「創意家居用品」和「創意設計」這幾個方面。

財富名人堂

穆罕默德．阿毛迪（Mohammed Al Amoudi）：男，西元二〇一三年《富比士》全球億萬富豪排行榜上排名第六十五名，淨資產一百三十五億美元。沙烏地阿拉伯人，從事石油開採業。他憑藉自己的智慧，以及多年的苦心經營，在沙烏地阿拉伯擁有了屬於自己的油田和財富，成為為數不多的黑人富豪。他在瑞典的主要資產包括在非洲生產原油的瑞典石油勘探公司，以及普利姆煉油廠。

流通
別針換別墅

流通是一種商品的運動過程，它是貨幣或其他交換工具在整個團體或社會內，從人到人的傳遞並收回流通中的貨幣或其他交換物品的過程。

現代的社會裡有很多的「客」，尤其在中國大陸地區，更是有許多這樣的名詞，比如說：

拼客：指為了節省開支等原因，而聯合眾人一起從事購物、飲食、旅遊、租屋等消費行為的人。其範圍可由消費擴展到投資或生活的各個層面。

威客：指運用自己的智慧、知識、能力和經驗，在網際網路上為他人解決工作、學習、生活等方面的問題而換取經濟收益的人。

博客：寫部落格的人。

而在這些客中，最讓人矚目的要算是「換客」了。

換客，顧名思義，就是用自己手裡的東西來交換別人手裡的東西。所有想交換東西的人們將自己閒置的東西整理出來，拍照並把詳細資訊發布在網路上，透過交換換得自己想要東西。這個過程和最原始的「以物易物」類似，只不過是交易地點從實體的面對面變成了網路。

在眾多的換客網站上，都流傳著一個著名的「別針換別墅」的故事。

故事的主角叫做麥克唐納，他想用一個紅色的別針換更好更大的東西。於是，他把這個別針拍了照片放在換客網上，等待著有人來回應他的交換要求。

幾天後，出乎麥克唐納的意料，竟然真的有人選擇交換他的別針，用來交換的東西是魚形筆。麥克唐納收下了這枝魚形筆，後來美國西雅圖的一個換客又用一個帶著可愛笑臉的陶瓷門把手交換了這枝魚形筆。接下來，麥克唐納又用陶瓷門把手換到一個烤爐。

這兩次的交換經驗讓麥克唐納開始意識到一個問題，只要有人願意，他可以在換客網換到更多價值更高的東西。

發現新大陸的麥克唐納從此一發不可收拾，他相繼換到了舊發電機、啤酒廣告霓虹燈和滿桶的啤酒、雪地車。

有家雪地車雜誌聯繫到他，表示願意用一次免費的旅行來交換麥克唐納的這輛雪地車。後來，麥克唐納又用這次免費旅行的機會換到了一輛貨車。

這個消息被一個記者在報紙上報導後，一個音樂公司的製作人聯繫了他，用一張為期一年的唱片合作合約換了他的貨車。

這個唱片製作人在當地是非常著名的，於是，在故事的最後，一個女歌手願意把自己的別墅借給麥克唐納住一年，做為條件，麥克唐納需要把那張唱片合作的合約過繼給他。

就這樣，麥克唐納用一個別針換到了一個別墅的居住權。

天下「財」經

雖然這只是個比較極端的故事，但是也說明了換客網站上交換的原則完全是按需要原則。在這裡，流通完全不是按照價值平等的原則來進行，而是按照人們的真實需要。比如有人用考查研究的資料換取手機，有人用舊軍裝換取化妝品。這些都是換客網的魅力所在。

流通是一種商品的運動過程，它在經濟領域的概念是：「貨幣或其他交換工具在整個團體或社會內，從人到人的傳遞並收回流通中的貨幣或其他交換物品的過程。」故事中，用別針換取別墅的過程就是流通的一種表現過程。

廣義的流通是商品的買賣行為以及相關聯的整個循環過程，例如商品的運輸、包裝、儲存和報關等；而狹義的流通則是商品從生產走向消費的過程。流通本身並不創造價值，但是它確實是創造和實現價值最為必要的條件，它是由社會分工和生產的社會化所引起的，只有經過流通的過程，貨幣才能轉化為生產的資金，同樣，商品的資金也才能轉化為貨幣存在。

財富名人堂

路易士·卡洛斯·薩米恩托（Luis Carlos Sarmiento）：男，西元二〇一三年《富比士》全球億萬富豪排行榜上排名第六十四名，淨資產一百三十九億美元。哥倫比亞人，從事銀行業。白手起家，他被認為是哥倫比亞最審慎的知名企業家。他的職業生涯開始在二十世紀五〇年代，建設住宅和商業發展。後集中力量併購銀行和金融服務機構。到西元二〇〇〇年，他被廣泛承認為哥倫比亞最大的銀行大亨，持有大約百分之二十二的本地銀行的資產。

七二法則
賠掉一個王國的棋局

七二法則，是用來估計將投資倍增或減半所需時間的法則。當計算投資所需時間時，把七二法則相對應的數字除以預估的增長率即可得出投資倍增結果。

在很久以前，有個國王非常喜歡下棋，並且棋藝很高，在他的國度裡很難找到對手。

為了找到能夠一較高下的高手，國王在城門口張貼了一張告示，稱無論是誰，只要能下棋贏了他，他就答應那個人一個要求，不管那個要求是什麼。

一天，一個旅行的年輕人來到這個王國，他在告示前看了很久，最終決定和國王對弈。

國王不是誰都能見的，在見國王之前，年輕人先是和這個國家裡有名的棋手對弈，把他們都擊敗之後，才由內侍帶領著來到國王面前。

在見面之前，國王就聽說了年輕人的「壯舉」，他迫不及待地擺開棋局。

經過緊張的對弈，年輕人落下最後一子，對國王說道：「陛下，這局我贏了。」

國王看著廝殺過的棋局感慨萬千：「輸掉一場對弈的感覺也不錯，

說吧！年輕人，你想要什麼獎勵？」

年輕人恭敬地說：「陛下，我的要求很簡單，棋盤共有三百二十四個格子，我要求您在棋盤的第一個格子中放一粒麥子，在第二個格子中放前一個格子的一倍，每一個格子中都是前一個格子中麥子數量的一倍，一直將棋盤每一個格子擺滿。」

「這還不容易！」國王將手一擺，「把國庫中的麥子抬過來一袋。」

年輕人笑笑，但什麼話都沒說。

一袋糧食下去了，兩袋糧食下去了，三袋糧食下去了……很快國王就滿頭大汗了，他發現自己國庫裡的所有糧食加起來，僅夠年輕人要求的百分之一。因為即使一粒麥子只有一克重，也需要數十萬億噸的麥子才夠。儘管從表面上看，它的起點十分低，從一粒麥子開始，但是經過很多次的乘積，就迅速變成龐大的數字。

國王陷入了兩難的境地，如果按照之前說好的，那麼整個王國都會因為自己的一局棋而欠這個年輕人一百年的糧食；如果不給他，那之前發出的告示人人都會看到，自己就會失信。

天下「財」經

經濟學的七二法則多用在投資領域，是用來估計將投資倍增或減半所需的時間，以反映出複利的結果。故事中的國王最終如何做出選擇，不在財富故事的討論範圍之內，值得關注的是年輕人索取的獎品，這一棋盤的麥子就是完美展示了複利的效果。

複利的公式是：「本利的和＝本金Ｘ（１＋利率）Ｘ期數」，期數的多少決定了演算法的複雜，當期數很多時，這樣乘下去很麻煩，於是使用七二法則則會快速得出結果，也就是當計算投資所需時間時，把七二法則相對應的數字除以預估的增長率即可。例如：以百分之一的複利來計息，經過七十二年以後，你的本金就會變成原來的一倍，這就是我們常說的「利滾利」的模式。

之所以選用七二，是因為它有較多因數，即一、二、三、四、六、八、九、十二和七十二，相對容易被整除，更方便計算，對於一般百分之六到百分之十之間的息率完全足矣，但對於相對較高的息率來計算，準確度則會降低，會有誤差的出現。雖然七二法則並不像直接查表計算那麼精確沒有誤差，但是已經非常接近精確，在投資規劃中，是非常重要且有效的工具。

財富名人堂

格納迪．季姆琴科（Gennady Timchenko）：男，西元二〇一三年《富比士》全球億萬富豪排行榜上排名第六十二名，淨資產一百四十一億美元。芬蘭籍俄裔人，從事石油開採、天然氣業。二十世紀八〇年代末，格納迪．季姆琴科負責經營國有石油出口公司Kinex，此後他在私有化的過程中成為了該公司的主要股東。

誠信
不合格就砸掉

誠信是指一個人的誠實和信用程度，既與個人價值取向相連接，更是與企業的商品信用價值息息相關。

西元一九八五年，當海爾冰箱還被叫做「瑞雪牌電冰箱」時，一次尋常的品質檢測檢查出了問題。

品質檢測小組的組長急匆匆地走進廠長張瑞敏辦公室：「廠長，出了一件不太好的事情，庫存的冰箱中有七十六臺是不合格的，您看怎麼辦？」

張瑞敏安撫品質檢測小組的組長的情緒：「別激動，告訴我是怎麼回事？是什麼原因造成的？」

「每次的生產都有可能出現一臺有品質問題的冰箱，積存下來放到庫房裡，就累積到了七十六臺。這個是生產過程中不可避免的，現在的問題是，該如何處理這累積的七十六臺電冰箱呢？」

張瑞敏點點頭，表示對問題造成的原因已經瞭解。隨後，他毫不猶豫地說：「把它們都砸了。」

「砸了？」品質檢測小組的組長呆住了，要是下巴能像動漫人物一般掉到地上，他此刻一定會是一樣的表情。來廠長辦公室之前，他想過無數個回答，可能低價處理、可能維修再出售，但怎麼都沒想到會是「砸掉」這個「鋪張浪費」的答案。

「是的，砸掉。」張瑞敏又問了品質檢測小組的組長一些問題，就放他離去了。

廠長要砸掉不合格冰箱的消息很快就在廠裡傳開了，人們議論紛紛，都說與其這麼「浪費」，還不如直接低價賣給員工。在當時，一臺冰箱可以賣到八百元人民幣左右，而全廠員工每個月的薪水平均下來只有四十元。一臺冰箱相當於一個員工兩年的薪水，無論怎麼看，廠長都太「浪費」了點。

廠裡員工的爭議也傳到了張瑞敏的耳朵裡，針對這個問題，張瑞敏特意召集全員開了個大會。

在會上，張瑞敏先是安排品質檢測小組的組長對七十六臺的品質問題做了說明，這其中有生產線本身帶來的問題，也有因為操作不當引來的問題。

品質檢測小組的組長講解完畢之後，張瑞敏對大家說：「我也很希望能便宜處理給大家，可是一旦我們這樣做了，就相當於告訴大家，我們的工廠是可以生產這種次級品的。這次發現的是七十六台，下次有可能就是七百六十臺、七千六百臺……長此下去，我們就會成為一家只能生產出劣質產品的工廠。如果真的到了那一步，還有誰會信賴我們的產品？我們的工廠還有何誠信可言？到那時，我們所有人都只能回家。」

說完，張瑞敏在全體員工的注視下主持了砸冰箱的活動，而且是由生產該臺冰箱的負責人自己去砸。

這次的砸冰箱行動，讓全體員工對於品質問題都有了一個新的看法，在之後的生產過程中也更加注重操作的正確性，使劣質產品的數量大大降低了。

天下「財」經

誠信的本質是「知行合一」，不僅在意識層面真誠相待，不能欺瞞，更要在行為層面切實遵守社會和職業的道德規範，切忌弄虛作假和假劣偽冒。故事中，張瑞敏雖然看起來「浪費」，但卻透過砸掉七十六臺冰箱的手法贏得了公司日後產品的誠信。

中國人的誠信更多是來自古代自然經濟社會中的親情倫理關係，而西方的誠信則是來自於商品和貨幣經濟中互利互惠的契約倫理，誠信被當成做人的道德法則，並將其與法治結合起來。

誠信的本質有三個方面：

一、誠信是自然人在社會生活中應當具備的行為品格。

二、誠信是社會的道德法則和規範。

三、誠信是個人與社會、意識與行為的辨證統一。

在現代社會生活中，誠信不僅具有教育和激勵的作用，更是具有很強的約束、規範和調節的作用，它有三個重要的功能：第一是個人必須具備的品格和素質；第二是企業中普遍適用的道德規範；第三是國家政府立國的根本。

財富名人堂

弗拉基米爾·利辛（Vladimir Lisin）：男，西元二〇一三年《富比士》全球億萬富豪排行榜上排名第六十二名，淨資產一百四十一億美元。俄羅斯人，從事鋼鐵、交通運輸業。新利佩茨克冶金公司老闆。他從西伯利亞冶金學院畢業後，在一家金屬公司從基層做起，慢慢走上領導地位，之後擔任哈薩克斯坦卡拉幹達鋼鐵廠副總工程師，後升任副董事長。他先後獲得的學位有理學碩士、工程學博士和經濟學博士，他擁有各種冶金工藝的專利，還發表了大量冶金學和經濟學方面的論文。

投資
仙女和金幣

投資，是用某種有價值的資產，其中包括資金、人力、物力以及知識產權等投入到某個企業、專案或經濟活動，以獲取經濟回報的商業行為或過程。

李先生的公司決定投資一家中型的網路公司，在投資之前，他去見了一位投資人朋友。

李先生問朋友：「我的公司打算投資一家網路公司，你有沒有什麼需要叮囑我的？」

朋友笑著說：「投資最怕兩件事：恐懼和貪婪，這會讓我們在同一件事上犯同樣的錯誤。現在你沒有恐懼，那我來講一個關於貪婪的故事吧！」

這位投資人要講的，就是仙女和金幣的故事——

故事的主角有兩位，一位自然就是仙女，另一位是一個窮得只剩下一個打著補丁口袋的乞丐。

乞丐很信神仙，他每天都在祈禱神仙能夠出現，救他於水火之中。終於有一天，天上的神仙聽到了他的禱告，派一位美貌的仙女下凡來幫他。

仙女問乞丐：「上天聽到了你的祈禱，現在你可以告訴我，你有什麼願望，我會盡量幫你實現的。」

乞丐說：「我想要很多金幣，有了金幣，我就能改變自己的命運。」

仙女覺得很可惜，乞丐如果要個聰明的腦袋，可能更會改變自己的命運。但乞丐這麼說了，仙女也就照做：「那你拿個口袋來吧！」

乞丐拿出自己唯一的一個補著補丁的口袋，對仙女說：「您就把金幣變在這個口袋裡吧！」

仙女做出變法術的手勢，在開始變金幣之前，她對乞丐說：「我等一下會把金幣源源不斷地裝到你的口袋裡，但是你要記住一件事，在我離開之前，金幣不能掉到地上，它們一掉到地上就會化為塵土。」

乞丐滿口答應：「您放心，我肯定把口袋拿穩了。」

金幣裝到口袋的一半，仙女問：「這麼多金幣夠了嗎？」

乞丐貪婪地說：「不夠不夠，再多點。」

金幣裝到四分之三口袋的時候，仙女又問：「這麼多足夠你一輩子花用了吧？」

乞丐還是說：「不夠不夠，再多點，萬一我的孩子不爭氣，不能賺錢，還要指望著這些金子呢！」

等到金幣裝滿口袋的時候，仙女問：「這下可以了吧？」

貪婪的乞丐低聲下氣地說：「美麗的仙女，您就行行好吧！我這輩子已經窮怕了，您能多裝點就給我多裝點吧！」

仙女無奈，又在口袋裡多裝了兩個金幣。就在這時，裝滿金幣的口袋不堪重負撐破了。金幣散落一地，和仙女所說的一樣，全部都變成了塵埃。

乞丐傻眼了，哀求仙女說：「等一下，我去找個結實的口袋。」

仙女搖搖頭：「我下凡的時間已經到了，上天只讓我給你一個願望，我不能違抗。」

這樣一來，乞丐依舊是那個乞丐，什麼都沒變化。

投資人說完這個故事對李先生說：「不管是個人還是企業進行投資，都要注意一個問題，那就是要學會止盈。每個公司在收益達到百分之百的時候都想要更多，但他們不知道，當已經開始盈利時，就要學會鎖定收益，不要慌忙等到收益縮水時才『割肉』。學會了止盈，你就可以開始投資了。」

天下「財」經

從經濟學的角度來說，投資是未來收益的一種累積。

它是企業在生產經營之外所持有的資產；是具有財務風險的資產；是以盈利為主要表現形式的一種資產；是以別的資產而換取另一項資產的過程。

投資對國家的經濟增長發揮著重要的影響，是經濟增長的必要前提，也是科技進步的一種直接表現的方式。

進行投資的三個原則：

一、安全性原則：要選擇安全性較高的項目投資。

二、收益性原則：既然投資的目的在於提高經濟收益，收益就是首要考慮因素，但因為風險與收益相對，所以要謹慎選擇。

三、流動性原則：投資的風險受很多偶然因素的影響和支配，保持適度的流動是安全的體現。

財富名人堂

麥可・奧托（Michael Otto）：男，西元二〇一三年《富比士》全球億萬富豪排行榜上排名第六十一名，淨資產一百四十二億美元。德國人，從事零售、房地產開發業。其家族擁有奧托網上郵購公司。雖然西元一九六二年，他吸收西德意志彙報出版社等公司入股，但奧托家仍然持有股份的半數。

理財金三角
比丈夫更會賺錢的妻子

理財金三角，是在理財投資之前需要掌握的一個非常重要且有效的法則，要求把投資理財進行六三一的組合，來確保投資理財的最佳受益。

馮先生畢業於知名院校，讀完碩士之後，他進入到一家知名企業就職。工作幾年之後，馮先生決定自己創業，二十八歲開了自己的公司，三十歲那年，他就已經累積到了上千萬的身價。而馮太太在幫助丈夫創業成功之後，就一直在家中相夫教子。

過了一年輕鬆的家庭生活後，打拼慣了的馮太太開始覺得無聊了。孩子白天去上學，老公天天在外面忙，白天家裡就自己一個人無所事事，這種閒適的生活實在不適合她這種職業女性。

就在馮太太百無聊賴的時候，她的一個知心好友打來電話。這位好友自從幾年前去了國外工作後，就一直沒有回國。此次回國休假，第一時間聯繫了馮太太。

幾年沒見的兩人一陣寒暄之後，馮太太向好友講了自己的近況。好友問：「妳不是學財務的嗎？怎麼不在妳老公的公司做財務工作呢？」

馮太太回答道：「我也想過，但是小公司可以家族管理，現在公司已經發展壯大了，再用家族式管理，遲早會出現大問題的。但是別的公司我也不太想去，所以就只能閒在家裡了。」

好友說：「妳為什麼不做點小的投資呢？」

「投資？」馮太太眼前一亮，是啊！自己怎麼就沒想到呢？如果投資的話，自己的財務知識肯定能派上用場的。

好友向馮太太推薦了一家基金，推薦的理由很簡單，她曾經帶著十萬元到這家公司買基金，卻被基金公司拒絕了，因為她當時持有的是美國綠卡，而這個基金只賣給中國公民。好友說：「我雖然被拒絕了，但是更相信他們了。能嚴格做到這一點的公司，對產品的要求肯定也更高，它在將來一定會發展成很有實力的大公司的。」

在好友的堅持下，馮太太買了這家公司十萬元的基金打算投石問路。但誰知道剛買就遇上基金大跌，馮太太緊張得睡不著覺，她對丈夫說：「我偷偷買了十萬元的基金，現在大跌，要不我們賠點錢，把錢拿出來吧！」

馮先生雖然吃了一驚，但第二天還是去諮詢了自己的朋友們，朋友們都勸他再等等。果不其然，一個月後，基金反彈，經過兩年的上漲，已經躋身到五元基金之列了，馮太太的投資率是百分之五百。

看到妻子的成績，馮先生把賺到的錢都交到妻子手中，並且鼓勵妻子大膽投資，哪怕失敗了還有他的實業做為後盾。馮太太日益熟練，把家庭剩餘的資金配置到了不同類型的股票、基金中。用她的話說就是：「這個市場是東家不漲西家漲，我多買些不同類型的股票、基金，總會有收益的。」

天下「財」經

故事中馮太太的最後一句話就展現了理財金三角的概念。

理財金三角，即金三角投資模型，是投資理財之前需要掌握的一個非常重要的法則，它提出要把投資理財進行六三一的組合，來確保投資理財的最佳受益，也就是經濟學家常說的不要把雞蛋放在同一個籃子裡。

首先，要對家庭總的財務收入有個大概的瞭解和分析，看有多少是可以拿出來做投資的，然後將這些資金按比例分配為三個部分，即日常的生活支出、投資理財以及風險管理。

它是以大多數人步入社會工作一段時間後，把三十～四十歲的財務狀況做為基礎，運用保險行業的計算原理總結歸納出來的。

六三一的組合分配為：百分之六十的資金用於家庭的生活開銷，同時包括子女的衣食住行、教育娛樂等，這在保障生活的同時也可以

「理財」往往與「投資理財」並用，因為「理財」中有投資，「投資」中有理財。

穩定持續地提高生活的品質；百分之三十的資金拿出來做理財和投資，短則三～五年，長則十年甚至更久的計畫；百分之十的資金拿出來做為家庭的風險管理基金，無論是購買商業保險，還是留存應急，都是生活更為保障的方式。

財富名人堂

弗拉基米爾．波塔寧（Vladimir Potanin）：男，西元二〇一三年《富比士》全球億萬富豪排行榜上排名第五十八名，淨資產一百四十三億美元。俄羅斯人，從事有色金屬業。他擁有諾里爾斯克鎳業公司、俄羅斯最大的傳媒集團專業傳媒、電信壟斷企業 Svyazinvest 等。西元二〇一〇年，波塔寧成為第一位宣布將自己的財富轉移給慈善機構而非子女的俄羅斯億萬富豪。

債券
鄰居的陰謀

債券，是政府、工商企業以及金融機構等直接向社會籌措資金時，向投資者發行並承諾按一定利率支付利息並按時償還本金的一種債權債務的憑證。

阿發和阿旺是鄰居，阿發專門負責捕魚，阿旺專門負責抓鳥，當阿發想吃鳥肉的時候，就用兩條魚換阿旺的四隻鳥，他們經常這樣交換。

有一天，阿發想吃鳥，但是自己又偷懶沒有去捕魚，就跟阿旺說：「我給你寫張字據吧！回頭我捕魚的時候，再還給你。」

阿旺答應了，阿發找了一張樹皮，在上面寫上兩條魚交給阿旺，就拎著阿旺的四隻鳥回家了。

嚐到甜頭的阿發第二天還是用這樣的方法換了阿旺的四隻鳥，日復一日，阿發寫給阿旺的樹皮越來越多，阿發就開始動起歪腦筋了：如果阿旺一直不來跟自己兌換實物，那自己就賺大了。

於是，阿發找到阿旺對他說：「現在我們之間的交易，你是處於順差的階段，順差對你是有益的，你要保持下去。」阿旺一聽也很高興，就短時間內捨不得找阿發兌換魚了。

後來，阿發娶了媳婦，四隻鳥漸漸不夠吃了，他開始每天向阿旺兌換六隻鳥，並且寫下「三條魚」的字據。

阿旺每天抓的鳥的數量是固定的，每天也只能抓八隻，之前被阿發借走四隻，家裡勉強夠吃；現在每天被借走六隻，阿旺自己家裡人就經常餓得飢腸轆轆。但是，阿旺也不灰心，他一想到自己將來可以去阿發家兌換很多很多的魚，足夠自己養老了，就還是覺得現在的飢餓是值得的。

又過了一段時間，阿旺發現阿發給他的樹皮有一部分被蟲咬了，就打算去阿發家兌換一些魚過來。他到了阿發家，阿發痛心疾首地說：「你這些都是寶貴的財富啊！你怎麼捨得兌換呢？」他指著自己屋裡一堆堆的鳥肉乾說：「你放心留著這些錢吧！我有的是財富，你還怕我不還你？」

阿旺剛想說什麼，阿發就堵住他的話說：「既然給你的樹皮都被蟲蛀了，我也不好意思欠你的。這樣吧！我寫張欠條給你，金額寫大一點，也算是償還你的利息了。」

阿旺拿著一張高額的欠條回家了，心裡美滋滋的，為自己得到了利息而滿意。

有一天，阿旺躺在床上突然醒悟了：「阿發這個傢伙，每天吃我的喝我的，過得比我好多了，我得到的只不過是一些沒用的樹皮，他還千方百計不讓我兌換實物。我以後不跟他交易了，還是趕緊用這些樹皮把魚兌換回來吧！」

第二天一早，阿旺敲響阿發的房門，要求將之前的樹皮都兌換掉，並且再也不跟他交易。阿發擺出一副流氓姿態：「你要是不跟我交易，我要是餓死了，你之前的這些樹皮就再也要不回來了。」

這事雖然過去了，但阿發心裡一直不踏實，晚上和妻子商量，兩人嘀咕了半天，終於想出了一個辦法來。

阿旺在家吃飯，突然聽到鄰居阿發和媳婦吵架。

阿發的媳婦說：「你欠這麼多的錢，我們拿什麼去還啊？我還是上吊去算了。」

阿發大喊說：「妳還說我，妳每天就知道塗脂抹粉的，讓妳合理開支妳也不會。妳看看人家阿旺的媳婦，多會持家，家裡的錢多得都發霉了。娶了妳這樣的女人，我還是去上吊吧！」

阿旺聽到這話，對妻子說：「他們太可憐了，肯定不好意思來借帳了，我們還有一隻鳥，給他們送去吧！」阿旺妻子也怕他們兩人真的死了，連連點頭。

於是，阿旺和妻子抱著自己家裡僅剩的一隻鳥到了阿發家：「給你們應應急吧！」然後在阿發夫妻倆的道謝中走了。

他們走後，阿發兩口子樂翻了：「這樣的笨蛋，他們窮死都是活該！」

天下「財」經

如果把故事中的阿發和阿旺看作是兩個國家，阿發給阿旺的樹皮就相當於是債券的一種。

債券的發行人就是債務人，而購買者就是債權人，債券購買者與發行者之間是債權債務的關係。債券主要包含一些基本的要素，也就是發行債券時標明的債權人與債務人之間權利義務的一些書面約定，這是必須明確提出的，包括：債券的面值、發行人的名稱、償還的期限、付利息的期限、票面的利率五個重要方面。而債券做為債權債務的憑證，和證券一樣，都是虛擬資本的一種，具有償還性、流通性、安全性和收益性的四個金融特徵。

債券做為一種籌資的金融方法，自然也有利弊存在，其優點是：籌集的資金是長期資金；籌資的金額很大而且範圍很廣；資本的成本比較低；利息是固定費用，可以平衡財務。而其缺點是：限制比較多，在資金的使用上比較死板；財務風險相對比較大。

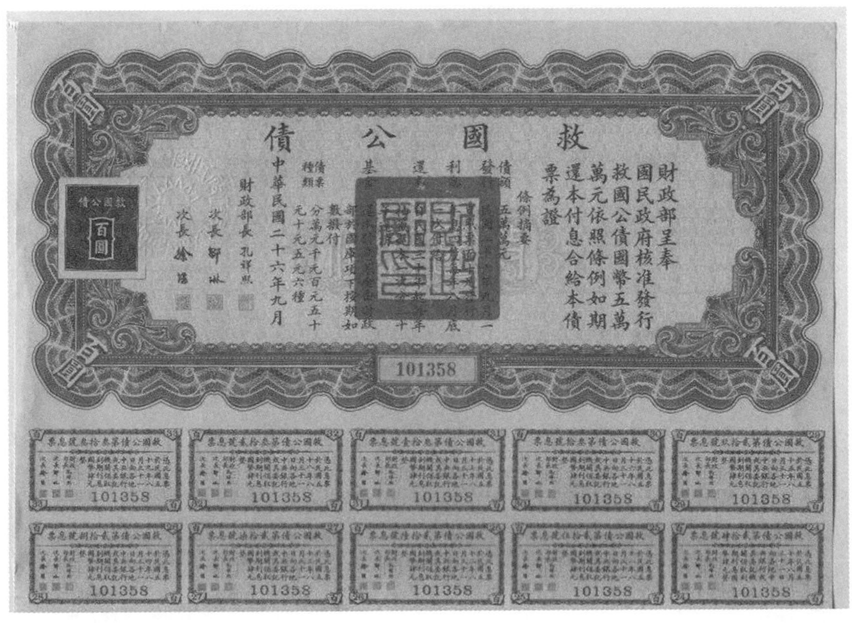

早期國民政府發行的債券。

財富名人堂

蘇珊娜．克拉騰（Susanne Klatten）：女，西元二〇一三年《富比士》全球億萬富豪排行榜上排名第五十八名，淨資產一百四十三億美元。德國人，從事汽車整車、化學製藥業。她從已故的父親赫伯特．科萬特手中繼承了汽車製造商寶馬公司的部分股份。克拉騰是一位訓練有素的經濟學家，她還掌控著化工品製造商阿爾塔納製藥公司。

股票
交易所裡的女人們

股票是「股份證書」的簡稱，是股份公司為籌集資金而發行給股東做為持股憑證並藉以取得股息和紅利的一種有價證券。

在人類的歷史中，有那麼一段時間，女人是靠男人養活的。男人有力量，他們可以賺來大把大把的錢，卻只分給女人一點點。

經濟基礎決定上層建築，男人們成了施捨者，就對被施捨的女人開始趾高氣昂了。

這件事被上帝看到了，上帝就說：「這樣是不公平的，我要給女人一個機會，讓她們開個股市。」

股市剛開始的時候，是男人的天下。男人們在這裡吸菸、看曲線圖，整個交易所裡都是黑、灰、藍的冷色調。

後來有一天，交易所中多了一些繽紛的色彩，一些女人怯生生地走了進來。

男人們鄙視地說：「妳們來這裡做什麼？打毛衣嗎？妳們懂經濟理論、財經知識和資料分析嗎？」

女人們搖搖頭，但還是堅定地坐了下來。

從女人們進來之後，股市開始暴跌，跌了幾天，初見漲勢時，男人們就瘋狂地購買，還沒學會的女人們只能傻傻地看著。

過了一天，股市就開始暴漲了，男人們都很高興，然後這興奮勁沒有維持多久，因為股市又跌了，而且跌得比之前還慘，一些男人甚至開始「割肉」了。

一直圍觀的女人們這時候出手了，她們在休息室裡聊天時都掩不住地幸災樂禍：「那些男人們老說自己厲害，結果我們買的比他們還要低呢！」

但是，股市還是持續走跌。男人們開始看女人們的笑話了，他們自信滿滿地等著股市跌到谷底。而女人們呢？反正錢已經投進去了，索性一直放在那裡。

又過了一段時間，股市反彈了，而且一路看漲，男人們沒有動手，還在等待。按照他們的經驗，這股市一定會再次跌到谷底的，但是這次他們判斷錯了。

股市在上一次的調整後，變得像瘋牛一樣，一個勁地往上漲。男人們著急了，不得不把股票重新買回來。

股市一片飄紅，男人們都沸騰了，人生能有幾次這樣的機會？他們把自己的錢都投了進去，有的甚至連準備結婚的房子都賣了來炒股。

然而，一直在股市裡打毛衣的女人們卻停下了打毛衣的手。這樣的機會，怎麼可能？辛辛苦苦多少年也沒賺這麼多的錢。人家都說股票能換錢，我們把它們取出來看看是不是真的。

股票開始下跌了，但男人們不信股票會一直跌，於是他們選擇等待，但是股票一直跌，他們就這樣親手把錢都送給了女人們──她們正忙著股票換錢。

男人們不明白，就問上帝為什麼他們會輸。

上帝只回答了兩個字：「貪婪。」

天下「財」經

股票是「股份證書」的簡稱，是股份公司為籌集資金而發行給股東做為持股憑證並藉以取得股息和紅利的一種有價證券，代表其持有者，也就是股東對股份公司的所有權，每一支股票代表的公司所有權都是相等的，只是每個股東所持有的公司所有權比例的大小不同而可以使用的權力不同。

股票主要有五大特點：第一是不返還性，股票的持有者獲得的收入是股息，股息的多少甚至有無都取決於股份公司是否有這樣的設置，因此，儘管股票是一種有價證券，但並不代表實際的資本，股東可以透過轉讓、買賣或者抵押來獲取資金，但並不能要求股份公司返還其最初所出的資金。第二是風險性，如前所述，購買股票實際上是一種風險投資，並不能確保資金的回收。第三是流通性，即股票可以在證券市場自由轉讓買賣以流通。第四是收益

美國紐約股票交易所。

性，若是股份公司的效益好，股東可以獲得很好的股息。第五是參與權，股東可以按照所佔股份的比例大小行使在股份公司的特定權利，即參與股東大會，或者推選公司董事會等。

選擇在股市中投資的人切忌像故事中的男人那樣，要學會止盈，才能走得更遠。

財富名人堂

謝國民：男，西元二〇一三年《富比士》全球億萬富豪排行榜上排名第五十八名，淨資產一百四十三億美元。泰國人，從事食品加工製造、零售業。現任泰國正大國際集團董事長，並為卜蜂國際集團主要股東。正大集團是一集農、工、商綜合經營的國際性大財團，在全球擁有超過五十家公司及企業，在中國大陸的京、滬、粵、瓊、湘、川等省市投資企業已達三十餘家。

基金
擦鞋匠進入基金市場

基金，顧名思義，是為了某種特定的目的而設立的具有數額的資金。

西元一九二九年，經濟恐慌之前的美國，基金市場呈現出如日中天的景象，幾乎每個人都投身到基金市場之中，他們都是信心滿滿地以高價買入基金，再以更高價賣出。在這場全民參與的「賭局」中，湧現出了很多富豪，華爾街遍地都是因為基金而一夜暴富的人。

值得注意的是，交易所買賣基金的人以及交易所中的基金交易員每天都有一個習慣，他們喜歡在中午用過餐後，到交易所門口的鞋匠舖擦鞋。因為市場太熱門了，他們在擦鞋的時候，都在談論基金，日子久了，擦鞋匠就有點坐不住了。

這天，剛好出現了一個新基金，交易員們都在談論，鞋匠在給他們擦鞋的空檔，忍不住問：「現在的基金市場到底是什麼樣子？」

其中一個交易員說：「當然是異常熱門，傻子進來都能賺錢。」

「那你們剛才在說的那個基金是怎麼回事？」擦鞋匠按捺住心裡的狂熱，繼續打聽說。

「它啊！」交易員回答道，「是一個新發行的基金，現在人們幾乎都在追捧它，我自己也買了很多。」

「那能賺多少錢呢？」

交易員想了一下：「這麼說吧！比如你花一美元買了這個基金，如果它漲到五美元，你的本錢就翻了五倍；如果它漲到十美元，你的本錢就翻了十倍；如果它漲到了一百美元，那麼你投入多少錢，只要乘以一百就能算出你的收益了。」

這麼高的收益，擦鞋匠更坐不住了，他問交易員：「那怎麼買賣基金呢？」

「這還不簡單。」交易員指指交易所，「你每天都在這裡擺攤，還沒看到大家是怎麼買的嗎？你只要走進去給自己開個帳戶，再往帳戶裡存錢，讓交易員幫你買那個基金就可以等著收錢了。」

給交易員擦完鞋後，擦鞋匠匆匆忙忙地收攤了。他拿著自己的積蓄走進交易所，對接待他的交易員說：「我不會寫字，能開戶嗎？」

交易員無奈：「名字你總會寫吧？」

「會的，會的。」擦鞋匠連忙說。

交易員填好資料，給擦鞋匠開了帳戶，又把他畢生積蓄五千美元放入帳戶內買了大家熱議的基金。

從這之後，擦鞋匠也不擦鞋了，每天和那些大戶一樣，端坐在交易所裡看基金的漲勢。但實際上，這時候已經是基金泡沫的高峰了，在擦鞋匠進入後的第三天，基金市場就開始急轉直下，不到兩週的時間，擦鞋匠的積蓄就全部都消失了。

這個故事傳開來，人們就將這種現象稱為「擦鞋匠理論」，意思就是當人人都在談論基金的時候，往往就是一個市場泡沫即將破滅的時候。

當年最大的莊家之一，美國總統甘迺迪的父親就是因為聽說擦鞋匠也進入到了基金市場時毅然拋售了基金，避免了一次大的損失。

西元一九二九年十月二十九日，華爾街股市大跌，引發美國經濟危機。圖為聚集在證券交易所門前的人群。

天下「財」經

基金不僅可以投資證券，也可以投資企業或者專案，與其他投資方式相比，證券投資基金具有五個顯著的特點：

一、可以做到組合投資，分散了投資風險。

二、可以獨立託管，保障投資安全。

三、可以嚴格監管，資訊完全透明。

四、可以集合理財，並由專業人員管理。

五、可以與眾多投資者利益共用，同擔風險。

根據不同的標準，證券投資基金也可以劃分為不同的種類，例如，根據投資風險和收益的不同，可以分為成長型基金、收入型基金和平衡型基金；根據是否可以增加或者贖回基金規模的不同，可以分為開放式基金和封閉式基金；根據投資物件不同，可分為期貨基金、債券基金、股票基金、貨幣市場基金等；根據組織形態不同，可以分為契約型基金和公司型基金。

財富名人堂

安德列·梅爾尼琴科（Andrey Melnichenko）：男，西元二〇一三年《富比士》全球億萬富豪排行榜上排名第五十六名，淨資產一百四十四億美元。俄羅斯人，從事煤炭開採、化學製品、化肥業。掌握百分之七十五的俄羅斯最大的獨立煤炭企業西伯利亞煤炭能源公司的股份。他還擁有一艘價值三億五千萬美元的大型遊艇。

美女經濟
裁縫店老闆的行銷手法

美女經濟，是透過美女的資源來吸引公眾的注意力，從而達到財富創造和分配的一種經濟活動。

相傳，在古印度有一個叫做摩客密的大財主，他雖然本人長得不怎麼樣，但他的七個女兒卻是如花似玉。七個女兒讓摩客密覺得驕傲，一旦有機會就會讓女兒們到處展示一番，尤其是家裡來了客人的時候，摩客密必定讓美麗的女兒們穿著華美的衣服出來秀一秀。

摩客密女兒們的美貌也傳到了鄰國，有一天，一位自稱是來自鄰國的裁縫到摩客密家裡造訪。他對財主摩客密說：「我聽說你的女兒們都很美麗，但是我猜想，做為一名裁縫，她們絕對沒有我做出的衣服美麗。」

摩客密很生氣，憤怒地對裁縫說：「從我家滾出去，凡是侮辱我女兒們美貌的人，就是和我作對的人，我家不歡迎你！」

鄰國的裁縫面對摩客密的盛怒，一點也不生氣，只是微笑地對摩客密說：「如果你真的對自己的女兒有信心，那我們來打個賭，你帶女兒們來我的店裡做衣服，我會親手縫製美麗的衣服給她們。但是她們必須在我的店裡現場展示，如果觀看展示的人們都覺得你的女兒是美麗的，我就輸給你五百個金幣。」

摩客密是位財主，他知道這筆交易自己贏定了，就答應了裁縫的要求，約好第二天就到裁縫的店裡試穿衣服。

裁縫連夜趕出七套華麗的服飾，第二天一大早就站在自家的店門口，等著摩客密帶著他的七個女兒來試穿衣服。

摩客密準時帶著女兒們來了，當七位美女穿上美麗的衣服後，圍觀的人們都驚訝極了。在裁縫華服的裝飾下，七位美女顯得更加風華絕代了。

短暫的靜默之後，人群中發出嘖嘖的讚嘆聲，有人稱讚女孩們的美麗，有人稱讚衣服的精美，一時間，裁縫店成了熱鬧的議論場。

得到人們的認同和讚賞，摩客密得意極了，可是當他用挑釁的目光望向裁縫時，卻發現輸了錢的裁縫一臉喜色。

摩客密覺得事有蹊蹺，但帶著七個美貌的女兒，他也不敢在外面過久逗留，當天就帶著女兒們回到家中。

幾天後，摩客密派人打探裁縫的情況，終於知道了裁縫輸錢不難過的原因。原來，在打賭之後，裁縫店的生意好得出奇，由於摩客密的女兒們展示衣服的效果，人人都來找這個裁縫縫製衣服，裁縫所賣的衣服也從那天起，從每件一個金幣上漲到三個金幣，輸給摩客密的錢早就賺回來了。

天下「財」經

在當今社會，美女經濟已經是非常普及的一種市場經濟活動，甚至有些學者提出「美女經濟是人類文明的使者。」因為人類對美的追求是永無止境的，社會越進步，對美女經濟的需求也會越強烈。

美女經濟的形式主要有：請美女來代言，尤其是有名氣的美女是首選，高昂的廣告費，獨特的廣告創意，帶給廠商的是無數的財富；美女模特兒，世界著名的服裝、汽車、奢侈品等著名品牌儘管已經擁有很多財富和受眾，依然會選擇美女經濟的方式來讓大眾保持高度關注力；除了商業場合的，甚至在一些政治領域，也有美女經濟的滲透。

當然，在大量經濟效益產生的同時，也會有其負面的影響，會傳遞錯誤或有歧義的資訊給受眾，社會也在不斷進步以及規範市場行為下，得以讓美女經濟真正健康有序地發展。

財富名人堂

菲爾·奈特（Phil Knight）：男，西元二〇一三年《富比士》全球億萬富豪排行榜上排名第五十六名，淨資產一百四十四億美元。美國人，從事零售、紡織服裝業。NIKE傳奇領袖，是財富五百強公司裡最古怪的領導人之一。他曾是長跑運動員，後以一千美元起家締造了百億美元的體育王國。

保險
船上的正能量

保險，是一種保障機制，是一種減少意外事故損失以及對資產進行風險管理的有效方法，也是一種分散風險的經濟補償制度。

約西元前一〇〇〇年，地中海是東西方貿易的重要交通要道，來往的商船幾乎都要從這裡經過。

有一天，海上電閃雷鳴、風雨交加，一艘載滿各種貨物的商船在波濤洶湧的大海上時浮時沉。

那時候的商人幾乎都是親自跟貨的，有的商人看著海上的風暴，不禁擔心起商船的安全性，他問船長：「我們的船不會出什麼問題吧？」

船長自信滿滿地說：「這是最好的商船，你就把心放到肚子裡吧！你跟你們的貨都沒有問題。」

雖然還是不太放心，但畢竟得到了船長的親口保證，心存疑惑的商人退回到自己的房間裡。

打發走商人後，船長登上甲板親自察看大海的情況，說實話，他從事航海這麼多年，從來沒有看到過這麼大的浪。雖然安慰商人說船一定沒事，但自己的船到底有沒有問題，他也說不好。

狂風巨浪越來越猛烈，船長察覺出不妙，命令所有人到會客廳集合。

在所有的商人來到會客廳後，船長沉重地對大家說：「這艘船隨時隨刻都有翻覆的可能性，我們必須做出決定。」

眾人立刻譁然：「你不是說船沒問題嗎？」

「大家做個決定吧！」船長不理會眾人的慌亂，鎮定地說，「現在想要保命的話，需要把貨物扔到大海裡去。」

「什麼？扔掉貨物？」有人尖叫起來，「那是我全部的身家，你說得倒是輕鬆。」

這艘商船裝載的貨物比以往每次都要多，把錢都往海裡扔，誰都不樂意。

「不扔掉貨物也可以。」看眾人安靜聽自己的話，船長冷冷地問，「錢重要還是自己的命重要？」

眾人都不說話了，是啊！有再多的錢，沒了命又有什麼意義呢？

「扔掉貨物，命保住了，但是回家破產了，還是一樣要去死。」有人說，「再說，那麼多的貨物，扔誰的？」

這確實是個問題，眾人七嘴八舌也沒爭論出結果。

這時，人群中有個尖細的聲音響起：「我有個辦法。」

眾人向聲音的方向看去，一個瘦小的身影進入到大家的視野中。

原來是船長的女兒，可能從來沒有這麼多人同時注視過自己，她的臉一下子紅了。

「說吧！妳有什麼辦法？」船長說。

「我們不分是誰的貨物，只是往下扔，以減輕船隻的重量。等到了終點，再進行盤點，為了公平起見，損失由所有的貨主共同分擔。

大家都覺得這個辦法不錯，就將船艙中最靠近甲板的貨物扔進了大海。

重量變輕了，商船終於逃過一劫。

天下「財」經

故事中「人人為我，我為人人」的共同承擔風險損失的辦法，就是近代保險的萌芽。

英國是世界上保險業較為發達的國家之一。早在西元一五六八年十二月，倫敦就准許設立專門從事海上保險交易的市場——皇家交易所。本圖是十九世紀中期的一幅油畫，展現出倫敦城皇家交易所前的繁忙景象。

保險主要包括商業保險和政策性保險，政策性保險通常是國家政府層面所設定的保險類別，具有社會福利的性質甚至有的帶有一定的強制性；而與經濟領域相關的通常是指商業保險和保險投資，屬於個人自主選擇的投資理財產品，包括人身保險、財產保險、信用保險、責任保險等。

在進行保險投資理財選擇時，要注意考慮幾個方面，第一個是否安全，資金的運作最重要是安全，所以最好分散投資以減少風險；第二個是要選擇保障收益的保險類型；第三個是遵循資金的流動性原則，在安全基礎上靈活設計以達到資產保值增值的目的；第四個是在選擇保險項目時，首先分析自己的需求，量力而行，選擇合理的搭配組合，這樣既能獲得全面的保障，又可以規避風險，合理利用資金。

財富名人堂

瓦吉特·阿列克佩羅夫（Vagit Alekperov）：男，西元二〇一三年《富比士》全球億萬富豪排行榜上排名第五十五名，淨資產一百四十八億美元。俄羅斯人，從事石油開採業。盧克石油公司的領導人，該公司是俄羅斯最大的獨立能源企業。他曾是裡海石油鑽井工人，後來成為前蘇聯石油工業部副部長。西元一九九一年，他拿下了三個大型國有油田，並創立了盧克石油公司。

熱錢
為總統吶喊的小丑

熱錢，是一種短期資金，主要是投機盈利。以最低風險追求最高報酬，而在國際金融市場迅速流動的短期投機性資金。為英語 hotmoney 的義譯。通常為追求匯率變動利益的投機性行為，增加外匯市場的不穩定性。或稱為「逃避資本」、「游資」。

在西元一八四八年的總統選舉中，有一個小丑大放異彩。

這一年，泰勒先生準備參與總統競選，但要用什麼樣的辦法吸引民眾的注意力，卻是一個讓人頭痛的問題。

智囊團想了很多個辦法，都被泰勒先生拒絕了，原因是他們的辦法已經被用過很多次了，早就已經不是吸引民眾的最好辦法了。

這天，泰勒先生正在自己的辦公室裡冥思苦想，他的祕書通知他說，有一位先生非要見他不可，說有辦法可以幫他贏得民眾的選票。

「什麼人？」泰勒先生不經意地說，這樣的人太多了，他們謊報能給自己出主意，可是往往最後都是為了向他要錢而已。

「他說自己叫賴斯，他的職業……」祕書猶豫了一下，還是說出實情，「他的職業是馬戲團的小丑。」

「馬戲團的小丑？」泰勒先生無奈到笑了，「這年頭，還真是什麼人都想來我這裡撈一筆啊！」

「可是……」祕書欲言又止。

「有話直說。」泰勒先生對自己的祕書還是比較坦誠的。

「他好像很有辦法的樣子，還帶了一疊設計圖來。他讓我帶句話，說他不是想要您的錢，只是想跟著您轉行而已。」

「一個小丑想做政客？」泰勒先生說，「你認為可行性有多大？」

祕書笑了：「泰勒先生，我會處理好的。」

祕書關門出去了，泰勒先生繼續思考。

幾分鐘後，泰勒先生辦公室的門被忽然推開了，一個身形矮小的人衝進來，出現在泰勒先生面前，他的祕書正一臉抱歉地看著他。

泰勒先生示意祕書出去，請來客坐下。

來客倒也不客氣，大搖大擺地走進來，把自己手裡的圖紙放到泰勒先生面前，然後自信地在泰勒先生對面坐下來。

泰勒先生拿起圖紙，那上面畫著幾輛色彩斑爛的車。

「這是？」泰勒先生疑惑地問。

「這個我取名叫做花車，供您拉選票時使用。」小丑站起身來，為泰勒先生講解，「這花車上會掛上您的頭像，會佈置上鮮花，只要人們願意，人們可以登上花車為您吶喊。」

這個辦法不錯。泰勒先生眼睛一亮：「你是個人才，這件事情就交給你去做了，賴斯先生。」

「好！」小丑也很高興自己能轉行做點別的事情。

競選宣傳開始後，掛有泰勒先生頭像的花車在美國各個街頭遊行，每個車上都有樂隊現場表演。只要人們願意，還可以跳上花車，不用走路。泰勒先生很快就憑藉這個方法贏得了大量選票，而花車也在那之後成為總統競選不可缺少的一部分。

從此，出現了一個新術語——樂隊花車效應。

天下「財」經

樂隊花車效應也是從眾效應，這種效應在資本市場中被稱為熱錢羊群效應。在證券交易市場中，熱錢羊群效應可以使某個證券短時間內被拉升至一個不合理的高度，而這些在短時間內推動證券大幅上漲的資本，就是熱錢。

熱錢所炒作的對象不僅包括股票、黃金、期貨、貨幣、房產，甚至還會炒作農產品，例如紅豆、綠豆、大蒜等。國際商業詞典對熱錢的定義是：「迅速移向能提供更好回報的任何國家的流動性極高的短期資本。」如果用數學公式直觀表達則是：「國家（或地區）的外匯儲備增加量－外商直接投資金額－貿易順差金額＝熱錢。」

遊行中的花車。

熱錢的產生由多種因素造成，尤其是在金融市場全球化以及國際性投資快速擴張的時代，而它也具有非常鮮明的特徵：高收益高風險、高流動性、短期性、高敏感性、高投機性及虛擬性。尤其是其虛擬性和高投機性，實際上是造成了一種經濟繁榮的虛假景象，影響了貨幣政策的正常進行，擾亂了金融秩序，對國家經濟有很大的危害。

財富名人堂

弗朗索瓦·皮諾特（Francois Pinault）：男，西元二〇一三年《富比士》全球億萬富豪排行榜上排名第五十三名，淨資產一百五十億美元。法國人，從事零售業。他是法國第三大富豪，PPR 集團的大股東，該集團旗下擁有 GUCCI、伊夫聖·羅蘭等十多個服裝、飾品、珠寶、皮具、手錶、化妝品和香水品牌。

稅收
一張稅票的悲劇

稅收，是指國家政府按照法律的規定，對個人或者組織無償地徵收實物或者貨幣的總稱。

稅務局新來了一個小姑娘，所有單身的男士都沸騰了，這個小姑娘有雙黑白分明的大眼睛，皮膚白皙，非常的漂亮。

但相處幾天下來，單身男士們多少都有點畏懼這個叫做趙琳琳的小姑娘。她雖然看起來柔弱，性格卻很潑辣，男人們不敢去收的稅務「困難戶」她都敢自己一個人去。

這天，局裡的家耀從市場回來，氣急敗壞地說：「這個劉嫂，每次去跟她收稅，都像要她的命一樣。」

「劉嫂是什麼人？」趙琳琳好奇地問。

「一個炸油條的，都兩年沒繳稅了。」家耀悶聲說。

「我去！」趙琳琳初生牛犢不怕虎的勁頭又上來了。

家耀急忙阻攔：「妳一個小姑娘去，還不把妳生吃活剝了？」

「我去試試！」趙琳琳不信邪，堅持要去試試。

家耀見阻止不了，也就任她去了，臨走前還不忘囑咐她道：「萬一她不給，妳就回來，千萬別跟她硬碰硬。」

趙琳琳笑著搖搖手，就到市場去了。

這個劉嫂確實難「攻克」，趙琳琳去了八次都沒結果，每次苦口婆心地勸說，都會得到一頓言詞下流的惡罵。

第九次，趙琳琳出現在劉嫂的店舖前，對劉嫂說：「稅是每個公民都必須繳納的，如果大家都像您一樣，那國家哪有錢來建設公共設施，讓我們生活得更美好呢？」

劉嫂和前八次不一樣，不管趙琳琳怎麼說都不吭聲。趙琳琳沒辦法了，當著劉嫂的面把稅票開出了：「這是您的稅票，您要是沒錢，我先幫您墊上，等以後您手頭寬裕了，再還給我，不急。」

趙琳琳笑盈盈地等著劉嫂接票，劉嫂卻一轉身，端起火上的油鍋就往趙琳琳身上潑去。

隨著一個尖叫，趙琳琳昏了過去。

三天後，趙琳琳甦醒過來，她醒過來的第一句話是：「把鏡子拿給我！」

聽到這話，病房裡的人都忍不住流下了眼淚。

天下「財」經

各國的稅收政策以及稅收制度都具有不同的特點，但總體的基本特徵有三個，這三個特性集中展現了稅收的權威性：第一是稅收的強制性，為了增加國家的財政收入，每個國家都有制訂不同類別的稅款徵收，並且都是強制執行，也就是說，做為國家的公民，是有必須繳納稅款的義務的；第二是稅收的無償性，國家所徵繳的稅款都是無償徵繳，一旦納稅人上繳了實物或者貨幣，就歸國家所有不會償還；第三是稅收的固定性，在國家制訂稅收政策時，會以法律的形式規範好一定的比例和期限，對所有個人及組織都是一視同仁，在一定程度上維持其公平性。

稅收的種類多種多樣，按照不同的依據劃分為不同的稅項，設立稅收政策及建立稅收制度必須要滿足幾個基本的原則，即稅收的適度原則、稅收的效率原則、稅收的公平原則以及稅收的法治原則。

財富名人堂

保羅．艾倫（Paul Allen）：男，西元二〇一三年《富比士》全球億萬富豪排行榜上排名第五十三名，淨資產一百五十億美元。美國人，從事電腦應用、投資業。與比爾．蓋茲創立了微軟公司的前身。現任 Vulcan Inc. 的創始人和主席。同時他是 Charter Communications 主席，夢工廠股東，還擁有 NFL 的西雅圖海鷹隊和 NBA 的波特蘭開拓者隊。

避稅
節省下來的兩百四十萬

避稅，是指納稅人和納稅的經濟組織體利用稅法上的漏洞，做適當的財務調整或稅收計畫，在不違反稅法的前提下，達到減輕或解除稅負的目的。

陳志超去大陸的一家公司參加面試，面試官問了一個特別實際的問題：「假設有一家在今年一月成立的十人左右的管理諮詢公司，我們預估年度銷售額為一千萬元，做為財務經理，你有什麼辦法可以做到合理避稅，又不違反稅法規定嗎？」

這個問題已經難倒了陳志超之前的面試者，但是陳志超一點也不擔心，他早就熟透稅法，再加上在校期間，老師就評價說，善於籌劃是陳志超的優點。這兩者加起來，陳志超完全相信自己能夠解開這個謎題。

陳志超邏輯性很強，他首先跟面試官分析說：「如果一家管理諮詢公司的年度銷售額為一千萬元，按照正常情況應該繳納營業稅、所得稅八十萬至一百萬元左右。」

「沒錯。」面試官應和陳志超的說法，「你如果應徵上這家公司的財務經理，你會怎麼做以達到合理避稅的效果？」

陳志超自信地說：「如果我是這家公司的財務經理，我可以讓公司不繳一分稅款。」

「怎麼做呢？」面試官明顯來了興趣。

看引起了面試官的談話興趣，陳志超也覺得鬆了一口氣，他有條不紊地說：「我會安排失業人員加入公司。」

「安排失業人員做什麼？」面試官儼然已經知道陳志超的意圖，但還是想讓他自己論述清楚。

「今年國家訂了一條政策，新辦的服務型企業，安排失業人員達到百分之三十的，可以免三年營業稅和所得稅。這家公司屬於服務型企業，公司只有十個人，只要安排三個失業人員，每年就可以省下最少八十萬的稅款。」

「這是唯一的辦法嗎？」面試官明顯還想知道更多的辦法。

陳志超想了想：「還有個辦法，也是人員安排方面的問題。國家有規定，興辦的私營企業安排退役士官達到百分之三十的，可以免三年營業稅和所得稅。這家公司完全可以招一個退役的男兵開車，招兩個女兵做祕書和客服人員。這些人並不是公司的核心管理人員，對公司的影響並不大。」

「說得很好！」面試官滿意地鼓掌說，「很多公司都是在出事的時候，才會考慮如何『滅火』，而不是提前安排『防火工具』，你有籌劃的能力，恭喜你，你被錄取了！」

天下「財」經

避稅和逃稅有本質的不同，通常避稅是全世界都普遍存在的問題，毫無疑問會造成國家財政收入的直接損失，也破壞了公平、合理的稅收原則，但避稅只是屬於違規操作，而逃稅是惡意的逃避稅收，直接違反了稅法，嚴重的可以構成犯罪。

避稅所產生的原因主要有四個：第一是因為各國各地都要吸引外來的投資以加快經濟發展，增加財政收入，於是給出了許多稅收的優惠政策甚至擦邊球的提示，為很多企業避稅提供了有利的條件；第二是由於稅收的法律、法規本身就存在一些漏洞，總會被有心人利用；第三是由於利益的驅動，納稅人可以節省大量成本，從而實現自我利益的最大化；最後，由於各地徵稅方法上有很大的不同，造成徵稅的不公平現象，也為一些企業避稅提供了契機。

財富名人堂

維克多．維克塞爾伯格（Viktor Vekselberg）：男，西元二〇一三年《富比士》全球億萬富豪排行榜上排名第五十二名，淨資產一百五十一億美元。俄羅斯人，從事石油開採、有色金屬業。雷諾瓦集團公司的所有人，西元二〇〇七年與其鋁業公司 SUAL 合併，成為 UC Rusal 公司——世界上最大的鋁業集團的共同所有人。

她經濟
廁所帶來的市場

「她經濟」，是圍繞女性理財、消費而形成的具有女性特點的經濟現象。

俗話說，一山不容二虎，對同在一條街道上的兩家商場來說，更是如此。

時代商場和蔚藍商場都是超級商場，售賣的商品從襪子到大型家電無所不有。它們本身就存在著很大的競爭關係，尤其當這兩家商場還同在一條街道上。

兩家商場都在想辦法，但誰也無法從根本上壓倒另一家。

時代商場在某次高層會議上再次提出這個問題，各個高層一籌莫展，這時，其中一位高層主管提出：「我們不妨在全公司進行一次有獎徵集，誰有好的主意能打倒蔚藍商場，並且獲得了好的成績，董事會就獎勵十萬美元。」

「十萬美元是不是有點多？」提議的主管話音剛落，就有人提出自己的意見。

「十萬美元做為獎金確實是很多，但是如果我們能打敗蔚藍商場，最終獲得的可是這個價位的不知道多少倍。」那位提議的主管反駁道。

舉手表決後，大家同意採取徵集創意的方法。

徵集創意的郵件在內部發出，很快便收集了成千上萬個主意，但幾乎都是公司高層們已經嘗試過的辦法，沒有什麼建設性。就在徵集活動的最後一天，一封郵件引起了甄選者的注意，他立即將這個創意呈遞給公司的高層。

公司的高層看了之後，經過董事局商量，最終決定採納。而經過一段時間的試驗，這個方法的確將蔚藍商場百分之五十的客戶吸引到了時代商場，使時代商場的營業額在短時間內增加，而提供建議者本人也得到了十萬美金的獎勵。

這個方法說起來很簡單，提供建議者說，她自己也是一位喜歡逛商場的女性，她在逛商場的時候發現一個很不方便的問題，那就是這兩家商場裡都沒有廁所。

提供建議者同時表示，因為這個問題的困擾，熱愛購物的她已經有半年之久沒有消費了。她認為，在「她經濟」時代，商場應該注重女性消費者的實際需求，畢竟她們才是商場創造營業額的生力軍。

天下「財」經

近年來，隨著女性社會地位的不斷提升，新時代女性對消費的熱衷和需求極為強烈，推動經濟效益的效果也越來越明顯。

據某市場研究機構的調查資料顯示，「大約每三位企業高層管理者中就有一位是女性。」隨著女性的社會地位、文化素質和消費能力的不斷提升，女性群體也成為了市場經濟中逐漸壯大且不可小覷的重要消費群體，促使很多商家開始從女性視角來確定自己商品的消費定位。

企業在「她經濟」的行銷戰略中，要注意市場定位一定要準確，要讓行銷的商品或服務貼合女性消費的要求，並為了適應現代女性消費的趨勢而創新變化。對女性消費者來說，體驗行銷是非常有效的一種手法，這是心理學角度的結論。還有一種方式，在進行「她經濟」的行銷策劃中，完全可以以現代女性來做為行銷策劃夥伴共同進行產品設計開發，這樣更能貼近真正消費群的思維方式和需求特點。

財富名人堂

史蒂夫．鮑爾默（Steve Ballmer）：男，西元二〇一三年《富比士》全球億萬富豪排行榜上排名第五十一名，淨資產一百五十二億美元。美國人，從事電腦應用業。自西元二〇〇〇年起開始擔任微軟公司的首席執行長，是該公司的第三十名員工。全面負責微軟的管理，包括實現微軟的夢想，即透過優秀的軟體，賦予人們在任何時間、任何地點和透過任何設備溝通和創造的能力。

假日經濟
大商場的「反擊」戰

假日經濟，是指透過人們在節日、假日時，集中購物消費的行為來拉動市場內需，促進經濟增長的經濟現象。

如今的「假日」已經不僅僅是假日，在眾商家看來，它更是一場「經濟舞臺」，誰能在這個舞臺上唱得好，誰就獲得了真正的「假日」。

祥鳥大廈就是把假日經濟做到極致的商家，以元旦為例，一天的銷售額就將近四百萬元，較之往年同期增長百分之二十八，是近幾年銷售額最高的。

眾所周知，現在的商場生意並不好做，特別是在大型超市和專賣店的競爭下，商場幾乎門可羅雀，但就是在這樣的環境下，祥鳥大廈還是獲得了勝利，這與他們的假日銷售的策略是分不開的。

祥鳥大廈十分注重市場調查，比如說，在學生暑假期間，進行了市場調查研究、顧客流量及結構分析，從而掌握了一手資料。根據這些一手資料，他們將家電銷售部重新規劃裝修，雖然暑假的銷售期只有五十天，但他們做調查和準備的時間卻有兩個月之久，從而創造了暑假開始前四天就售出電腦一千多臺的驚人成績。這就是他們的第一策略——市場調查。

祥鳥大廈的第二策略是創造特色。在大量市場調查基礎上，祥鳥大廈的管理層發現，某老牌冰箱已經在許多大商場絕跡了，但是這並不意味著它已經退出市場，恰恰相反，仍然有很多家庭在繼續使用該品牌的冰箱，並且差不多都到了該更新的時候。於是祥鳥大廈推出折價以舊換新活動，銷售額驚人，佔該冰箱在全市總銷售額的百分之二十八。

祥鳥大廈的第三策略是特色服務。比如說，針對假日經濟，祥鳥大廈推出「線上服務＋貼息貸款」的活動，大大方便了顧客，也讓自己的銷售額再創新高。

祥鳥大廈的第四策略是商家企業聯手，將最大的利益轉讓給消費者。假日期間，僅某內衣的銷售額每日就能達到十多萬元。

在上述策略的基礎上，祥鳥大廈還大打形象牌和提升隨機應變能力，這就是他們的第五和第六的假日銷售策略。

在和超市、專賣店的競爭中，祥鳥大廈正是能夠發揮大型百貨商場的優勢：服務好、信譽高、企業文化突出等，才讓自己更具競爭力，更增加了自己的信譽度。

天下「財」經

假日經濟的產生也是社會發展的必然結果，人們收入水準大幅上升的同時，閒暇的自由時間也相對增多了，而市場上商品和服務的種類花樣也越來越多，人們改變了傳統的消費觀念，由單純的滿足生存的物質消費，逐漸轉為更加注重生活品質和精神領域的消費，也從而帶動了大部分產業的發展。

在這些產業當中，特別具有假日經濟特徵的集中在休閒和旅遊行業，從假日的人潮帶動經濟到物流、現金流的轉移，大量的消費，且是越來越高層次的消費慢慢佔據了主導地位。

財富名人堂

萊昂納多．戴爾．維吉奧（Leonardo Del Vecchio）：男，西元二〇一三年《富比士》全球億萬富豪排行榜上排名第四十九名，淨資產一百五十三億美元。義大利人，從事零售業。他在七歲時其母親因無法撫養家裡的五個孩子而把他送到孤兒院，他是 Luxottica 集團創始人，該公司總部在義大利，同時擁有全球最龐大的眼鏡零售網路之一。

資訊不對稱
東床快婿王羲之

資訊不對稱，是指由於一些人可以掌握另一些人無法掌握的資訊而造成彼此間資訊的不對等，擁有資訊比較多的一方在市場經濟活動中會有更多的優勢。

晉朝時期，有兩個世家大族，一個是謝家，一個是王家。「舊時王謝堂前燕，飛入尋常百姓家」中提到的「王謝」就是指這兩個家族，由此可見這兩家的權勢。

郗鑒也不差，在奉旨平亂成功後，成了東晉最有權勢的武官。

郗鑒有個女兒，長得傾國傾城，他知道宰相王導的子弟有很多，就在一天下朝之後，向王導提及了為女兒選婿的事情。

能和郗鑒結親，王導大喜：「好啊！我王家子弟，只要你看上了，就是你的女婿！」郗鑒也很高興，回到家就命人準備厚禮，打算擇日登門拜訪。

王家子弟得知坐鎮京口（今揚州）的大將軍郗鑒，派人來為他年輕貌美的女兒挑選如意郎君，都很激動，每個人都希望能被選上。這樣既能娶到美麗的妻子，又能找到後臺，有利於自己的事業發展。

為此，他們一個個都穿上了錦袍，束起了玉帶，一手拿著拂塵，一手搖著羽扇。除外，還塗抹了不少水粉，使臉色看起來更加白皙紅潤。在丫鬟們給自己精心打扮後，他們才敢出來見人。

這場相親大賽，郗鑒本人並沒有參與，他派了自己最貼心的門客來。門客看到「花枝亂顫」的公子們，簡直要挑花了眼，覺得哪個都好，但是哪個都不是那麼讓人感覺踏實。

他跟著王府的管家走到後堂，看見東牆的床上斜躺著一個年輕人，他和別人明顯不同，別的公子都是裝扮得風流倜儻，唯獨他，不僅沒裝扮，還光著上身，一邊看字帖，一邊喝茶，嘴角還帶著滿足的微笑。

「這位公子是？」門客問。

「他是我家主人的姪子。」管家答道。

門客若有所思，又詢問了一番情況後，就坐著轎子回府了。

「王家的公子們都怎麼樣啊？」郗鑒問。

「不乏人才。」門客說，「但是其中有一位公子很奇怪。」

郗鑒來了興趣：「怎麼個奇怪法？」

「別的公子都很重視這次相親，唯獨這位公子好像不甚在意。我看到他的時候，他正躺在床榻上，袒胸露乳，非常隨意。」

「他僅僅是躺在那裡，什麼都不做？」

「不是，我臨走的時候，故意到他身邊繞了一圈，他邊看字帖邊用手指在炕桌上比劃，連我跟他說話都聽不見。」

郗鑒哈哈大笑起來：「這個年輕人好！隨興且不拘小節，胸懷坦蕩又好學向上，我就要他做我女婿了，速速準備，我要親自會會那個年輕人。」

第二天，郗鑒又派門客到王府去打探，得知那個青年叫做王羲之，人品甚好，頗有雅士之風。郗鑒大喜，就把女兒嫁給了王羲之。

東晉名士王羲之

表面看起來，王羲之似乎非常幸運，其實他的勝出不是意外。

和王家的公子們一樣，王羲之也希望自己能被郗鑒選上。他那一年已經二十七歲了，算是年齡稍大的未婚青年。更何況，被郗鑒選上，相當於美人、事業雙豐收。只不過王羲之比別的公子聰明的是，他早就知道郗鑒這次選女婿是想改變家風，不再讓子孫後代重走他當年「用性命搏成功」的老路，希望能讓自己的家風從儒學世家轉變成玄學世家。所以，在別人精心打扮的時候，王羲之才反其道而行之，故意做出特立獨行的姿態，以此來突顯自己放蕩不羈、率情任性的名士風範。

這場雙贏的相親面試，成就了一段「東床快婿」的佳話。

天下「財」經

資訊不對稱，讓故事中的王羲之比別人對郗鑒多瞭解了一些，最後在相親中勝出。

但是，資訊不對稱在市場經濟中，會產生很多問題，比如道德風險的問題、逆向選擇的出現和中間人的利益問題。

「資訊不對稱理論」是由約瑟夫．史迪格里茲、喬治．安可洛夫和邁克爾．史賓塞三位美國經濟學家提出的。這個理論一經提出就受到了廣泛關注，它揭示了資訊在市場經濟中的重要地位，也強調了政府在經濟活動運行中所發揮的作用，並呼籲政府加強對市場經濟的監督力度，減少不對稱的資訊量，從而使市場經濟走向良性發展。同時，資訊不對稱理論指出了市場經濟體系中的不足，在投資、就業、環保以及社會福利等方面，自由經濟體制並不能如預想的那樣促進市場經濟的發展。

財富名人堂

麥可．戴爾（Michael Dell）：男，西元二〇一三年《富比士》全球億萬富豪排行榜上排名第四十九名，淨資產一百五十三億美元。美國人，從事電腦應用業。出生於美國休斯頓的一個中產家庭，現任戴爾公司董事會主席。西元二〇一三年二月，他與全球技術投資公司銀湖合作收購戴爾，正式私有化，總價值兩百四十四億美元。

逆向選擇
聰明的猶太老人

逆向選擇是在資訊不對稱情況下，由於制度安排不合理而導致市場資源配置扭曲所產生的現象。

沙克是一個有猶太人血統的老人，他退休之後，在學校附近買了一間房子，一開始住的還蠻開心的，但幾週之後，有三個年輕人開始在附近踢垃圾桶玩，每天製造無數的噪音。沙克覺得心煩，苦思之後想出了一個好辦法。

他找到這三個年輕人，說：「我已經是個老人了，喜歡看你們這麼有活力地玩耍，只要你們踢垃圾桶，我可以每天付你們一元做為報酬。」

三個年輕人都很高興，他們每天都會來踢垃圾桶。為了讓沙克覺得一元物超所值，他們賣力地表現「足下功夫」，而沙克也會假裝表現出非常享受的姿態來。

幾天之後，三個年輕人來到約定的「表演」地點，在開始「表演」之前，沙克遺憾地對他們說：「孩子們，不好意思，我給你們的表演費要減少了。」

「為什麼？」三個年輕人大叫道。

「因為通貨膨脹的原因，我的錢貶值了，不能負擔自己的生活，所以用於娛樂的錢要減少。」

三個年輕人很不高興，冷著臉問沙克：「那你能付我們多少錢？」

「每天要減少一半，我只能付你們五毛錢了。」

「五毛錢？」三個年輕人雖然不滿還是接受了，但是很明顯，他們踢垃圾桶的積極性沒有之前高了。

「表演」水準下降，沙克卻很高興，他知道自己的好生活要開始了。

又過了一週，沙克垂頭喪氣地來到三個年輕人面前。

「發生了什麼事？」三個年輕人問，雖然這個老人減少了他們「薪金」，但他們還是很關心「老闆」的。

「最近沒有收到養老金支票，我也不知道發生了什麼事情，現在的我坐吃山空，能付給你們的錢就得變得更少了。」沙克裝作悲傷的表情說。

「那你還能支付多少？」三個年輕人問。

「兩毛錢吧！」沙克猶豫地說。

「兩毛錢？」三個年輕人生氣了，「我們才不會為了區區兩毛錢為你浪費時間表演呢！我們不幹了！」說完，三個年輕人頭也不回地離開了。

天下「財」經

在經濟學中，逆向選擇有個清晰的定義是：「由交易雙方資訊不對稱和市場價格下降產生的劣質品驅逐優質品，進而出現市場交易產品平均品質下降的現象。」現實生活中，逆向選擇也是無處不在的，由於普遍存在社會信任的問題，當商家降低商品價格時，消費者因為擔心商品可能會品質不保，也不一定會大量購買；而當商品價格提高時，生產者綜合多方面考慮也不一定會增加生產。故事中三個年輕人就是被沙克降低價格的方法「打敗」的。

為了減少逆向選擇的情況出現，無論是消費者還是生產商都會透過一些方法來減少逆向選擇的可能，尤其是最難掌控的網路產品的市場，這裡就會出現一些盲點，比如：消費者用價格高低來判斷品質不一定是準確的，或者生產商透過建立品質合格標準來減少逆向選擇，實際上消費者對商品的要求並不是一種品質的標準就可以滿足的，尤其是網路產品，這個方面更難掌控。而有效的可以減少網路市場逆向選擇的方法有：捆綁銷售、注意力銷售或者網路中間商的介入等等。

財富名人堂

列昂尼德．米赫爾松（Leonid Mikhelson）：男，西元二〇一三年《富比士》全球億萬富豪排行榜上排名第四十七名，淨資產一百五十四億美元。俄羅斯人，從事天然氣、化學製品業。俄羅斯最大的獨立天然氣生產商諾威特公司的董事長，擁有諾威特公司半數以上的股份。

負利率
跑贏 CPI 的老婆婆

負利率，是指在物價指數 CPI 快速增長的情形下，銀行的存款利率低於通貨膨脹時的實際利率，表現為負值。

負利率時代，就連八十七歲的楊婆婆也要開始向年輕人學習理財了。

對老一代人來講，有錢放到銀行中，才是最保險的理財方法。楊婆婆也不例外，每月的退休薪水，除了正常的開銷外，結餘部分都會讓兒子幫她存進到銀行裡。

但是，楊婆婆在這兩年突然覺得錢不夠用了。以前一百元可以買套很好的衣服，但是現在五百元也買不到一件好外套。更別說蔬菜、水果了，價格都在飛漲，再加上老人家年紀大了，難免日常會有磕碰，去趟醫院幾百元又沒了。楊婆婆第一次覺得存在銀行裡的錢不值錢了，但是，除了把錢放進銀行外，她也不知道該放哪裡。

這一天，楊婆婆的一張十萬元的定期存款到期了。她在家人的陪伴下去銀行取回了這筆錢，但是加上利息，這筆錢只有十萬三千兩百五十元。楊婆婆咕噥說：「現在利息越來越低了，都不賺錢了。」

陪同的兒子隨口說了句：「放在銀行裡當然不賺錢，而且還虧錢呢！」

「怎麼是虧錢呢？」楊婆婆問，「我這裡明明是多了三千二百五十元啊！」

兒子耐心解釋說：「現在 CPI 增幅是百分之四·三，而十萬元一年定期存款利率是百分之三·二五，妳的存款利息比不上 CPI 增長，就是虧錢了。」

「什麼是 CPI？」楊婆婆問。

「CPI 就是消費者物價指數，是反映與居民生活有關的產品及勞務價格統計出來的物價變動指標，是衡量通貨膨脹的指標之一。」

雖然楊婆婆還是聽不懂什麼叫做 CPI，但她明白了自己的錢能買的東西越來越少了，她緊張地問兒子：「我將來身體不好的話，花錢會越來越多，我存錢在銀行也虧錢，我不是就要成『月光族』了？」

兒子哈哈大笑：「您真不簡單，還知道『月光族』這個辭彙！」

在兒子的推薦下，八十七歲的楊婆婆開始學習理財，她雖然沒有參與過，但是對股票這個詞還是不陌生，就將剛取出來的錢給兒子，讓他幫自己炒股。

但兒子告訴她，炒股也是有風險的。經過解釋，楊婆婆還是決定讓兒子去投資股票，並和兒子訂下了百分之二十的虧損底線。

除了股票，楊婆婆還瞭解了一些理財產品，她讓兒子將自己的存款都買成了理財產品，在她看來，這些理財產品就是「高額定期存款」。

為了讓自己更加懂得財經知識，楊婆婆還用心讀書、看報，她對兒子說，不管如何，她都要跑贏 CPI。

天下「財」經

負利率指的是在物價指數 CPI 快速增長的情形下，銀行的存款利率低於通貨膨脹時的實際利率，表現為負值，也就是說老百姓把錢存在銀行裡，結果發現財富不但沒有增加，反而是隨著物價上漲而貶值了。

在負利率產生的情況下，人們開始會從傳統的儲蓄轉為將自己的財產透過各種理財投資的管道來保值和增值，比如購買股票、基金、期貨、外匯、黃金及其他貴金屬等。

負利率對於整個國家經濟狀況有很大的影響，首先最直接的影響就是國家金融機構的存款縮水嚴重，導致部分中低收入人群的財富慢慢蒸發，存錢不僅無法提高生活品質，反而變成了降低生活水準的累贅；其次，高收入人群由於具有一定的抗風險能力，不能看著自己的資產存在銀行裡慢慢蒸發，就大量選擇了其他投資理財的管道，尤其是高房價，歸根結柢就是負利率惹的禍；最後，負利率還會造成整個資產總額的泡沫經濟。

雖然負利率對國家經濟有重大的危害，但也有其有益之處，就是促進投資理財市場的發展壯大，尤其是股票、證券和基金的市場，也從另一個方面促進著整體經濟的穩定增長。

財富名人堂

雷納托·阿克梅托夫（Rinat Akhmetov）：男，西元二〇一三年《富比士》全球億萬富豪排行榜上排名第四十七名，淨資產一百五十四億美元。烏克蘭人，從事鋼鐵、煤炭開採業。出生在烏克蘭的一個礦工家庭裡，擁有金融、鋼鐵、煤炭多個產業，是烏克蘭最有統治力的足球俱樂部「頓涅斯克礦工」的老闆。

不可替代性
被拋棄的美男子

不可替代性，是指組織內的個體由於具有他人難以取代的才能，而在組織內處於非常重要的程度。

在衛國時期，美男子彌子瑕深受衛靈公的喜歡。衛靈公幾乎什麼事情都會遷就他，在他面前，完全沒有一國之君應有的姿態。

有一次，彌子瑕的母親突然生了重病，但是京城離他的家鄉實在是相距甚遠。彌子瑕一直惦記母親的病情，就假傳衛靈公的旨意，讓車夫駕著衛靈公的車送他回家，幫母親求醫治病。在當時的衛國，沒有國君的允許而私自徵用國君的車駕，是要被砍掉雙足的。但是衛靈公太愛彌子瑕了，大臣們要求嚴懲彌子瑕時，衛靈公做出感動的表情說：「這個彌子瑕啊，真是太有孝心了！為了幫母親及時治病，連被砍去雙腳都不怕了。」聽國君這麼一說，大臣們誰都不敢再開口說要處置彌子瑕了。

還有一次，彌子瑕陪衛靈公到果園中遊玩。當時正是蜜桃成熟時，彌子瑕看到滿園熟透的蜜桃，忍不住伸手摘了一顆吃了起來。吃到一半才想起來國君還在身邊，他也不客氣，把吃剩的一半遞給衛靈公。衛靈公絲毫不嫌棄是他吃剩的，反而高興地說：「你真是最愛我的人，把這麼好吃的蜜桃讓給我吃！」

後來，隨著彌子瑕的年紀越來越大，姿色也不如從前，衛靈公就有點討厭他了，如果他有什麼得罪衛靈公的地方，衛靈公都會大聲責備他。

後來，有了新的男寵進宮，衛靈公就更加討厭彌子瑕像以前那樣對他撒嬌了，他常對新寵們說：「這個彌子瑕，一直都是膽大包天。他過去竟然敢假傳聖旨，用我的車子；後來，他還敢先吃桃子而不是先獻給我，這些也都算了，他還把自己吃剩的桃子給我。現在可好，他都已經這麼大年紀了，還是不識抬舉地總冒犯我。」

衛靈公夫妻畫像。

對彌子瑕來說，衛靈公是他唯一的依靠，他這一生都把衛靈公當作最好的朋友，最親密的愛人，在衛靈公面前無拘無束。但他忘了，衛靈公是一個以相貌取人且氣量極小的小人。當彌子瑕不再受寵，但還像之前一樣對待衛靈公時，衛靈公就難免會有怨言了。

後來，衛靈公隨便找了個藉口，要了彌子瑕的命。

天下「財」經

不可替代性是指組織內的個體由於具有他人難以取代的才能，而在組織內處於非常重要的程度。對組織來說，替換需要付出比較大的成本和代價，從而讓個體的職業穩定度大幅增加的一種衡量標準。其實，替代性不僅是物與物之間的選擇，人與人之間也存在，尤其是在現代高速發展的企業當中，資源的稀缺造成了對於不可替代性的極大需求。

一個人在企業中能佔多大的份量，受多大的重視，取決於其替代性的大小。故事中的彌子瑕之所以前後待遇相差甚多，就是因為他提供的服務是他的容貌，當他年輕美貌時，他是不可替代的；但當他容貌發生改變後，他的不可替代性也就消失了。

若想在企業內部具有較高的不可替代性，可以考慮從以下幾個方面努力並成為更優秀的人才：可以成為某個專業領域的專家，專業技能越強，不可替代性越高；現在的社會需要跨界的人才，若是具有較高的跨領域的技能則會提高不可替代性；擁有很高的學習能力，迅速將所學知識轉化為自己可實際操作並產生生產力的能力，也是現今提高不可替代性的有效方式；最後，在企業中，並不是只是技術領域可以提高，若是性格具有別人所沒有的優勢，或是極強的感召力、影響力，都是企業內不可替代性的首選。

財富名人堂

約瑟夫・薩夫拉（Joseph Safra）：男，西元二〇一三年《富比士》全球億萬富豪排行榜上排名第四十六名，淨資產一百五十九億美元。巴西人，從事銀行業。他出生在敘利亞一個非常優裕的猶太家族，於西元一九五二年他的父親在巴西的聖保羅開始從事金融銀行業務。六十年後，約瑟夫・薩夫拉也設立了自己的薩夫拉銀行，如今它已成為巴西第六大私人銀行，向整個歐洲、北美和南美等提供銀行服務。

新節儉主義
王阿姨的幸福生活

新節儉主義是一種成熟、理性的消費觀念，是在不影響生活品質的前提下，用盡量少的錢來獲取較多的愉悅和收穫，這是一種在不缺錢的情況下主動選擇的理性的「節儉」狀態。

王阿姨經常對別人說一句話：「我從不忌諱人家說我節儉過度，但我不覺得這是一件壞事，因為我有我的原則。」

王阿姨是一個很富有的老人，但她向來都是節儉的。每天出門坐百貨公司的「免費接駁車」就是她理想的交通工具。她常對孩子們說：「我坐計程車或者搭乘捷運去女兒家，還不如坐百貨公司的免費接駁車，既可以省錢又能有座位，購完物順便去女兒家，何樂而不為呢？」

不僅交通方面，在衣、食、住、行等各個方面，王阿姨都秉持節儉的態度，她買東西都是看商場的特價標籤，如果能找到批發地點或者直銷點，她都會過去購買，省掉中間環節可以省到很多錢。她還合理利用一些社會便利的設施，比如圖書館等，讓很多花費都在中間環節省掉。

王阿姨的女兒經常對她嘮叨說：「我們家又不是沒有錢，妳不必這麼節省！」

王阿姨總是搖搖頭：「我節儉總比妳這些前吃後空，甚至靠信用卡過日子的『月光族』要好得多了。」

如果你認為王阿姨是摳門到家的老人，那就錯了。她對朋友們都說，她做事雖然節儉，但是她是有原則的。第一點是她只省自己的錢，絕對不貪人家的便宜，她自己不會花錢去飯店裡吃飯，但也不會無緣無故地找朋友請她吃飯；第二點是她絕對不省那些不應該省的地方，比如去喝喜酒或者拜年，她從來不會對別人吝嗇；第三點是她從來不會把省錢看作是要動腦筋或者可悲的事，她把節儉看作是一件很有效率的事情，不是一味地不吃不買，而是有針對性地在部分方面進行省錢「大比拼」。

事實上，王阿姨的生活過得一點也不清苦，她住在一間兩房兩廳的房子裡，有自己的舒適臥室和擺滿書的書房，她家的日常打掃都由清潔人員來負責，晚上她會找幾個鄰居前來，一起喝茶聊天，她每月會購買報紙、書刊，知識面非常豐富，為了擴大自己的見識，她每年還會為自己安排一次旅行，日子不知道過得有多舒服。

天下「財」經

過去我們所理解的節儉，多是由於社會整體狀態造成的供給不足，收入有限的情況下迫不得已的選擇，而今天信奉「新節儉主義」的已經越來越以年輕人為主，他們學會了理性的思考，在宣導浪費可恥的年代，節儉成為速食生活中一種積極健康的力量。

新節儉主義和傳統意義的「舊節儉主義」區別在於：是否降低生活品質，若是節儉後生活品質下降，內心愉悅的感受減少，就不如不節儉，而新節儉主義最重要的兩條要素在於：

一、不能帶來健康的風險，若是因為節儉影響了健康，就是絕對得不償失的選擇。

二、不要增加額外的支出，比如時間成本、精力成本等，這樣才是真正花最少的錢獲得最多的愉悅。

財富名人堂

鄭裕彤：男，西元二〇一三年《富比士》全球億萬富豪排行榜上排名第四十四名，淨資產一百六十億美元。香港人，全球華人十大富豪之一，珠寶大王。兼任香港新世界發展有限公司及周大福珠寶金行有限公司主席，恆生銀行有限公司獨立非執行董事，Cheng Yu Tung Family Limited及Centennial Success Limited董事，也是信德集團有限公司非執行董事及利福國際集團有限公司非執行主席，同時被譽為香港地產界四大天王之一。

消費引導
粽子的故事

消費引導是指國家、社會、經濟組織或者具有財富能量和引領效應的個體對人們的消費愛好、消費意識以及消費品味進行有意識的引導，以達到創造和分配財富的經濟活動。

粽子是一種時令性很強的食物，但位在中國的三念速凍粽子公司卻另闢蹊徑，將時令性食物變成了日常的餐桌食物。

三念速凍粽子公司是一家後起之秀，但它能夠在短短時間內贏得較高的市場佔有率，和年輕領導者的決策是分不開的。

三念速凍粽子公司的領導者經過市場調查發現兩大問題：一是粽子的外包裝很大程度影響了消費者的購買意向；二是粽子完全可以做為一種日常食物來出現。

針對這兩大發現，三念速凍粽子公司的領導者積極著手。對於第一點，只要是消費者都能瞭解，我們看一個產品，首先看到的一定是它的外觀，外觀美觀、品質一流的產品才會引起我們購買的慾望。速凍粽子做為一種存放時間較長的食物，往往會讓人產生疑問：它在長時間的存放過程中，會不會影響粽葉的顏色及新鮮程度。針對這種情況，三念速凍粽子公司領導者選擇運用特殊的竹葉，確保粽子的長久新鮮。

在確保了實體的品質之後，三念速凍粽子公司的創意人員也巧思構想，讓包裝上的粽子呈現出散發著嫋嫋清香的狀態，從視覺上製造出誘人感。消費者看過之後都表示，這種包裝是超市陳列中最為吸引人的。

這個問題解決起來還算較為容易，而讓三念速凍粽子公司的領導者更為頭痛的則是第二個問題。眾所周知，粽子是在端午節的餐桌上才會出現的食物，如何讓它出現在日常的餐桌上做為尋常的食物，是個難以突破的大問題。

在三念速凍粽子公司領導者的宣導下，全公司在市場內掀起了一場運動，這場關於粽子的革命共有四個步驟。

首先他們進行的是早餐概念，將粽子做為早餐的替代品，宣導吃粽子是很健康、營養的早餐習慣，而之後消費者的反應也讓他們覺得這個概念的引進是正確的。

其次他們宣導的是休閒食品概念，粽子已經不僅僅是一種填充飢餓的食品。隨著人們生活水準的提高，休閒食品的概念越來越廣泛，將粽子加入其中，很容易讓消費者們接受。

除了這兩點概念的提出，他們同樣在各大電視臺、電臺、雜誌、報紙都做了大幅的報導，讓三念速凍粽子的形象深入到千家萬戶，宣傳人員更是做到了讓每個人只要一開電視、一出門、一打開報紙就能看到三念速凍粽子的廣告。

在進行前三項活動的同時，調查人員發現，很多的三念速凍粽子都是買給孩子吃的，粽子太大就會造成浪費，針對這種情況，他們又將市場細分，專門推出兒童粽子，與此同時，還推出兒童湯圓做為輔食。

事實證明，三念速凍粽子公司的這些引導消費者的舉措是有作用的，兩個月的銷售額就達到了去年一整年銷售額的兩倍。

天下「財」經

國家推動消費引導的主要方法有：收入政策、價格調控政策、消費政策和各種宣傳教育的方式，這些引導方式既可以幫助消費者合理安排消費方式和資金分配，也可以讓社會生產的發展速度與人們消費水準的速度保持一致，相互促進。

要想對民眾做到消費的合理引導和建議，首先要建立社會整體發展的概念，目的是為了引導社會總體財富的提升；其次要完善各種相關的保障制度，減少受眾的後顧之憂；再次是要建立合理的幫扶制度以帶動社會弱勢群體參與消費。

具體的引導方法可以借鑑：對某些消費規定最低消費要求；透過一定的調節，使一部分低消費人群有所提高改善；鼓勵並宣導先進的消費行為和消費方式，給民眾啟發；在較高的消費水準上，允許存在一定的差別，以保持激勵；不斷地潛移默化，一點點推進，以達到最終的普及。

財富名人堂

萊恩．布拉瓦特尼克（Len Blavatnik）：男，西元二〇一三年《富比士》全球億萬富豪排行榜上排名第四十四名，淨資產一百六十億美元。美國人，多元化經營。出生於俄羅斯的猶太家庭，西元一九八九年在美國取得哈佛商學院 MBA 學位。西元一九八六年創辦控股集團 Access Industries 並擔任董事長兼總經理，同時也是華納音樂集團的所有者，該公司主要投資項目為化學、媒體、通信及房地產，投資區域包括歐洲、北美及南美。

捆綁銷售
定妝粉的創意廣告

捆綁銷售是指銷售商的一方在要求消費者購買其商品的同時必須也得購買另一種產品或服務，並且將這個附加的產品或服務當作買前一種商品的必要條件。

約翰經營一家小型的化妝品公司，但是不管他怎麼努力，銷售額都上不去。經過長時間的市場調查，他發現化妝品市場幾乎都被一家叫做黑人化妝品公司的產品佔據了。

如何才能打敗黑人化妝品公司，獲得更高的市場佔有率就變成了約翰迫切需要解決的問題。

約翰找到自己的好朋友利維，一個營運方面的高手，準備向他討教一下自己產品的出路。

利維在瞭解了約翰公司產品的特點後，問約翰：「你目前有什麼想法？」

「我沒什麼想法，」約翰抓耳撓腮地說，「我已經試過很多辦法了，如果再堅持一個月，還是不能打敗黑人化妝品公司，我就只能宣布破產了。」

「打敗？」利維不可思議地說，「你的公司僅僅成立了一年，也許你的產品真的很好，但是你想用一年的公司來打敗一個擁有百年傳統的公司，這樣的想法是不對的。」

「不打敗？」約翰也對利維的說法感到不可思議，「不打敗他們，我就沒有辦法獲得更多的市場佔有率。」

「為什麼不開發消費者的消費能力呢？」利維循循善誘道。

「開發消費者的消費能力？」

利維哈哈大笑：「我是說，如果你不能在短時間內打敗對手，但可以短時間內利用你的對手；你不能完全奪取你對手的市場佔有率，但你可以開發消費者的消費能力，比如說，讓他們在購買了黑人化妝品公司的產品後，再購買一份你的產品。」

「怎麼做？」約翰覺得利維說得有道理，急忙追問道。

利維在他耳邊說了一句廣告詞，約翰聽了讚嘆不已。

離開利維家，約翰立即按照他說的去做，果然人們在購買黑人化妝品公司的產品後，還會習慣性地買一份約翰的化妝品。約翰很快就迅速擴大了市場佔有率。

利維說的那句廣告詞是：當你使用過黑人化妝品公司的化妝品後，再用一次約翰公司的定妝粉，會讓你的妝容更明豔、皮膚更滑嫩。

這個廣告詞不僅沒有引起黑人化妝品公司的戒備，還讓消費者很容易就接受了他的產品。因為人們已經花了很多的錢在化妝品上，一點也不在意再花一份錢做妝後保養。

天下「財」經

捆綁銷售通常有三種形式：

一、資訊傳播的捆綁：也就是把具有相關性的不同產品集中放在一起進行廣告行銷的傳播，這樣既增強了傳播力度，也節省了大量的成本。

二、包裝捆綁：就是把不同種類或者同類但是具有前後連接的產品放在一起統一包裝進行銷售，比如生活中常買的洗護合一的護髮套裝。

三、定位捆綁：一般在新的產品推向市場時會採用這種方式，用一個知名的品牌或者大眾熟知的資訊來捆綁，把自己的產品與大眾熟知的事物放在同一定位以增強銷售效果。

捆綁銷售是一種具有創新意識的行銷方式，在原有資源的基礎上重新整合，既能給生產商帶來很好的銷售結果，也能切實讓消費者享受到實惠，是雙贏的策略。

財富名人堂

阿里科·丹格特（Aliko Dangote）：男，西元二〇一三年《富比士》全球億萬富豪排行榜上排名第四十三名，淨資產一百六十一億美元。尼日利亞人，從事建築材料、食品加工業。在從自己的叔叔那裡得到一筆商業貸款之後，丹格特就開始了三十多年的大宗商品交易生涯。後來，他創建了丹格特集團。現任丹格特集團董事長，尼日利亞大宗商品巨人，是非洲的「水泥大王」。

沉沒成本
覆水難收的愛情

沉沒成本，是指那些已經發生並且無法收回和改變的成本。

在西漢時期，有一個讀書人叫做朱買臣，他家境貧寒，常常幾天吃不到飯，可是就是這樣的艱苦環境，他仍然堅持讀書。

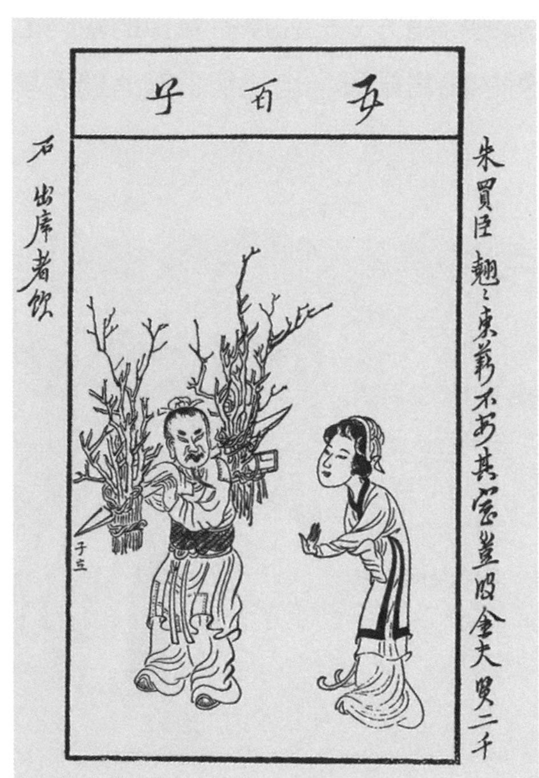

陳洪綬所繪白描人物——《朱買臣故事》

終於有一天，他的妻子忍無可忍了：「朱買臣，我要和你離婚！」

「為什麼？」朱買臣從書堆裡抬起頭問，「我們不是過得好好的嗎？」

「好好的？我們這樣子叫好好的？」妻子大怒，拿起身邊能摔的東西都狠狠往地上摔去，「我們沒有積蓄，沒有自己的房子，甚至吃了上一頓不知道下一頓在哪裡。你總是說你自己會考取功名，給我換上鳳冠霞帔，可是幾年過去了，你給我什麼了？除了讓我出去打工賺錢，你悶頭在家裡看書之外，你給我什麼了？」

朱買臣試圖抱住暴怒的妻子，但妻子怎麼都不讓他近身，他只好離妻子遠遠地說：「妳相信我，再給我一次機會，這次我一定會高中，給妳贏得鳳冠霞帔。」

「別說了！這種話我已經聽了這麼多年了，我不相信了！」妻子搖頭，悲傷之意表露無遺。

朱買臣隱隱約約知道她的想法了，但還是想聽她自己說出來：「那妳想怎麼做？」

「離婚。」妻子緩緩說出這兩個字，朱買臣只好無奈地答應了。

離婚之後不久，朱買臣的妻子就改嫁了一個富人。

幾年後，朱買臣終於在科舉考試中金榜題名，被任命為太守。當他衣錦還鄉之際，老百姓都圍在街道兩旁，看著朱買臣騎著高頭大馬遊街，樣子非常威風。

這時，不斷向人群揮手的朱買臣在人群中發現了前妻的身影，她變了很多，與幾年前離開之際判若兩人。

看著神氣的朱買臣，他的前妻後悔萬分，原來，她嫁到富人家過得並不開心。富人有三妻四妾，那些先到的女人們和那些後進來但是更年輕美貌的女人們都聯手欺負她，她在富人家沒幾年就被趕出來了，獨自淒涼過活。

看到朱買臣望向自己，那眼神裡還有憐惜，她覺得夫妻情誼未斷，就分開人群，來到朱買臣的馬前。

朱買臣問這個曾經最熟悉的女人：「妳想做什麼？」

「我知道錯了，我們重婚吧！」女人淚流滿面地說。

朱買臣沒說話，只是讓手下人端來一盆水，他下馬親手將這盆水潑在地上，對女人說：「撥出去的水，還能收得回來嗎？這就像是我們的婚姻，一旦破碎，就再也沒有復原的可能了。」

說完，朱買臣上馬離去，空留懊悔的前妻跪在原地接受眾人的指指點點。

天下「財」經

「覆水難收」比喻一切都已成為定局，不能更改。其實，「覆水難收」就是一種沉沒成本。沉沒成本是指那些已經發生並且無法收回和改變的成本。當人們決定做一件事時，不僅要看這件事對自己有沒有益處，同時也要注意在過去是否已經在這件事上有過投入。通常，當人們發現自己已經在一件事上投入非常多的時間、金錢和精力等時，在做決定時會有所傾向，比如很多人畢業後面臨是否選擇學了四年的大學專業，以及很多情侶相戀多年面對是否結婚的選擇。

在經濟領域和商業決策中，這是一個兩難的選擇：要嘛因為害怕會有不產生效益的沉沒成本而不敢投入；要嘛由於沉沒成本而捨不得改變，繼續過去的投入方式而造成更大的虧損。很多經濟學家認為，若是從理性的角度思考，在做商業決策時根本不該考慮沉沒成本。

對於沉沒成本的產生影響的因素主要有：成本的來源、投資的市場、政府的政策和投資所產生的影響。

財富名人堂

拉克希米．米塔爾（Lakshmi Mittal）：男，西元二〇一三年《富比士》全球億萬富豪排行榜上排名第四十一名，淨資產一百六十五億美元。印度人，從事與建築材料有關的行業以及鋼鐵業。他曾出手七千萬英鎊買下一座豪宅，一舉創下世界上單座房屋交易額的最高紀錄；他將自己寶貝女兒的婚禮盛宴擺到法國王宮。他是印度鋼鐵業巨頭，他的鋼鐵帝國幅員遼闊，從哈薩克斯坦的前國營鋼廠，經過歐洲和非洲，一直延伸到美國。

價格戰
被毀掉的名畫

價格戰通常是指企業之間透過競相降低商品的市場價格展開的一種商業競爭行為，也被用於個人交易之間的價格之爭。

故事發生在一個美國畫商和一位印度收藏家之間，這位印度收藏家收藏著某位已逝畫家的三幅作品，當美國畫商得知這個消息之後，從美國趕到印度與收藏家交涉。

美國畫商說：「我的畫廊需要這位畫家的作品，我想把他的三幅作品都買下來。」

印度收藏家也很爽快：「沒問題，只是這位畫家的作品只剩下我手頭的三幅，所以售價會比較昂貴。」

「多少錢？」

印度收藏家說：「兩百五十萬美元。」

「你瘋了？」美國畫商大叫，「三幅圖要我用兩百五十萬美元來買？」

「是的。」印度收藏家回答，「這是他僅存於世的三幅作品。你不買我這裡的，就再也買不到他的作品了，除非你的畫廊想要展出的是贗品。」

「我當然不會展出贗品。」美國畫商說，「我畫廊裡面沒有一幅是假貨！只是你的畫實在是太貴了，比他出名的畫家都不值這個價，你這是哄抬物價。」

「哄抬物價？你的意思是我做生意不講誠信了？」印度收藏家生氣了，「好，那我就不賣給你了！」

說著，印度收藏家命人將三幅畫中的一幅給燒了。

看到這麼好的畫被燒，美國畫家想上前去搶救，卻被印度收藏家的助手擋住了去路，只能無奈而傷心地看著名畫被燒掉。

三幅圖只剩下兩幅，美國畫商雖然心疼，但他還是想買，於是問印度收藏家：「現在就剩下兩幅了，你賣多少錢？」

「兩百五十萬美元。」印度收藏家還是不改口。

「三幅畫你賣二百五十萬美元，現在只剩下兩幅，你還是賣同樣的價格？你怎麼好意思開口的！」

印度收藏家冷哼一聲，又命人燒了第二幅畫。

美國畫商大叫起來，想阻止還是被擋住去路。

只剩下一幅畫了，美國畫商問：「你現在賣多少錢？」

「兩百五十萬美元。」依舊是一樣的價格，印度收藏家說，「現在就一幅畫，你愛買不買，你不買，別人也會買這唯一的真跡。」

「這不合理……」美國畫商說道。

「兩百七十萬。」印度收藏家眼都沒抬一下就開始漲價。

「什麼？」

「三百萬。」

不管美國畫商怎麼說，印度收藏家都不斷地提高價碼，而且表現出不能商量的姿態。最終，美國畫商以五百萬美元買了這最後的一幅名畫。

天下「財」經

價格戰通常是指企業之間透過競相降低商品的市場價格展開的一種商業競爭行為，即在市場競爭的過程中，把價格當作最主要的競爭策略使用的過程，也被用於個人交易之間的價格之爭。故事中的價格戰就是個人交易之間透過計謀，使得維持在高額價格交易的過程。

價格戰所產生的的原因主要有四個方面：

一、由於市場上供大於求的狀況出現，消費者的消費需求不足以達到企業市場運作的要求，就需要價格戰來刺激消費者拉動需求從而創造財富。

二、因為市場佔有率有限，採用這個方式可以快速搶佔市場以累積財富。

三、由於商品成本降低了，就可以在此基礎上降低價格來吸引更多消費者產生財富。

四、有些公司在市場中隨波逐流，被迫參與價格戰，最終往往損失慘重。

由此看出，價格戰既是市場經濟發展的一個必然產物，也是市場行銷的一個重要的組成部分，為了能在這場沒有硝煙的戰爭中獲得勝利，需要注意有幾個應對策略可以選擇：要細化目標市場；要揚長避短，突出特色，發揮優勢；要學會建立戰略聯盟；要即時跟進價格；要提升服務的品質。

靈活應用這幾個策略，才有機會在價格戰中立於不敗之地。

財富名人堂

米哈伊爾·弗里德曼（Mikhail Fridman）：男，西元二〇一三年《富比士》全球億萬富豪排行榜上排名第四十一名，淨資產一百六十五億美元。俄羅斯人，從事石油開採、銀行、通信營運業。他在政府與企業之間的平衡做到恰到好處；他把企業國家化與國家利益、政府意志緊密聯繫在一起，在俄羅斯來說他是位明智的富豪。

第四章

擁有財富，**可以做什麼**

消費
消費券列印出的財富

消費，是社會再生產過程中的一個重要環節，也是最終環節。它是指利用社會產品來滿足人們各種需要的過程。

在中國大陸地區，當公務員是大學畢業生夢寐以求的理想職業，而方華對此卻不熱衷。

她在大學畢業後在一家培訓機構任職。在這個培訓機構裡，方華和前來培訓的學生聊天，聽說在國外有一種列印優惠券的卡很流行，只要拿著卡就可以列印優惠券，從而拿著優惠券到各個商家去消費。

這種新穎的方式引起了方華的興趣，她和幾個朋友一起，到上海、北京、廣東等大城市進行市場考察，方華發現這個市場在中國是空白的，她就決定引進這種優惠券平臺。

優惠券平臺剛被引進，就引起了人們的圍觀，人們對於這種新鮮的事物十分好奇，開業當天優惠券的卡就賣出了幾百張，而人們利用這種卡列印出來的優惠券更是上千張。

開局雖不錯，但發展的過程卻差強人意，時間僅僅是過去半年，市場上就出現了各式各樣的模仿她的平臺營運商，其中有一家還做到了全國性的。

針對這種現象，方華再次做了市場調查，將競爭重點放在增加電腦設備的佈點及導購人員數量上。此後，發卡量及合作的商家數量均明顯增多。

經過再次的發展，方華的優惠券印表機已經發展到了全國各個城市，在每個城市的各大商圈、超市、住宅社區、便利商店等場所都有陳設，而合作的商家也從之前單一的餐飲業擴展到了娛樂、購物、旅行等多種行業。

隨著業務的擴展，方華的業務也引起了政府部門的關注。她在優惠券平臺更是被政府部門確定為資訊科技產業項目，是物聯網（Internet of Things）發展的項目之一，並在政策、辦公場地、商場租金等方面予以扶持。

這對方華來說，是個天大的好消息，她對和自己合夥的朋友們說：「借力政策扶持，優惠券列印平臺可以有更大發展。」

方華也確實有了更大的發展，在被政府部門承認之後，她的優惠券平臺和中國移動等公司展開合作，開始了更新一輪的市場競爭。

天下「財」經

消費分為生產消費和個人消費。前者指物質資料生產過程中的生產資料和勞動的使用和消耗。後者是指人們把生產出來的物質資料和精神產品用於滿足個人生活需要的行為和過程，是「生產過程以外執行生活職能」。

二十世紀三〇年代，凱因斯把消費問題引入到宏觀經濟領域，他把消費看作是國民收入流通的基本形式之一。購買消費品的支出，稱為消費支出。從全社會看，一個人的支出，就是另一個人的收入，總支出等於總收入。社會總需求等於消費和投資之和，從總需求中去掉投資支出，就是消費支出。

人們的消費行為受消費心理的影響，比如從眾心理引發的消費、求異心理引發的消費、攀比心理引發的消費及求實心理主導的消費。故事中的優惠券之所以能夠暢銷，就是人們求實心理做引導的。

消費行為也可以分為三種類型：

一、計畫型：是按照家庭收入的實際情況和夫妻生活目標制訂計畫。

二、隨意型：這種類型的人完全按照個人喜好和臨時興趣進行消費，較少考慮整體消費效益，極容易出現盲目和浪費消費。

三、節儉型：消費時精打細算，能省即省，並且善於利用再生性消費。

財富名人堂

格爾曼·拉利阿·莫塔·維拉斯科（German Larrea Mota Velasco）：男，西元二〇一三年《富比士》全球億萬富豪排行榜上排名第四十名，淨資產一百六十七億美元。墨西哥人，從事有色金屬、礦業。以礦產業起家，逐步發展成當今墨西哥的礦業老大，礦產業在墨西哥有二十四個州具備發展的潛力。據分析，礦業的投資有百分之六十來自這位墨西哥礦業大亨。

恩格爾係數
富人的早餐

恩格爾係數，是指衡量食品消費支出佔總體消費支出額的比例。

每個人都有那麼一兩個有錢的朋友，子奇也不例外，阿寒就是他所有的朋友中最有錢的一位。

子奇和阿寒不在同一個城市裡居住，這天，子奇要到阿寒所在的城市出差，就打電話給阿寒：「阿寒，我要去出差，在你家住幾天行不行？」

「當然可以！」阿寒一口答應下來。

於是，子奇就拎著行李住進阿寒的家裡。

好朋友來做客，阿寒特別高興，當晚特地吩咐傭人多準備幾道菜迎接子奇。

自從兩人畢業分開之後，子奇和阿寒沒有見過面，只是從朋友們的口中聽說過阿寒做生意很成功，賺到了很多錢，這次到阿寒家中一看，他家裡的地板、裝飾、房間等，無一不是頂尖的。為了減輕妻子的壓力，阿寒還請了兩個傭人，一個負責照顧新生不久的嬰兒，一個專門負責煮飯。

家裡的飯菜很可口，特別是阿寒授意傭人做的那幾道菜更是讓子奇滿意極了，雖然自己的好友已經發達了，但還是記得自己喜歡吃的菜，僅這一點，子奇就特別感動。

出差結束了，子奇回到自己的城市裡，和他們一起長大的朋友大衛搞笑地問他：「這次去有錢人的家裡有什麼感想？」

「沒什麼了不起的，有錢人的家裡每天也就是吃那些尋常的菜色！」子奇不以為然。

「吃飯還能吃出什麼花樣來？」

「話不能這麼說。」子奇對大衛說，「我沒去之前，以為有錢人肯定每天都是吃山珍海味，結果去了才發現自己錯得多離譜，他家早餐也就是吃小菜、粥，有時候還沒我們家吃得好！」

「有錢人就是這麼節省，愛惜每一分錢，才會積存到更多的錢的。」大衛猜測說。

子奇撇了撇嘴，「人活一輩子，不就是為了比別人吃得好點嗎？」

大衛不同意他的看法：「他怎麼可能買不起，他吃得清淡，也許是為了讓家人更健康。再說，他家也許和你家吃的一樣，但你們的恩格爾係數肯定不一樣，要知道，恩格爾係數在某種程度上可以看出一個家庭的富裕程度的。富人的餐桌也許和平民的花費一樣，但他們用於食物的開銷肯定是比例較低的，他們的錢大多花在別的地方。比如他家的裝修、孩子的撫養以及日後的教育。」

子奇雖然聽得心裡不舒服，但還是點點頭贊同了大衛的說法。

天下「財」經

民以食為天，在滿足食物基本需求的情況下，消費的重心才會向別的方向轉化，所以恩格爾係數直接可以看出經濟的狀況。它既可以用來直觀地看到一個國家和地區的生活水準，也可以用來衡量一個家庭的生活狀況。

恩格爾係數越小，證明越富裕，財富越充足；恩格爾係數越大，證明經濟狀況越困難。

恩格爾係數是由德國的統計學家恩格爾根據大量實踐和經驗統計而出，用公式來表示，恩格爾係數（％）＝食品支出總額／家庭或個人消費支出總額Ｘ１００％

由於恩格爾係數直接反映一個國家的經濟狀況和人民生活水準，所以降低恩格爾係數是每個國家都在重視的方向，若想降低恩格爾係數，可以從三個方面努力：

一、要加快國家經濟發展，尤其增加低收入人群的收入水準，可以從國家層面有效降低恩格爾係數。

二、重視食品品質的穩定提升以及食品價格的上升速度。

三、加大宣傳力度，引導消費者合理消費，可以有效降低恩格爾係數。

財富名人堂

喬治娜．萊因哈特（Georgina Rinehart）：女，西元二〇一三年《富比士》全球億萬富豪排行榜上排名第三十六名，淨資產一百七十億美元。澳大利亞人，從事鋼鐵、礦業。於西元一九九二年繼承了父親的礦業公司，該公司當時境況不佳，在她的領導下逐步擺脫困境。她除了繼續擴大鋼鐵、礦石業務外，還在開發兩個煤礦產業，估計總價值高達一百五十億美元。

購買力
五十克朗能買到什麼？

購買力，指的是在一定的時間內可以用來購買商品的貨幣總額，也就是說在一定時期內對商品的購買能力的展現。

在瑞典生活多年的山本漸漸也學會了瑞典人招待客人的那一套做法，每次家裡有客人來，他都會到街角的法國麵包店裡買一條剛出爐的全麥長麵包，放在餐桌上，再擺上奶油和起司，供客人們現吃現切。

這一天，山本家裡來了幾位朋友做客，和往常一樣，山本又來到街角的法國麵包店中，選購了全麥長麵包後，山本來到收銀臺結帳。等待付款的時候，一張對摺的五十克朗出現在他的腳下。

面值50元的瑞典克朗。

山本蹲下撿起那五十克朗，拍拍前面男人的肩膀：「先生，這錢是你掉的嗎？」

留著長髮的瑞典男人摸摸自己的口袋：「我想不是我的。」

山本問了好幾個人，都是同樣的答案。

山本結完自己的麵包費用後，將那五十克朗交到收款臺的服務生手中：「這是我剛才撿到的五十克朗，我已經詢問過排隊的人，不是他們丟的，現在我把它交到你這裡，如果有人來尋找，請你代為交還。」

服務生滿口答應，將五十克朗放在「失物招領」的籃子裡，等待失主找上門來。

事實上，這樣的事情經常發生，服務生已經見怪不怪了。而真正丟了錢還找上門來的人數量很少，只是為了顧客的利益著想，瑞典的每個服務行業都會設有這樣的「失物招領」籃子。

回到家中，山本將這件事當作一個笑話在餐桌上向自己的朋友們講解，朋友甲說：「交給服務生，你怎麼知道他不會污走了？」

「不會的。」山本說，「瑞典人把自己的錢包看得很緊，很少丟錢，就因為能看緊自己的錢包，所以也尊重別人的錢包，他們撿到錢一定不會留在自己的手裡，如果有人來找，一定會歸還給失主的。」

「五十克朗能吃一頓高級自助餐了。」朋友乙說。

「是啊！還能去中國餐館吃兩盤炒菜。」山本的瑞典朋友丙也附和說。

「正因為這樣，才更要還給人家。」山本說，「如果是小朋友丟了，該有多傷心！」

山本的瑞典朋友頷首稱是，又開了個玩笑說：「幸好你是在麵包店裡撿到的錢，可以還給店員；如果是在街上撿到的，又是成捆的鈔票，那就要撥打一一二（瑞典報警電話）了，那說不定是黑社會的錢。」

眾人哈哈大笑，派對在一片歡聲笑語中正式開始了。

天下「財」經

由於購買力是藉由國民收入的分配以及再分配而形成的，即人們的薪水收入或者其他投資理財甚至補貼救濟的財政收入的貨幣，取決於貨幣本身的價值以及商品的價值和服務的價值，所以購買力的大小也從一個側面反映了一個國家經濟水準和政治地位的狀況。

購買力有很多類型，按照不同的依據來看有不同的分類方式，若是按照購買力的主體來看，有居民購買力和社會購買力；若是按照空間的分布，有城市購買力和農村購買力；若是按照購買商品的性質劃分，則有消費性材料購買力和生產性材料購買力；同樣，若是按照形成購買力的來源劃分，則有薪水、獎金、補貼、財政撥款、勞動收入等。

透過各種購買力在國家總購買力中的不同比例，可以分析購買力的結構是否合理，以及人們購買力的水準，並據此預測將來購買力的方向。

財富名人堂

約翰．馬爾斯（John Mars）：男，西元二〇一三年《富比士》全球億萬富豪排行榜上排名第三十六名，淨資產一百七十億美元。美國人，從事食品加工製造業。和兄妹小福利斯特及賈桂琳共同擁有銷售額三百一十六億美元的瑪氏公司；該公司是全球最大的糖果企業。這在一定程度上得益於公司在西元二〇〇八年以兩百三十億美元的價格收購口香糖生產商箭牌公司（Wm. Wrigley Jr. Company）。

政府救市
歐巴馬簽署救市計畫

政府救市，指的是當國家的整體經濟狀況惡化嚴重的情況下，政府透過稅收和監管，對經濟市場進行干預，用以刺激內需，促進經濟發展來維持正常的經濟秩序的政府性行為。

金融危機爆發之後，經濟學院的學生們就「政府是否應該救市」為論題展開了一場辯論。

堅持「政府不應該救市」的學生甲說：「亞當·斯密在他的著作《國富論》中曾經論述過關於市場萬能的理念，他認為市場是一隻看不見的手，當市場出現供需不等時，市場能夠透過價格來自動達到平衡。基於這個理論，政府開始在市場中扮演一個極其簡單的被動角色，只要市場能夠做到的事情，政府都不能直接插手經濟運作。」

堅持「政府應該救市」的學生乙說：「反方辯友說得好，但是你這個理論，在二十世紀三〇年代前沒有問題，但是三〇年代的大蕭條改變了這一切，人們眼睜睜地看著銀行關門、公司倒閉，但市場本身卻好像失去了自動平衡的能力。於是在那時起，羅斯福新政為後世開闢了政府干預主義的先河。」

甲說：「不能政府救市，在這場百年不遇的金融危機中，政府不應該放棄資本主義自由市場的原則，因為讓市場充分發揮自動平衡的能力，才能讓經濟自然增長。」

乙反駁道：「這次的金融經濟確實是百年一見的，正因為難得的一次，政府才需要在危機中發揮重要作用，在市場自動平衡能力稍遜的時候，正應該是政府大有所為的時候。」

……

辯論的最後，「政府應該救市」的學生獲得勝利。

而在現實生活中，美國總統歐巴馬就是利用行政手法來挽救美國的經濟。

在他上任不久，就進行了電視發表，他對全國民眾說：「美國正受困於史無前例的危機之中，需要採取前所未有的舉措……如不迅速、大膽行動，經濟嚴峻形勢可能急劇惡化。」

在這次發表之前的一週，美國申請失業者的人數創二十六年來新高。一些經濟分析師認為，如不採取應對措施，失業率將達到兩位數。這名新任總統承認，美國經濟規模可能縮水一萬億美元；對一個四口之家而言，意味著收入減少一萬兩千美元。

歐巴馬還警告說，由於越來越多的美國青年被迫放棄大學夢或就業培訓機會，美國「可能喪失一代人的發展潛力」。

基於這些情況，歐巴馬決定一個月內簽署擬議中的八千兩百五十億美元新經濟刺激計畫，來創造就業機會，促進經濟長遠發展。

天下「財」經

西元二〇〇八年金融危機席捲全球，大部分國家經濟都非常低迷，經濟衰退最直接的後果就是造成民眾的恐慌。在這種情況下，各國政府紛紛採取救市手段以刺激經濟發展。

主張救市的一派認為，政府如果不救市，經濟體系將全面崩盤；而反對救市的一派則認為政府不該動用納稅人的財富去為那些貪婪投資者的決策失誤而買單，這不該是民眾應該解決的問題，再者，投資者決策失誤，政府介入未必就能保證正確，若是持續經濟下滑，納稅人的資金又該誰來彌補。

兩派各有理由，實際上，應該兩面來考慮問題，政府救市具有合理性但要注意方式和方法。

財富名人堂

賈桂琳·馬爾斯（Jacqueline Mars）：女，西元二〇一三年《富比士》全球億萬富豪排行榜上排名第三十六名，淨資產一百七十億美元。美國人，從事食品加工製造業。糖果巨頭瑪氏公司的女繼承人，及其兩兄弟約翰和小福利斯特共同擁有瑪氏公司。

獨立董事
百度進軍日本

獨立董事，是指獨立於股權公司的股東之外，與公司及主要經營者沒有重要的業務關聯，也不在公司內部任職，卻能對公司事務做出獨立建議的董事。

當百度宣布進軍日本市場的時候，所有的朋友都為百度的老總李彥宏捏了一把冷汗，一位美國跨國公司的老總甚至公開表示說，百度選擇了世界上最難的一個市場。

在當時，百度僅僅是一個成立僅有七年多的公司，宣布進入日本市場，幾乎沒人相信，因為在這之前，沒有一家中國公司能真正進入日本市場。

但是當有一個人宣布將加入百度董事會擔任獨立董事一職後，之前不看好百度進軍日本市場的人，都對百度的未來放下心來，因為這個獨立董事的出現將會為百度帶來無限的可能性。

出井伸之是一位毀譽參半的管理人，他不僅被《財富》雜誌評為亞洲最有氣勢的經營者，還被《商業週刊》選為最糟糕的經理人。

這個人就是前索尼公司董事長兼首席執行長出井伸之。

百度老總李彥宏和出井伸之的初次見面是在西元二〇〇六年的新經濟領袖峰會上，那時候與會的人都是年輕的，出井伸之做為一個稍年長的與會者引起了李彥宏的注意。

後來，李彥宏就開始關注這個將索尼推向國際化的重要人物，在後來舉行的一次小規模的聚會上，他主動向出井伸之拋出提議，兩人有了一次深入的交談。出乎李彥宏的意料，出井伸之不僅知道百度，還有相當程度的瞭解。李彥宏就百度國際化的問題和他展開討論，出井伸之給出切實可行的意見。

這次的會面可以說是知音相遇，李彥宏回國之後一直思考如何將出井伸之拉入到自己的陣營中，終於在想清楚之後，他再次到日本拜見出井伸之，向他說出自己的想法，希望出井伸之能加入到百度的董事會中。

依舊是出乎李彥宏的意料，出井伸之很爽快地答應了。這之後，李彥宏又將出井伸之介紹給公司董事會中的其他幾位董事，大家對於網際網路的理念很接近，於是，整個董事會都以歡迎的姿態等待出井伸之的加入。

出井伸之在日本的影響力可以算是一個神話，無論是政界、企業界還是普通的日本民眾，都是對他敬仰有加。

據百度內部知情人士透露，有一次，李彥宏在日本發展中遇到一點小問題。出井伸之二話不說，立即表示：「我認識他們的領導者。」立刻撥通電話，幫百度擺平了麻煩。

除了在索尼擔任過要職外，出井伸之還擔任過日本銀行顧問、日本資訊產業戰略規劃委員會成員。他廣泛的人脈，將會讓百度在日本的道路越走越寬。

天下「財」經

獨立董事的制度源於二十世紀二〇年代的美國，由於水門事件，很多著名公司的董事都捲入這一醜聞，為了防止股東和管理層的內部控制並損害公司整體利益，美國法律提出了獨立董事制度並在全球迅速發展起來。

在最初設立的公司法中，董事分為內部董事和外部董事，若是再細分外部董事，則可分為有關聯的外部董事和無關聯的外部董事，這裡所說的獨立董事實際上就是無關聯的外部董事。正是由於其與公司不存在實質的利益關係，所以可以比較客觀理性地看待並處理問題。

獨立董事最根本的核心特徵就是獨立性和專業性，不僅要在各方面可以實現其獨立性，更要具有相當的專業能力，並能憑藉專業素質來獨立思考判斷並給出企業合理建議。

當然，獨立董事除了可以提出建議之外，還有其他權力可以行使，比如可以提名或任免其他董事；可以聘任或者解聘企業的高層管理人員；可以為企業董事和高層管理人員的薪酬提出自己的建議；可以干預公司章程制度中規定的一些事項等。

財富名人堂

福利斯特．馬爾斯（Forrest Mars）：男，西元二〇一三年《富比士》全球億萬富豪排行榜上排名第三十六名，淨資產一百七十億美元。美國人，從事食品加工製造業。糖果巨頭瑪氏公司的繼承人，與約翰和賈桂琳共同擁有瑪氏公司。

廣告
向對手致敬的開發商

廣告，是指為了某種特定的需求，花費一定的費用，透過一定形式的媒體媒介，公開向公眾傳遞某種資訊的一種宣傳手法。

第二次世界大戰後，日本境內很多地方都被摧毀，但對建築業來說，卻是個機遇。

日本的間組公司是一家專門經營建築大壩的公司，被業內稱為「大壩之王」。在第二次世界大戰之後，間組公司決定進軍建築業，可是日本當時的建築業已經有了五家超級大鱷，只要提起蓋房子，人們都會想到這五家公司。

間組公司的董事長神部滿之助是個性格特別倔強的人，只要他認定的事情，從來不會放棄，即便是面對如此困難的局面。他堅持帶領公司進入建築業，但他自己明白，別說是那五家公司，比間組強的公司還有好多家。神部滿之助認為，目前最重要的事情，不是和五大公司競爭，而是如何擺脫眾多的建築公司而躋身五大公司行列。

從決定進軍建築界到想出辦法，神部滿之助用了一個半月。而他想出的這個辦法，幾乎被所有人都看作是「最愚蠢」的。他找到日本的各大報社、電視臺、電臺等媒體，向他們支付鉅額的廣告費，要求各大媒體以間組公司的名義做廣告，但是他對廣告提出了一個特別的要求，要將五大公司巧妙地排在他公司名字前。這樣的廣告要求，對廣告高手來說，自然是手到擒來，一週後，間組公司的廣告就在全日本鋪天蓋地的向民眾展示了。

和神部滿之助設想的一樣，廣告剛一出來，業界就傳來了很多嘲笑聲：「這個白癡，竟然出錢幫別人打廣告！」

而五大公司雖然覺得意外，但大篇幅的廣告對自己來說，是沒有什麼損失的，也就沒有探究神部滿之助的做法。

廣告的宣傳力度很大，日子久了，大家對這個廣告有了兩種截然不同的看法，業界人士看到神部滿之助就開始嘲笑他：「你是第六大公司的經理嗎？」

神部滿之助也不生氣，事實上他很喜歡聽到「六大公司」這個詞。這個時候，神部滿之助的所有對手顯然都還不知道這幾個字的含意。

漸漸地，開始有人找間組公司承建大樓了，對建築業以外的民眾來說，由於廣告的作用，他們已經把間組公司看作是和五大公司一樣的建築業大鱷了。

很快，找間組公司建樓的人越來越多，那些小公司和五大公司這才明白廣告的作用，但為時已晚。

天下「財」經

美國廣告主協會提出廣告是：「付費的大眾傳媒，最終目的是傳遞資訊，改變人們對廣告商品或者事物的態度，並促使其行動產生消費而為廣告主帶來收益。」廣告是市場經濟的產物，隨著商品生產和交換而出現，世界上最早的廣告是用聲音進行的，也就是最原始的叫賣廣告形式，而中國也是世界上最早使用廣告的國家之一。

廣告最核心的本質就是傳播，而傳播的目的是為了商品的銷售，所以廣告具有幾個顯著的表現方式：

一、做為一個傳播工具，將商品資訊由廣告傳遞給消費者。

二、廣告必須是有目的而且有計畫性的，並且是連續的。

三、做廣告是需要花費的，廣告的傳播內容應該是具有說服性的。

四、廣告其實不僅對廣告主產生利益，對消費者來說也是可以獲得需要的有效資訊的，是雙贏的。

由此可以看出，廣告的顯著特點是：傳播性、價值性和說服性。

財富名人堂

伊里斯．馮特博納（Iris Fontbona）：女，西元二〇一三年《富比士》全球億萬富豪排行榜上排名第三十五名，淨資產一百七十四億美元。智利人，從事有色金屬、礦業。丈夫於西元二〇〇五年因癌症去世之後，她繼承了財富。控制著世界上最大的銅礦之一 Antofagasta，她的兒子讓．保羅現在是公司的董事長。

CIS 系統
專屬於小資的咖啡

CIS，英文「Corporate Identity System」的縮寫，是指企業或者機構的形象識別系統。

「我不是在星巴克中，就是在去星巴克的路上。」這是曾經在網路上非常流行的一句廣告詞，它足以說明星巴克在年輕人心目中的地位。

「品牌本位論」認為，品牌不僅是產品的象徵，而且有自己的內容，是其基本內容的標識，品牌是代表特定文化意義的符號。星巴克咖啡更是這一理論的忠實擁躉，有人說星巴克咖啡不僅僅是咖啡，而是文化和知識的結合體。

星巴克（Starbucks），西元一九七一年成立，為全球最大的咖啡連鎖店，其總部坐落在美國華盛頓州西雅圖市。

在星巴克咖啡創立之初，他的設計者們曾經就兩個問題展開過討論，後來星巴克咖啡的成功更是證明了他們對於這兩個問題的「糾纏」是有多麼明智。

第一個問題，市場上的咖啡那麼多，為什麼星巴克咖啡能夠取得一席之地？

星巴克咖啡的創始人在肯德基、麥當勞的身上找到了答案。眾所周知，這兩家在速食界可謂是龍頭老大，它們和星巴克咖啡一樣——來自美國。

星巴克咖啡的創始人認為，既然這兩家速食店可以連鎖，那麼為什麼咖啡不能？更何況咖啡提供的是更高一層的服務：讓人更有涵養，更懂得享受。星巴克咖啡不僅僅能讓人休閒娛樂，還能在這裡辦公。咖啡廳的環境不能太正經、嚴肅，這樣一旦雙方商談不攏，會造成尷尬和壓力；而一杯咖啡就能談妥的生意，精明的生意人肯定不會破費去餐廳增加成本。

連鎖的問題解決了，第二個問題浮現了：咖啡太常見了，如何定位連鎖咖啡店？

星巴克，這個名字來自於美國作家麥爾維爾的小說《白鯨》，這部小說中有個處事冷靜、極具性格魅力的大副就叫做星巴克，他的嗜好就是喝咖啡。從這個名字出發，其實就可以看出星巴克咖啡的定位。雖然麥爾維爾在美國和世界文學界的地位很高，但是閱讀過他的書的人很少，他的讀者群主要是受過良好教育、有較高文化品味的人。因此，星巴克咖啡透過它的名字明明白白地告訴了消費者：它們想要服務的是注重享受、受過高等教育的、富有小資情調的城市上班族。

基於這些理念，星巴克咖啡透過全球連鎖加盟、統一標誌等方式，迅速擴張，最終使得自己成為咖啡店界的大亨。

天下「財」經

CIS 是「企業形象識別系統」（Corporate Identity System）的簡稱，是在二十世紀六〇年代由美國 IBM 公司率先使用的，它是指把企業的經營理念和文化內涵進行統一的設計，整合成整體的視覺表達體系以傳遞給企業內部員工及廣大民眾，使其產生對企業的認同感，從而形成企業的良好社會形象，最終達到促進產品服務銷售的目標。

CIS 的構成核心因素是理念的識別，是為整個視覺表達系統奠定基本的理論和行為準則的，包括企業的核心價值觀、企業文化、經營理念、市場定位、組織架構等。圍繞理念識別，再進行行為識別和視覺識別的設計，比如一些產品研發、市場調查研究、行銷活動等設計，以及企業名稱、標誌、企業象徵的圖案、宣傳的口號等，這些統一結合，才能真正展現出企業的特色。

CIS 的建立不僅對企業的辦公、生產、管理、行銷、包裝、廣告等系統形成規範統一的管理，更能因此而調動企業員工的歸屬感和認同感，從而提高企業的凝聚力。

財富名人堂

阿利舍爾·烏斯馬諾夫（Alisher Usmanov）：男，西元二〇一三年《富比士》全球億萬富豪排行榜上排名第三十四名，淨資產一百七十六億美元。俄羅斯人，從事鋼鐵、通信營運、金融、投資業。一直擔任歐洲和俄羅斯擊劍協會的主席。他也是俄羅斯首屈一指的富豪，西元二〇〇八年二月，他入主英超阿森納俱樂部，成為該俱樂部的大股東。

品牌
醫生犯下的「美麗錯誤」

品牌，是指公司或組織的名稱、產品或者服務的一種商標，是有別於其他競爭對手公司的識別標誌和價值理念，也是公司獨特的無形資產。

炎炎夏日，人們最希望得到的飲料是什麼？據有關資料顯示，在最熱的時候，全世界每一秒鐘大約有一萬多人在同時享用可口可樂。

如今的可口可樂具有如此大的市場佔有率，可是當初它的誕生卻是一個意外。

有一次，一位醫生給自己的病人看病，臨走的時候，他拿了一瓶可以緩解頭痛、鎮定情緒的藥水讓病人帶走。

當天晚上，醫生就被一陣急促的敲門聲驚醒了。白天拿走藥水的那位病人又回來了，他舉著手中的瓶子說：「大夫，再給我一點藥水吧！」

醫生聽後，在他的瓶子裡裝了整整一瓶藥水。

第二天，病人帶著一大群人來到醫生的診所，說要買前一天一模一樣的藥水。

醫生感到很奇怪：「你們家中的人都生病了嗎？為什麼要買這麼多的藥水？」

「不是的。」一個舉著瓶子的男人說，「你的藥水很好喝，我們打算開派對！」

「病人」們走後，醫生好奇地喝了幾口自己的藥水，發現口味還真是不錯。

「這個藥水能不能更好喝一點呢？」

醫生試著往藥水中加入糖漿和水，然後再加上冰塊，這下「藥水」就變得更好喝了。

醫生招呼自己的助手來品嚐，助手在倒藥水的時候，不小心打翻了碳酸水，碳酸水滴到「藥水」中，醫生嚐了一下，覺得「藥水」比之前更好喝了。

一張西元一八九〇年廣告海報，一位穿著精美衣服的女子在飲用可樂。廣告語為「花五美分喝可口可樂」，作品中的模特兒為希爾達．克拉克。

帶著新型「藥水」，醫生來到之前瘋狂購買藥水的「病人」中，請他們嘗試新型「藥水」。眾人嘗試之後，都說比之前的藥水更好喝。

醫生看到市場反應這麼好，就大膽做了一個決定，開了一家「藥水」製造廠，因為「藥水」中含有兩種成分，古柯（Coca）的葉子和可拉（Kola）的果實，醫生便將自己的「藥水」命名為 CoCa-

Cola，每份可口可樂的售價為五美分。

六年後，可口可樂公司的創始人以兩千三百美元取得可口可樂的配方和所有權，透過促銷活動，贈送日曆、明信片、剪紙等大量贈品，使得「可口可樂」這個品牌迅速為人所知；西元一九一九年，「可口可樂」公司以當時的天價——兩千五百萬美元，被賣給歐尼斯伍德瑞夫財團。

從此，這個醫生犯下的「美麗錯誤」，正式踏上了國際舞臺。

天下「財」經

品牌包括品牌名稱、品牌的角色、商標和品牌標誌，在牛津詞典中被定義為「用來證明所有權，做為品質的象徵或其他用途」，也就是用以區別和證明不同產品的品質。

品牌具有顯著的特徵是：

一、品牌是一個企業專有的，是經過法律程式認定的。

二、品牌是一個企業核心競爭力的一種展現，是企業的無形資產。

三、品牌通常都是視覺、聽覺和感覺到的，並不是實際的商品或實體。

四、品牌具有擴張性，一個產品或者一個企業可以運用優秀品牌來擴大市場佔有率。

五、品牌也有風險，尤其是在品牌的成長過程中，由於各種原因也有可能造成品牌的風險和不確定性。

品牌對一個企業來說是非常重要的，很多創業的企業都希望可以打造自己的品牌。因為品牌不僅是一個企業及其產品核心價值的表現，更是識別其商品品質和信譽的保證，所以，品牌可以為企業帶來高額的利潤，是企業名副其實的「搖錢樹」。

財富名人堂

豪爾赫·保羅·雷曼（Jorge Paulo Lemann）：男，西元二〇一三年《富比士》全球億萬富豪排行榜上排名第三十三名，淨資產一百七十八億美元。巴西人，從事飲料製造業。巴西啤酒釀出的億萬富翁，世界上最大的啤酒製造商最大的股東之一。雷曼成功的祕訣在於：對金融回收的堅持，對實體營運成果的執著。

國庫
道光帝的絕望

國庫，是國家存放實物、黃金和貨幣的庫房，承擔著保管和管理國家財政資產及負債的重大責任，並藉此來反映一個國家的經濟預算與經濟執行狀況的眾多國家財政職能。

道光二十三年，道光帝已六十二歲高齡。多年勞心操持，使他蒼老得異常快，此時他疲憊至極，寢食難安。然而，他面臨的最大內憂來自財政方面，持續兩年之久的鴉片戰爭耗盡了三千萬兩白銀，戰後賠款對大清的財政狀況更是雪上加霜。兩三年間，用於戰爭、賠款、治河的支出合計將近七千萬兩白銀，而當時國家每年的總收入僅有四千多萬兩。

道光皇帝情殷鑑古圖

道光帝，這個以節儉聞名的皇帝，心疼得要命。當時戶部銀庫存銀僅一千萬兩多一點，這已經是大清開國以來的最低值了。無論如何，這筆錢是不能再動了，道光帝想，畢竟國家是需要有點儲備金的。

怎料，現實給了道光帝又一個打擊，國庫是空蕩蕩的，這一千多萬兩存銀僅僅是帳面數字！本以為國家還有一千多萬兩的國庫餘存，一查驗就成了泡影，可以說是一貧如洗。

道光帝命令大臣們介入調查，一定要查個水落石出。事實上，銀子是誰拿的，宮裡的太監、宮女們最瞭解，只是他們誰都不會、也沒有機會向道光帝說明。

這些拿銀子的人就是庫兵。因為除了庫兵，誰也接觸不到銀子。

可是，一千萬兩白銀要是用現代載重四噸的中型卡車運，能裝滿一百車，這些庫兵敢明目張膽地從戒備森嚴的銀庫運走如此多銀子嗎？更何況，庫兵如要進入銀庫，即便是嚴冬，也要脫去衣褲，進庫後再換穿庫內的衣褲；做完工作出庫時，再脫光衣服，庫門口有一個板凳，庫兵光著身子跨過板凳，兩手往上一拍，大喊一聲「出來」，然後就可以穿上來時的衣服，下班回家了。

跨板凳、舉手、拍手、高喊，是為了表明自己體內、腋下、嘴裡、手中沒有夾帶銀子。

乍看庫兵無機可趁，其實不然。

據說偷銀子的辦法有兩個：

第一個是以股道藏銀，這個辦法是在天熱時使用。庫兵把銀子透過肛門塞入體內帶出國庫，一次最多能塞八十兩，能忍受三十分鐘。

第二個辦法是茶壺往外帶銀子。壺裡有水，把銀子放在茶壺裡，出庫時打開茶壺蓋，將茶壺往下一倒就過去了。實際上，銀子堵在茶壺裡，當然倒不出來。

其實，庫兵還是有別的辦法的，這樣一來，積少成多，銀庫的銀子不知不覺間就被盜了很多。

經過大臣勸解與開導，道光帝也逐漸從激憤萬分中平靜下來。他想從大臣們身上撈回這筆銀子，但追繳的結果很不理想，部分大臣無力承擔自己的「國債」，道光帝也只好延長期限。

國庫空虛的案子讓道光帝很絕望，一來他是個節儉的人，二來如此大案竟然找不到罪魁禍首。他開始迴避矛盾重重的現實，最終還是無可奈何地接受了大清王朝沒落的事實。

天下「財」經

國庫通常分為財產國庫和財政國庫兩大類，財產國庫是一個國家所有國有資產的總和，而財政國庫則是由國家的財政部保管執行並負責的。每個國家都有自己的國庫制度並且是嚴格執行的，而國庫所選擇的的儲存地點更是嚴格執行祕密安全的基本原則。

現代國庫具有更多的經濟職責，主要表現在：對政府預算甚至預算外資金的嚴格監控；對政府資金及其資產的運作進行嚴格的財務核算及管理；對政府及政府所有部門的銀行帳戶的嚴格監控；處理與政府相關的貨品及服務的支付；管理預算執行過程中的現金流動等。

由於國庫的特殊性及重要性，對於國庫風險的防範顯得重中之重，不僅要做好基礎的管理防範，更要在法律及技術層面做好嚴格防範。

財富名人堂

阿爾貝托．巴伊雷斯．岡薩雷斯（Alberto Bailleres Gonzalez）：男，西元二〇一三年《富比士》全球億萬富豪排行榜上排名第三十二名，淨資產一百八十二億美元。墨西哥人，從事有色金屬、礦業。透過他的控股公司巴爾集團經營著多元化帝國。他是墨西哥第二大礦業公司佩諾爾斯工業公司的董事長，該公司是全球最大的銀礦企業之一。

財團
不可見的家族

財團，指的是由少數金融巨頭所控制的大銀行和大企業結合成的壟斷性金融資金集團，通常是由一個或者幾個家族集合組成。

西元二〇〇八年，全球幾乎所有富豪的資產都縮水超過百分之五十，但也有一些財團躲過了一劫，在經濟危機中受到的損失非常有限。

瑞典的瓦倫堡家族就是一個鮮明的例子。

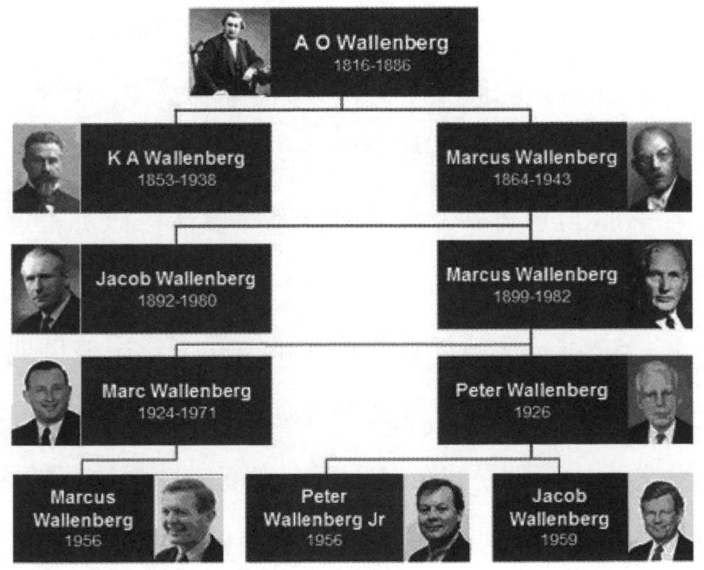

瓦倫堡家族圖譜。

在瓦倫堡家族中流傳著一句話：存在，但不可見。因此，它的家族成員很少被世人所知，但它旗下的公司卻都是大名鼎鼎，比如說，ABB、阿斯利康、阿特拉斯・科普柯、伊萊克斯、愛立信、胡斯華納、薩博、瑞典北歐斯安銀行等。

瓦倫堡家族從西元一八四六年開始從事航運業，到現在為止，已經延續了一百六十多年了。任何一個財團經歷這麼久的時間，都會累積到專屬於自己的經營經驗。這百年發展史中，瓦倫堡家族的財富累積與保全有賴與時俱進的實業擴張、廣闊的政治人脈，但其金字塔型隔絕債務的公司架構、不斷緊跟全球趨勢變化調整的資產結構、透過基金會等方式傳承財富的技巧，同樣發揮著重要作用。

瓦倫堡家族的第一次擴張是在西元一八七七年瑞典經濟衰退時期開始的，當時，SEB 公司正陷入了流動性困境，為了挽救這些公司，SEB 公司對部分企業進行「債轉股」，由此成為阿特拉斯・科普柯、斯堪尼亞等一大批公司的股東。到了十九世紀九〇年代末，瓦倫堡家族已控制瑞典股票交易所上市公司百分之四十的股份，成為富可敵國的大財團。在瑞典的商業界，幾乎沒有哪件事情可以逃得過瓦倫堡家族企業的參與。

西元一九〇二年，瓦倫堡家族旗下的 ASEA 公司在瑞典市場受到了德國公司的威脅，瓦倫堡家族甚至成功遊說瑞典政府將電力設備的進口稅從百分之十提高到了百分之十五，從而成功擊垮了德國公司。

瓦倫堡家族的第二次擴張也和大蕭條有關，那是在西元一九二九年的大蕭條時期，瑞典約有三分之一的公司都在這次大蕭條中倒閉了，瓦倫堡家族以極低的價格購買了一些雖然暫時虧本但很有潛力的公司，幫這些公司度過難關之後，就是這些公司開始為瓦倫堡家族賺錢的時候，其中，瓦倫堡家族一克朗收購的阿斯特拉公司在西元一九九八年和英國製藥公司合併後，一躍成為世界上第三大製藥公司。

在西元二〇〇八年的金融危機中，瓦倫堡家族家族再次面臨投資機遇，在危機中一樣表現良好，由於有充裕的現金儲備，銀瑞達在西元二〇〇八年不斷增持旗下各家公司股票，從二〇〇七年第二季至二〇〇八年第三季共為此出資五十九億七千九百萬瑞典克朗，由此不僅攤薄了持股成本，也穩定了旗下公司股價，保持了自身的資產穩定。

天下「財」經

故事中的瓦倫堡家族是世界上數得上名次的幾大財團之一。這類的組織不僅可以利用自己的資產生財，也利用其所控制的他人大量資本來獲得高額的壟斷利潤。

財團中的核心是法人，在大陸法系中，法人分為社團法人和財團法人。財團法人制度的產生是從羅馬時期開始的，真正確立是在歐洲中世紀時期，這個時期也是財團法人發展的最重要的階段。十九世紀之後，大陸法系形成了大量的法典，在這些法典發展過程中，財團法人制度才最終以法律形式確立出現。

財團具有很明顯的特點，比如其原本濃重的家族色彩的淡化，由於大的財團都由單一家族轉為多家族共同控制，所以財團變得更社會化而不僅僅是家族化；財團的實力非常強大，由於資本量的龐大，不只是控制一個行業的發展，而是遍及各個領域；財團尤其是大的財團對於國家的控制影響也越來越大。

財富名人堂

小西奧．阿爾巴切特及其家族（Theo Albrecht Jr & family）：男，西元二〇一三年《富比士》全球億萬富豪排行榜上排名第三十一名，淨資產一百八十九億美元。德國人，從事零售業。小西奧．阿爾巴切特和他弟弟貝特霍爾德的繼承人，繼承了德國折扣連鎖超市阿爾迪集團和美國折扣雜貨零售商喬氏超市。這兩家私營連鎖超市在九個歐洲國家和美國共設有五千多家門市，在西元二〇一一年的營收預計為三百五十億美元。

幸福指數
偷走長工的快樂

幸福指數，是一種心理的體驗，衡量的是人們對自己生存和經濟發展情況的感受和體驗，也是在對生活滿意的基礎上所產生的一種積極的心理感受。

從前，有個財主，他家雇了一名長工。

這個長工心態很好，雖然寄人籬下為人奴役，但每天都開開心心的，總是樂呵呵地哼著小曲進進出出的工作。

再看看財主，雖然有很多錢，但他每天都愁眉苦臉、唉聲嘆氣，見誰都笑不出來。

兩相對比，財主的老婆不滿意了，某天躺在床上對財主說：「你有那麼多錢都高興不起來，還不如那個窮小子呢！看來，你日子過得還不如長工！」

財主呵呵一笑：「想讓他不高興，那還不容易，妳好好看著吧！」

當天晚上，在長工睡著之後，財主溜到廚房裡，在灰倉裡埋了九十九個大洋。財主心中暗想，明天一早，當長工看到這些大洋之後，一切都會變得不一樣了。

第二天清晨，財主還沒起床，長工就趕著驢車到灰倉裡運草木灰去肥田。這是長工每天一大早的工作，他做得漫不經心，但就在這時，一堆白花花的銀子從灰裡露了出來。

「天哪！這麼多錢，一定是老天爺可憐我，給我的賞賜！」長工四下看了看，發現沒人看他，就將九十九個大洋拿出來，放到衣服裡藏好帶回房間。

他在房間裡找了很久，終於找到一個自認為安全的地方，把錢全部藏起來。

這一天，長工一直在想，這些錢該怎麼辦呢？是先給自己娶個媳婦？還是買個耕牛，或者買塊好地？要嘛先湊夠一百大洋？

長工白天想完晚上還要想，有時候自己不放心，還會把錢從藏匿的地方翻出來，偷偷數一遍，看有沒有少一個。

日子久了，財主家裡真的沒有長工的笑聲和歌聲了。

財主的老婆奇怪地問：「這個窮小子怎麼不唱歌了？」

財主就將最近發生的事情一五一十地告訴了老婆。

財主老婆揪著他耳朵就罵：「你這個蠢貨，錢送到他手裡，不是白白丟了嗎？早知道你這麼做，還不如聽他唱歌呢！」

長工這邊也難熬，他每天都在想那九十九個大洋，想得自己都快要崩潰了。

最後，他還是咬咬牙將九十九個大洋送到財主手中，說自己在灰倉裡發現的。

交還了九十九個大洋的長工覺得心裡如釋重負，又恢復了往日的歡聲笑語。

財主也很高興，他不僅向老婆證明了自己的正確，而且也沒有丟失銀子。

天下「財」經

幸福指數的概念是由不丹國王最早提出並逐漸實踐的，這一概念被稱為「不丹模式」而受到世界範圍的廣泛關注。

在對幸福指數的研究中，涉及了哲學、社會學、心理學、經濟學等各個不同領域，很多專家認為應當將其做為國家制訂發展規劃以及社會經濟政策的一個重要的參考因素，這樣可以促進 GDP 的增長，提高國民的生活品質。

由於不同的文化、年齡、民族對幸福的體驗都是不同的，在一系列複雜的聯繫當中，有三個重要的影響因素：

一、個體安全感的體驗，尤其是擁有大部分財富的富人們往往由於對其資產的不安全感而影響了幸福指數的高度。

二、每個人成就動機不同，對幸福的體驗也是不同的。

三、不同的人群由於心理因素而有可能對幸福的理解都是不同的，其所體驗到的幸福指數自然也是有所不同。

財富名人堂

喬治．索羅斯（George Soros）：男，西元二〇一三年《富比士》全球億萬富豪排行榜上排名第三十名，淨資產一百九十二億美元。美國人，從事金融、對沖基金業。索羅斯基金管理公司和開放社會研究所主席，是外交事務委員會董事會前成員。他以在美國募集大量資金試圖阻止喬治．布希的再次當選總統而聞名。西元二〇一三年九月二十二日，八十三歲的「金融巨鱷」索羅斯與四十二歲的日裔女子多美子．博爾頓結婚。

加盟
麥當勞的高速發展

加盟，是指參加某一個企業或組織，從而可以進入特定的商業領域的契約經濟活動。

西元一九三七年，狄克．麥當勞與兄弟麥克．麥當勞在洛杉磯東部開了一家汽車餐廳。他們的漢堡味美價廉，深受消費者喜愛。雖然每個漢堡只賣十五美分，但年營業額仍超過了二十五萬美元。

隨著汽車餐廳越來越多，麥當勞兄弟大膽進行特許經營，開始出售麥當勞餐廳的特許經營權。最初的一個加盟者僅花了一千美元就得到了特許經營權，但他得到的幫助也不過就是新建築的設計、一週貨

位於加州聖博納迪諾、由麥當勞兄弟所開設的麥當勞創始店舊址，目前是一間由當地的餐廳業者所開設的美國六十六號公路（Route 66）紀念博物館。

款和快捷服務的基本說明，其他什麼都沒有。隨後加入的十幾家店都一樣，他們隨心所欲地改變麥當勞的味道，嚴重損害了麥當勞品牌的聲譽。

在這樣的情況下，克羅克找到了麥當勞兄弟倆，希望得到他們的支持，成為麥當勞在全美的唯一代理商。

麥當勞兄弟起初是不答應的：「我們為什麼要把這麼大的權力下放給你一個人呢？」

「因為我能讓你們賺更多。」克羅克當時只是一個紙杯和混拌機的推銷商，但是對於麥當勞巨大的發展潛力，他比麥當勞兄弟還要清楚。當時美國小家庭日益普遍，家人一起出門的次數增多，生活節奏越來越快。克羅克知道，像麥當勞這樣乾淨衛生、經濟實惠、品質優良、方便快捷的快捷餐館，一定會大受歡迎。

克羅克用自己的構想說服了麥當勞兄弟，當年他就成立了特許經營公司——麥當勞公司系統公司（西元一九六〇年改名為麥當勞公司）。

克羅克在芝加哥東北部開設了第一家真正意義上的現代麥當勞特許經營店。該店展現了克羅克對速食店的理解，他也希望將這個店做為樣板。

對於麥當勞的加盟，克羅克也不像麥當勞兄弟那樣隨意，他創造了 QSCV 的統一經營系統，所有麥當勞加盟店的漢堡種類、品質、價格都必須一致，甚至店面裝修與服務方式也完全一樣。加盟店使用的調味品、肉和蔬菜的品質都由總店（特許經營總部）統一規定標準，製作程序也完全一樣。

克羅克加入麥當勞的兩年後，麥當勞兄弟以兩百七十萬美元的價格將麥當勞全部轉讓給了克羅克，從此，麥當勞走上了以加盟方式快速發展的高速路。

天下「財」經

加盟的形式多種各樣，通常有自願加盟、委託加盟以及特許經營加盟。在所有的加盟形式中，共同的特點是所有參與及發起的企業都具有統一的經營理念、企業的形象識別系統、商品及服務，以及統一的經營管理模式，尤其是經營管理的標準性、獨特性、專業性及簡單性，都是加盟一個連鎖企業成功與失敗最重要的關鍵因素。

連鎖加盟具有其鮮明的特點，比如一定要有一個商業特許權的擁有者，即連鎖加盟的發起方，這個特許權擁有者可以以產品、服務、技術、專利、標示等做為加盟的特許權。在發起方與參與方之間，必須簽定法律合約以維持雙方的合作關係。特許權擁有者必須給參與者提供一整套的經營系統並授權參與者使用其開創的商標、店名、產品等，而加盟的參與者則需要向特許權擁有者繳納一定的費用以獲得特許權的使用，並嚴格遵守其一系列規定的營運方式，不得擅自修改。

財富名人堂

迪特爾·施瓦茨（Dieter Schwarz）：男，西元二〇一三年《富比士》全球億萬富豪排行榜上排名第二十九名，淨資產一百九十五億美元。德國人，從事零售業。德國知名零售商 LIDL 的董事長兼首席執行長，率領公司與 ALDI 一起將世界零售巨頭沃爾瑪趕出德國。

併購
波音收購麥道

併購，是兩家或兩家以上的企業、公司合併組合成為一家企業，或者由實力佔優勢的一家企業吸收另一家或者多家其他公司的過程。

獲得諾貝爾經濟學獎的史蒂格爾教授在研究中發現：世界最大五百家企業全是透過資產聯營、併購、收購、參股、控股等方法發展起來的。也就是說，一個企業如果只靠自己緩慢的資本累積，做大的可能性很小。

波音公司在西元二〇〇九年收購麥克唐納－道格拉斯公司（簡稱麥道公司）的故事就能充分說明這一點。

波音公司，於西元一九一六年在美國芝加哥市創建，建立之初以生產軍用飛機為主，並涉足民用運輸機。現在，其客戶分布在全球九十多個國家。就銷售額而言，波音公司是美國

波音公司總部。

最大的出口商之一。做為美國國家航空航天局的主要服務提供商，波音公司還營運著太空梭和國際空間站。

而被收購的麥道公司實力也不可小覷，公司初建時，業務僅限於轟炸機的設計，規模有限。五〇年代初，接受國家軍事部門訂貨，獲利頗豐。六〇年代中期以後，還承包了外太空計畫、雙系星座計畫等，並把它用於製造軍用飛機的技術轉向生產民用飛機，主要生產DC-9和DC-10民用噴氣式飛機。公司除生產軍用和民用飛機、火箭、導彈外，還從事太空船電子系統設備、電腦、資料處理設備、微波真空設備、太陽能 、風力發電設備等多種經營。西元一九九二年資產為一百三十七億八千一百萬美元。

在西元一九九六年之前，世界航空製造業由原來波音、麥道和空中客車三家壟斷，而在西元一九九六年之後，世界航空製造業就變成了波音公司和空中客車兩家之間進行超級競爭。造成這種現象的原因很簡單，波音公司斥資一百三十億美元併購了麥道公司。

這起併購案對空中客車來說，是極具威脅的，新的波音公司甚至對整個歐洲的飛機製造業都造成了嚴重的威脅，各國政府和企業都感到不安。西元一九九七年，歐洲委員會正式發表不同意這起併購的照會；同年七月，來自歐盟十五個國家的專家強烈要求歐洲委員會對這項併購案予以否決。

一時間，波音公司面臨著爆發大戰的危機。最後，為了完成併購，波音公司不得不付出了三個代價以滿足歐盟的需求。

代價一：波音公司統一放棄三家美國航空公司今後二十年內只購買波音飛機的合約。

代價二：波音公司接受麥道軍用項目開發出的技術許可證和專利可以出售給競爭者（空中客車）的原則。

代價三，同意麥道公司的民用部分成為波音公司的一個獨立核算單位，分別公布財務報表。

西元一九九七年八月，距離提出併購已經過了一年半，波音公司終於被歐盟批准併購麥道，至此，世界航空製造業兩霸相爭的新格局正式開啟。

天下「財」經

企業的併購是非常複雜的專業投資，在國際上被稱為「財力與智力的高級結合」，不僅如此，併購在高收益的同時也伴隨著高風險，比如融資的風險、經營的風險、債務的風險、法律的風險及違約的風險等。

併購行為的產生根本是源於企業的進一步發展和擴張的選擇，儘管會有很多不確定因素和風險存在，但是透過併購卻可以讓企業優勢結合，規避不足，以實現企業的持續發展。

對企業來說，選擇併購通常是源於以下幾個原因：

一、要提高市場佔有率，從而提升行業內的地位。

二、為了擴大生產經營的規模從而降低生產成本。

三、為了爭取廉價生產原料和勞動力，從而增強企業的競爭力。

四、取得先進的技術、經驗、專業人才及網路來實現本企業發展的目標。

五、提高企業知名度以獲得高額的利潤。

六、透過併購可以實現跨界經營和企業的多元化發展，從而分散投資人的投資風險。

財富名人堂

阿爾瓦利德・本・塔拉勒・阿蘇德王子（Prince Alwaleed Bin Talal Alsaud）：男，西元二〇一三年《富比士》全球億萬富豪排行榜上排名第二十六名，淨資產兩百億美元。沙烏地阿拉伯人，從事金融、投資業。沙特已故國王法赫德的姪子，他是石油王國沙烏地阿拉伯的一名王儲，富可敵國。可是他卻雄心勃勃投身商界，自己創業，做的卻不是沙特傳統的石油生意，而是廣泛投身其他的商業領域。

境外投資
新型定投產品

境外投資，是投資者透過購買貨幣、實物、證券、技術、股權、債權及資產等，獲得境外的資產所有權、經營管理權和其他權益的經濟活動。

秦先生最近收到了一則簡訊，內容是說，目前有一種投資海外的基金，投資人只需要每年投入五十萬元，在二十年後就能得到四百五十萬元的回報，年回報率超過百分之四十五。

朋友們都說這肯定是個騙局，但秦先生還是想去瞭解一下，就約朋友一起到了一棟辦公大樓內。

發簡訊的這家公司坐落在著名的辦公大樓區內，公司裝修得十分豪華。員工大部分都是理財師，他們的工作就是不停地向客戶推薦他們的高收益理財產品。

接待秦先生的理財師介紹說，公司發簡訊介紹給客戶的產品是一種定投理財產品，投資者每個月都需要投入一定的資金，這些資金會託付給瑞士的一家金融機構，這家金融機構會根據用戶的需求將資金進行分散投資，涉及領域包括債券、股市、商業等各個行業。

陪同秦先生前來的朋友也是從事投資行業的，他聽完介紹後問理財師說：「你們的產品收益率大概是多少？」

理財師介紹道：「我們公司主推的產品一共有四款，預計收益率最低的產品是百分之十，最高的會超過百分之二十五。雖然在三五年內可能會有一些動盪，但是如果長期持有，一定會維持這個收益的。」

秦先生點點頭表示瞭解，問理財師：「如何購買你們的產品呢？」

「這個很簡單。」理財師拿出公司產品流程圖講解說，「您如果選擇了我們的產品，需要先在我們規定的瑞士銀行開個帳戶，將資金轉到境外後，負責具體操作的瑞士金融機構就會按照您的要求進行組合投資了。」

出了理財公司，朋友對秦先生說：「這家公司其實就是一家獨立第三方理財機構，像這樣的公司，市場上有很多。他說的分散投資和組合投資都是有道理的，但這並不意味著沒有風險。」

聽到風險，秦先生立即警惕起來：「都有什麼風險？」

「首先，你要把資金轉移到國外去。」朋友介紹說，「資金一旦出境，就不再受我們國家法律的保護，一旦有糾紛存在，你就會很被動。另外，收益率也是個問題，在投資界中，二八定理也是存在的，也就是說，投資行業裡，永遠只有百分之二十的人在賺錢。那個理財師許諾給你的收益率根本就是不可靠的。」

秦先生恍然大悟，拍拍朋友的肩膀說：「幸好帶你來了，要不然，理財師那麼熱情的講解，說不定我今天就把錢放他們這裡了。」

天下「財」經

進行境外投資的投資者通常是兩類組織機構，一類是國家政府性質的投資機構，另一類是國家內部控權的投資機構的境外企業。境外投資最主要的目的是透過獲得境外資產的經營管理權、資產所有權及其他權益後，可以在境外進行生產、研發、銷售和經營，從而獲取企業利潤。

境外投資的種類繁雜，投資領域遍及各類經濟領域，對於境外投資的方式，主要表現為投資目標的多元化、投資地區的多樣化、投資主體機構的多元化及投資方式的多元化。

由於國民經濟建設還需要大量資金的支撐，政府會引導國內企業進行境外投資，一個是資源的開發領域；一個是不同產業領域的投資；一個是繼續推動服務業的發展；還有就是吸收先進的境外技術，採用多種投資方式來實現本國企業的有序發展。

財富名人堂

郭炳聯（左）、郭炳江：男，西元二〇一三年《富比士》全球億萬富豪排行榜上排名第二十六名，淨資產兩百億美元。香港人，從事房地產開發業。新鴻基地產發展有限公司董事局聯席主席兼董事總經理，也是三號幹線（郊野公園段）有限公司主席、IFC Development Limited 聯席主席、新意網集團有限公司執行董事及東亞銀行有限公司獨立非執行董事。

先動優勢
西楚霸王第一次殺人

先動優勢，是指在市場競爭中，利用新技術的研發應用而率先進入市場的比後進入市場的更具有競爭優勢。

上官周《晚笑堂竹莊畫傳》中的項羽畫像。

西元前二〇九年，對後來的西楚霸王項羽和他的叔叔項梁而言，是個改變命運的一年。這一年，他們為了躲避仇人的追殺，逃到了吳中。

吳中的郡守叫做殷通，對項梁很欽佩。他一聽說項梁到了自己的屬地，立即派人把項梁請到自己的府上。

項梁讓自己的姪子項羽跟自己一同前去，要知道，再也沒有比項羽更稱職的保鏢了，這個八尺有餘、力能扛鼎的年輕人不管站到誰的面前，那個人都會畏懼地向後退一步的。

到了殷通家，項梁自己走了進去，叮囑項羽在門口守著，一旦發生不幸，項羽可衝進來拯救自己或者逃跑。

來到會客廳，殷通激動地上前攙住項梁：「項兄，久仰大名，終於得見。」

項梁也應和了幾句。

落座之後，殷通問項梁對當今時局的看法，項梁也不客氣，直接說出自己的觀點：「現在江西一帶都已經出現了反抗秦朝暴政的起義軍，這不是他們的錯，這是天要亡掉秦朝。每個有志之士都應該抓住時機揭竿而起，要知道先發可制人，後起的就可難制於人了。」

殷通嘆口氣說：「您是楚國大將的後代，是能成大事的人。我想請您和桓楚一起來統率我手下的部隊，不知您意下如何？」

項梁不想做殷通的下屬，但他沒有表露，只是淡淡說：「只怕我是有心無力，桓楚觸犯了秦朝的法律，至今仍在出逃，誰都不知道他在哪裡，只有我的姪子項羽知道。」

「項羽在哪裡？」殷通大喜，追問項梁道。

「他有跟我一起來，就在廳外，我這就叫他進來。」說著，項梁就要站起身來。

「不需您親自去，我派人請令姪進來吧！」殷通試圖阻止項梁，但沒有成功。項梁有自己的打算，不可能讓他去接觸項羽。

「我的姪子生性害羞，還是我去親自接他吧！」項梁的語氣很堅定，殷通也不好意思再阻攔，只好讓項梁去叫項羽。

走到廳外，項梁對項羽講述了自己在會客廳裡經歷的一切，他對項羽說：「如今誰先起義，誰就有可能是將來的君主，我們不能讓殷通先起，現在唯一的機會就是殺掉他，帶走他的士兵。」

項羽點頭同意，於是兩人進入會客廳中，殷通剛要站起來迎接項羽，就被項羽拔劍砍掉了腦袋。

項羽拿著殷通的腦袋走出大門，高聲向殷通手下的士兵宣布，自己和叔叔將帶領他們正式起義！

天下「財」經

先發制人，首先取得兵權，對項羽日後成為西楚霸王的意義自然十分重要。而在市場競爭中，也存在著先發制人，被稱為先動優勢。

「先動優勢」的概念是 Robinson and Fornell 在西元一九八五年提出的，認為先動優勢的表現主要是：技術專利及技術的領先可以讓企業快速確立行業內引領的地位；資源的獲取，先動企業的品牌、企業文化都更容易被市場所接受認可，並最終形成企業的無形資產；先動企業由於搶先開發了市場，快速取得了市場的佔有率，所以可以在低成本的優勢下提高企業的經濟效益，從而使企業進行可持續的健康發展。

在市場競爭中，先動優勢並不是一直都存在，只有在相較於後動企業時，先動企業才存在其優勢，所以只是一個相對的時間領先的概念。

因為企業與企業之間的競爭主要是在資源佔用、核心技術與經營環境上，當後動企業也提高了生產技術，爭取了市場資源，在相同的市場環境中，就縮小了兩者之間的差異，此時先動優勢也就不存在了。

由此可知，先動企業只有持續科技創新才能繼續保持其競爭的優勢。

財富名人堂

卡爾．伊坎（Carl Icahn）：男，西元二〇一三年《富比士》全球億萬富豪排行榜上排名第二十六名，淨資產兩百億美元。美國人，從事金融、槓桿收購業。西元一九八五年，因對環球航空公司漂亮的惡意收購，伊坎成為「企業掠奪者」的代言人。伊坎的主要法寶就是惡意收購看中的公司，之後推進公司管理或策略的改革，讓公司股票在短時期內快速上升，然後套現。

公共資訊
美聯儲的新衣

公共資訊，指的是所有參與市場經營的企業組織及個人都可以自由獲得的資訊。

從前有個國王，他明明什麼都沒有穿，卻還以為穿得很漂亮。當他巡遊時，民眾有的不明真相，有的害怕被報復，對國王的行為也是放任，直到圍觀「新裝」的兩個孩子說出了真相，才讓這場鬧劇得以落幕。

這個故事原本只存在於童話中，但經濟學家詹姆斯卻在電視專訪時提出，這個故事也真實地發生在現代社會中。

「這個故事是說人性的醜惡和民眾的從眾心理，它涉及的是社會學領域，您是把目標轉移到了社會學領域嗎？」負責採訪的主持人說。

「你理解錯了。這個故事不僅僅是表現在社會學領域，它同樣可以發生在經濟學中，只不過在經濟學中，它就有了新的解釋。

早在二〇〇八年之前，全球就有十幾位經濟學家預測到金融危機將要發生，但是他們的觀點沒有得到民眾的認可和重視。

在這十幾位經濟學家中，來自奧地利的米塞斯，很早就嗅到了金融危機的味道，他對民眾說，金融危機一定會因為房地產泡沫而爆發，而這一系列危機的製造者就是美國聯邦儲備委員會（Federal Reserve

Board，全稱 The Board of Governors of The Federal Reserve System，簡稱美聯儲）。

美聯儲做為美國的重要金融機構，向來行事獨立，它利用低利率造成了高槓桿化、投機操縱以及日益增多的負債，誤導了很多的民眾。就像「國王的新裝」裡那兩個為國王裁製新衣的裁縫，他們不讓國王及民眾看到真相，用『不聰明的人便看不到衣服』的說法掩蓋了衣服的真相。美聯儲也用『自由市場存在弊端』的藉口，讓民眾看不到真實的經濟狀況。

事實上，這十幾位經濟學家認為市場是沒有問題的，只是美聯儲的干預，讓經濟出現繁榮的假象，導致了房地產泡沫的加速形成和破滅。而面對金融危機，總得有人站出來承擔責任，於是，市場就成了替罪羊，人們沒有責怪美聯儲，沒有責怪政府，只是默默忍受著。人們以為，大危機和大蕭條，並非是日積月累的通貨膨脹所致，而是資本主義國情和自由市場的固有缺陷所致。」

採訪的最後，詹姆斯總結說：「美聯儲這些年的所作所為很像是皇帝的新裝，什麼都沒穿，卻自以為穿得非常漂亮。而對於它的醜惡，周圍的人也是睜一隻眼閉一隻眼，無意中更放任了它的所作所為。但是，不管多久，美聯儲這一透明外衣肯定會被人們撕下來，繼而所有人都能看到它醜惡的內在。」

天下「財」經

故事中經濟學家所說的「美聯儲的新衣」在某種程度上也可以看

作是公共資訊的營造。公共資訊指的是所有參與市場經營的企業組織及個人都可以自由獲得的資訊。美聯儲將大家所能獲得的全部公共資訊都引向到「自由市場」的固有缺陷中，就將原本可能會指向它的言論都轉移了方向。

在激烈的市場競爭當中，對於市場需求的資訊掌握程度成為從很大程度上決定了一個企業成功或是失敗的關鍵所在。

著名經濟學家羅伯特．維里克查爾提出，「當包含資訊集合Ａ的市場被認為有效時，在每個市場參與者所能利用的資訊中，只有資訊集合Ａ才能使市場參加者產生共同的市場認知，這就是所謂的公共資訊。」

公共資訊從市場的角度發揮了調節資源配置及指導市場運行的功能，能有效促進市場的理性健康運行，但同時也直接影響了市場的風險調控。因為隨著公共資訊的傳播，市場的所有參與者慢慢傾向於透過瞭解公共資訊而規避風險，從而自給自足，這樣最直觀地使得市場對參與者不再具有刺激，也就降低了市場效率。

財富名人堂

大衛．湯姆森（David Thomson）：男，西元二〇一三年《富比士》全球億萬富豪排行榜上排名第二十五名，淨資產兩百零三億美元。加拿大人，從事傳媒、網路服務業。西元二〇〇六年去世的媒體老闆肯尼士．湯姆森的兒子，他在生活中極其節儉，甚至讓他的妻子替他剪頭髮以省錢。

資訊經濟
價值五百萬的一句話

資訊經濟，是指在現代高科技創新為基礎的市場競爭中，透過產業的資訊化和資訊的產業化發展而形成的知識及資訊競爭的一種新興經濟模式。

故事發生在西元一九五〇年，美國對華政策研究室接到了一個祕密的情報，情報是由德林軟體公司發出的，這個公司集中了當時一批世界上最一流的科學家，他們經過大量的計算得出一個答案。這個答案是專門針對「如果美國出兵朝鮮，中國會秉持什麼態度」這個問題回答的，而這個問題也是美國對華政策研究室最為關注的。

遺憾的是，德林軟體公司發出這個情報之後，並沒有引起美國政府的重視，據說這個情報只有一句話，但科學家們卻開價五百萬。因為這個昂貴的價格，美國當局對這個情報嗤之以鼻，覺得科學家們也想趁戰爭發筆橫財。

在後來對朝鮮的戰爭中，中國出兵朝鮮，讓美國開始在內部辯論起「出兵朝鮮是否真的有必要」的問題來。就在這個時候，在野的共和黨想起了德林軟體公司時過境遷的那個情報，雖然已經沒有太多的價值，但是共和黨還是以兩百八十萬美元的高價買下了這個研究成果。

這個價值二百八十萬美元的研究成果如科學家們之前說過的一

樣，只有一句話：「中國將出兵。」

當然，這句話之後還有長達三百二十八頁的分析資料做為這個結論的附錄，詳細分析了中國的國情，且以極其豐富的歷史資料和資料分析做為依據，讓每個看過的人都很清楚地認識到：如果美國出兵朝鮮，中國一定不會坐視不管，他們會立即出兵。而且附錄中的資料也詳細告訴閱讀者，一旦中國出兵朝鮮，美國一定會以不光彩的姿態退出戰場。在實力懸殊的當時，哪怕中國和美國打成了平手，美國也算是輸了。

中國人民志願軍於西元一九五〇年十月十九日，祕密跨過鴨綠江，赴朝鮮參戰。

事實證明，這句價值五百萬美元的情報物超所值。

後來，記者問麥克亞瑟將軍：「您對於這個研究成果有什麼看法？」

麥克亞瑟將軍沮喪地說：「我們最大的失敗就是，我們捨得幾百億美元，也捨得數十萬美國軍人的生命，卻吝嗇地沒有接受一句區區五百萬美元的忠告。」

這之後，「區區五百萬美元的忠告」被德林軟體公司當作自己的座右銘，這句話同時也是「智慧就是財富」的最好注釋。

天下「財」經

一句話可以被賣出五百萬美元，這就說明了資訊經濟的重要性。

最早提出「資訊科技」概念的是美國的經濟學家馬克盧普教授，他率先提出「知識產業」並提出包括教育、科技研發、通訊媒介、資訊活動及設施等幾方面的內容組成。

資訊經濟的特點和作用主要有：

一、資訊經濟可以有效地與資訊開發及應用相結合，可以極強地滲透產業和市場的發展，例如微電子技術的快速興起及市場的廣泛應用，這一系列發展迫使資訊經濟的結構特徵越來越明顯。

二、資訊經濟屬於知識和技術密集型的企業結構，可以將人類從繁重的體力勞動中解放出來而獲得全面的發展，其產業結構是低耗高效型的，可以極快地促進生產率的提高。

三、資訊經濟的能源是可再生的，消費是多元化的，而其經濟體制結構則是分散的，屬於智力勞動型人群所參與並推動發展的。

財富名人堂

李兆基：男，西元二〇一三年《富比士》全球億萬富豪排行榜上排名第二十四名，淨資產兩百零三億美元。香港人，從事多元化經營業。曾獲得亞洲股神榮譽。從二十世紀七〇年代中期開始，他先後收購了中華煤氣、香港小輪以及美麗華酒店集團的控股權。到西元一九九六年，中華煤氣的用戶發展至近一百二十萬戶，股東溢利也從一億五百萬元成長到十九億四千六百萬元。此外，香港小輪和美麗華酒店等企業也獲得了新的發展。

經濟一體化
NIKE 的擴張

經濟一體化，是指兩個或兩個以上的國家透過政府與政府之間所協商的條款，組成的經濟聯盟。

眾所周知，世界經濟在目前的社會越來越趨於一體化。在這樣的大環境下，誰掌握了廣闊的海外市場，誰就幾乎能立於不敗之地，NIKE 公司的運動鞋就是在經濟一體化的環境下，充分佔據海外市場的典型代表。

NIKE 公司的創始人叫菲爾・奈特，早在西元一九七二年，他就已經是頗具商業頭腦的年輕人了。當時俄勒岡州立大學體育教授威廉・德爾曼設計了一種很有彈性而又能防潮的新型運動鞋。很多人聽到了這個消息但卻沒有給予過多的關注，菲爾・奈特和別人的反應不同，他第一時間到了威廉教授的辦公室，和教授洽談合作事宜。

威廉教授是典型的知識份子，和菲爾・奈特不同的是，他表現得十分冷靜：「你怎麼會想到要將這種鞋子商品化？」

「難道您設計的初衷不是方便人們運動的？」菲爾・奈特疑惑地問。

「當然是，可是我沒想到你會想將它量化生產。」威廉教授解釋說，「畢竟這種鞋不是傳統意義上的工作鞋，它能被穿到的機會很少，並且這種鞋子的原料比較昂貴，誰會花這麼大的價錢買一雙自己並不會經常穿的鞋子呢？」

「我不這麼認為。」菲爾．奈特搖頭道，「現在人們的生活水準不斷提升，運動肯定會持續地受到人們的重視。據我所知，即便是現在，也有很多的中產階級將晨跑當成每天的健身活動。這樣來看，一雙好鞋恰好是他們需要的。」

威廉教授想了想，承認菲爾．奈特說得有道理，但他還是有自己的想法：「你說的現象的確存在，但是願意健身的美國人再多，你這僅僅一雙鞋子又能賺到多少錢呢？」

「教授先生，」菲爾．奈特笑了，「您能生產出一雙鞋子，難道不能生產出第二雙嗎？並且，如果鞋子的銷量夠好，我們還可以開發出時尚、輕薄的健身衣。更何況，我們的市場不會僅僅是美國這麼大，全世界的人都有可能使用我們的產品。」

菲爾．奈特說服威廉教授之後，就開始著手策劃 NIKE 運動鞋的銷售。和他設想的一樣，健身很快成為美國人民的生活習慣，NIKE 鞋也隨之成為人們的生活必需品。

當美國市場被徹底開發後，菲爾．奈特又將目光放到全世界。

在全球化的進程中，日本和歐洲市場是菲爾．奈特首先考慮的範圍，他認為，只要「攻佔」了這兩個市場，其餘的市場都不在話下了。

在日本和歐洲，菲爾．奈特利用「NIKE 鞋」這張名牌與各國談判建廠，依託各國當地的廉價勞動力和原料物資，運用 NIKE 的精美設計和先進技術，生產 NIKE 鞋。這樣，一來可以避開「進口商品」這一關，躲過高關稅的限制；二是可以用本地原料、勞力，又省了遠洋運輸的費用，成本自然就降低了，價格便能適合該國人民消費。

就這樣，NIKE 產品進入了日本和歐洲市場。

到了二十世紀八〇年代中期，NIKE 鞋又引進到中國等發展中國家，大受第三世界人民的歡迎，就這樣，「NIKE」一步步地走向了全球各個角落。

天下「財」經

經濟一體化中，經濟聯盟區域內，商品、資產和勞務都能實現自由的流動，取消相互的貿易壁壘，由統一的機構來監督執行當初所協商的政策規則，從而使得整體經濟達到結合增長，提高各自在國際經濟中的地位。

NIKE 產品之所以能在全球流行，很大程度上就是解決了經濟一體化中的「關稅」壁壘問題。

經濟一體化既有世界整體的經濟一體化，也同時有相對小範圍的區域經濟一體化，而經濟一體化所結合的形式也由於國家地區間不同的經濟狀況及參與目標而變得多樣：有最初級的免收關稅的自由貿易區，也有國家間為消除貿易壁壘而建立的關稅同盟，還有貿易市場一體化的共同市場，以及最終實現的經濟聯盟。

經濟一體化的發展既推動了經濟全球化的發展進程，同時也促進了國際貿易的發展，還很大程度地促進了區域內的經濟發展水準提升。

財富名人堂

米歇爾．費列羅（Michele Ferrero）：男，西元二〇一三年《富比士》全球億萬富豪排行榜上排名第二十三名，淨資產兩百零四億美元。義大利人，從事食品加工製造業。家族企業費列羅公司唯一的首席執行長，旗下品牌包括金莎巧克力、健達出奇蛋和能多益（Nutella）榛果醬，是全球第五大巧克力糖果商。這家公司經營著十八家工廠，在全世界有超過兩萬一千名員工。

國際貿易
不需要鐵礦的煉鋼術

國際貿易，指的是不同的國家或地區之間所進行的商品或勞務的交換和轉移的經濟活動。

一天，國王接見了一位發明家。

發明家說：「國王陛下，我有一種成本極低的煉鋼方法，可以不需要投入工人和鐵礦，只需要小麥即可，希望國王陛下能支持我。」

鋼鐵在這個國家的應用十分廣泛，如果真能如發明家所言，那將會降低許多成本，並且能使本國國民的生活水準大大提升。

國王很高興地答應了發明家的請求，同意提供給他小麥。做為回報，發明家得回饋一定比例的鋼鐵。

同時，發明家向國王提出一個要求：「由於這項發明屬於我的專利，所以我不能讓別人看到我的煉鋼過程，我需要您為我提供保密的環境。」

國王也一口答應了。

就這樣，發明家開始在國王提供的祕密場所開始煉鋼，發明家的技術也確如國王所想，大大降低了市場上很多商品的成本，老百姓生活水準也有所提升。但也有人不高興，那就是煉鋼廠的工人們，自從發明家的工廠開業以來，他們就失業了，因為發明家的煉鋼不需要工人。

失業工人中的一部分成了農民，種植發明家需要的小麥；另一部分則加入了新行業。這個國家的每個人都安居樂業，就他們看來，隨著科技的發展，有一部分人因為勞動力被科技取代而失業是很正常的事情。

就這樣過了很多年，終於有個報社的記者按捺不住心底的好奇，偷偷進入發明家的煉鋼廠，想報導這個神祕的煉鋼過程。

但當他偷偷潛入發明家的煉鋼廠，才發現所謂的發明只不過是個騙局，發明家的煉鋼廠中根本就沒有煉鋼，他只是偷偷地把小麥運到別的國家，再用賣小麥的錢買鋼鐵運回來交給國王，在國際貿易中獲取私利。

後來，記者用幾個版面報導了自己的所見所聞，國王下令取締發明家的「煉鋼廠」。

這樣一來，那個倒楣的發明家被關進了監獄，鋼鐵價格上漲了，煉鋼廠的工人又回到自己的工作崗位，國民生活水準也退回到原本的水準。

天下「財」經

國際貿易主要分進口貿易和出口貿易，所以國際貿易有時也被稱為「進出口貿易」。國際貿易的本質是商品和勞務的交換，和一個國家內部的貿易活動並沒有本質的不同，只是因為在不同的國家或地區之間進行，因此有其特別之處。

主要表現在：

一、國際貿易容易受到交易雙方所在國家地區的政治、經濟、國際局勢等多方面的影響。

二、由於不同國家地區的政策和法律有比較大的差異，所以在交易過程中的複雜性更強。

三、除了交易雙方的人力之外，還涉及到運輸、海關、保險等其他領域的參與和影響。

四、國際貿易的金額和數量通常比國內的貿易要大得多，由於交易距離的關係，其交易時間也比較長，所以由此帶來的風險也比一般的交易要大得多。

國際貿易按照不同的劃分標準可以分為不同的類型，也涉及到龐大的營運體系，儘管因此承擔了更多的風險，但仍然是經濟市場不可或缺且日漸壯大的一個領域。因為國際貿易是各個國家在全世界進行商品勞務整合及再分配的一個主要方法，同時也是國際經濟、政治領域內傳遞及鬥爭的主要工具。

財富名人堂

穆克什・安巴尼（Mukesh Ambani）：男，西元二〇一三年《富比士》全球億萬富豪排行榜上排名第二十二名，淨資產兩百一十五億美元。印度人，從事石油化工、石油開採、天然氣業。西元二〇〇七年，他因其持有的信誠工業集團公司股價暴漲而躍升為全球首富。西元二〇一一年十月二十八日，他因為顧慮到風水不佳而棄住世界最昂貴的二十七層豪宅，再度成為焦點。

第五章

富人必須掌握的**財富規律**

大城市效應
地下室女主角

大城市效應，是指大城市的中心化越來越明顯，規模和轄區範圍也在不斷增大，在增加了很多機遇的同時也帶來了很多未來將要面臨的挑戰和危機。

在中國最重要的城市——北京，有這樣一群人，他們離鄉背井，住在地下室或簡陋的出租房中，這些人有著高學歷，最重要的，是心懷美好的夢想，堅信自己總有一天會過著不一樣的生活，他們被稱為「北漂」。

齊青也是北漂中的一員，和很多年輕人一樣，她是帶著夢想來到北京的。雖然夢想很豐滿，但現實卻很殘酷，來到北京之後，影視院校畢業的她卻沒有得到過一次的試鏡機會。每天除了在地下室中等待電話外，就是和周圍的人聊天，在談論夢想的過程中得到些許安慰。

在聊天中，齊青結識了一個表演系的男孩，他和齊青一樣，也希望自己能在北京闖出一番事業。

兩個年輕人日久生情，在日後的三年裡，齊青和男孩住在一起，不同的是，在這三年中，她一直嘗試接觸其他的工作機會，靠當上班族的薪水養活自己，閒暇的時候，她也會留意試鏡機會，等待幸運女神的降臨。

而她的男朋友，和三年前一樣，還是一心一意地尋找著試鏡機會，任何別的機會都不想去嘗試。

一天晚上，男友認真地對齊青說：「妳坐下來，我有事情跟妳商量。」

齊青心裡一陣狂跳，兩人相處這麼久，她也考慮過，也許兩人該結婚了，當不當演員，是不是能夠一舉成名天下知，在這些時光面前都已經變得不重要了。

她微笑地看著男友，男友卻吞吞吐吐地開口了：「我想過了，在北京太累了，等了這麼多年，還是等不到一個機會，妳要不要考慮和我一起離開北京，到小城市裡結婚生子。」

齊青詫異地看著他，雖然等到了自己想要的結果，卻不是自己最想要的，她一時間也不知道該如何回覆男友。

男友看她猶豫的表情，也沒有強求，只是默默地開始收拾自己的衣物。兩個年輕人就這樣選擇了分手。

齊青度過了自己人生中最難過的一段時光，但她還是像往常一樣上班、等待。

機會屬於有準備的人，終於幸運女神降臨了。齊青獲得了一次試鏡機會，她順利通過了試鏡，成為知名導演的御用女主角，所有她想要的都蜂擁而來。

在成名後第一次的專訪中，主持人問她：「妳為什麼能夠堅持到現在？」

她平靜地講述了自己的故事，說在地下室的那段時光是她認為最美好的時光，正因為她知道自己總會變得更好，才撐過了那麼艱難的日子。她從不後悔自己來到了北京，這座精彩紛呈的大城市給了她最重要的人生體驗。

天下「財」經

所謂大城市，指的是經濟較為發達、人口較為集中的城市，通常也是國家政治、經濟和文化的中心。

人們在進行工作和居住城市選擇的時候，往往會趨向於大城市，從積極的方面來看，大城市的教育水準更高，可接受教育的範圍要更廣；大城市的醫療條件和醫療選擇性更強；大城市的企業更多，就業機會和創業的機會都更多，而商業機遇也就更多；大城市的公共設施以及人民保障都比小城市優越，於是也就帶來了更為優質的生活品質和更為寬闊的眼界。

同時，在大城市獲得了那麼多優勢的前提下，人們蜂擁而至，給大城市也帶來了新的挑戰，比如人口增加造成的社會人力資源的壓力；商業的集中造成環境的污染，大城市的環境品質跟小城市是沒辦法相比的；而大城市的中心化也造成了房價的飆升，也給老百姓帶來巨大的壓力。

財富名人堂

謝爾蓋·布林(Sergey Brin):男,西元二〇一三年《富比士》全球億萬富豪排行榜上排名第二十一名,淨資產兩百兩十八億美元。美國人,從事網路服務業。Google 公司的創始人之一,目前是 Google 董事兼技術部總監。他出生在俄羅斯,在他與拉里·佩奇合作建立 Google 之前,他一直學習電腦科學和數學。

彼得原理
失職的領導

彼得原理，指的是在一個等級制度中，每一個員工都趨向於晉升到他所不能勝任的職位。

在一家建築公司的吊車組，奧克曼是公認的最出色的吊車司機，無論是操作吊車還是排除機械故障，他都是一把好手。在公司裡，他說自己的技術是第二的，就沒人敢說自己是第一。

正因為奧克曼技術的高超，他所在吊車組的組長逐漸引起了公司高層的重視，被提升為科長，這樣一來，組長的位置就空出來了。

以前的組長，也就是現在的科長找奧克曼談話說：「現在的情況，你也是瞭解的。組長的位置已經空出來了，你有沒有興趣擔當此任？」

奧克曼對自己目前的職位相當滿意，不想搞那些辦公室的鬥爭，只想把自己的車開好。於是他對科長說：「我還是比較適合做技術層面的工作，管理還是留給有能力的人去做吧！」

科長很不滿意：「你回去再好好想想吧！我這次的提升，也是因為你在工作中的卓越表現，如果我提升了，而你還在原來的位置，你讓那些同事怎麼想我呢？」

奧克曼猶猶豫豫地答應了，回家和妻子商量。妻子很滿意這次的提升，她對奧克曼說：「你最好去接受這個職位，如果你獲得了這個職位，我就可以憑藉你的職位去申請婦女協進會主席的職位。並且，如果你得到了這個職位，家裡的車、房都可以有所改善，兒子一直想要的迷你摩托車也可以不費力地買了。」

奧克曼聽了妻子的話，又想想科長的話，決定接受了這個職位。

幾個月後，醫院給奧克曼的妻子打來電話。原來，奧克曼升任組長以來，經常會有應酬，生性坦誠的奧克曼禁不起別人勸酒，每天都喝到酩酊大醉，短短幾個月就因為胃潰瘍住進了醫院。

在醫院裡，難得閒下來的奧克曼和妻子回顧了這幾個月發生的變化，奧克曼說：「我真的不適合組長的職位，我只擅長和機器打交道。我在工作中常常指揮出錯，以前的同事們都在背後議論說，我們吊車組少了一個優秀的司機，多了一個糟糕的組長。」

奧克曼的妻子緘默了，這幾個月，奧克曼過得非常不開心，每天工作時間冗長而且回到家就脾氣暴躁，兩人在這幾個月中最常見的狀態就是彼此指責和爭吵。

奧克曼握著妻子的手：「讓我回去做個普通的司機吧！雖然賺錢少點，可是我們過得很快樂。」

妻子思索良久，最終還是無奈地點了點頭，同意了奧克曼的請求。

天下「財」經

彼得原理是由美國著名的管理學家勞倫斯·彼得在進行大量實踐中總結提出，指的是「在一個等級制度中，每一個員工都趨向於晉升到他所不能勝任的職位。」由於彼得原理的提出，一門新的管理科學開始被世人所重視——層級組織學。

在企業的組織體系中，每一個員工都有機會最終達到一個所謂的彼得高地，而到達此處時，該員工將不會再具有晉升的空間，而如何到達這個彼得高地，通常靠的一個是裙帶關係或者熟人的推動，另一個則是自己透過努力進步所爭取到的，但在實際的企業中，前者使用的人群是更多的。其實一個員工的工作成績與職位高低沒有絕對必然的關係，我們或許都有過類似的經驗，一個技術高手晉升到技術主管卻無法讓部門有更大發展，一個銷售人員也不一定能勝任銷售主管的管理工作。

彼得原理使得很多企業開始真正關注企業內部晉升管道的設置，發現企業內部其實只有兩類人群，一類是能勝任現有工作，但基本已經不具備上升素質的，就該安排其做好本職工作；另一類是不但可以很好的勝任現有的工作，同時還具備自我學習、自我反省以及自我提升的素質，這類人具備晉升的可能，企業應花更多的力氣去培養第二類人才，才能真正實現企業人才優化。

財富名人堂

拉里．佩奇（Larry Page）：男，西元二〇一三年《富比士》全球億萬富豪排行榜上排名第二十名，淨資產兩百三十億美元。美國人，從事網路服務業。Google 公司的創始人之一，西元二〇一一年四月四日佩奇正式出任 Google 的 CEO。他從六歲就開始熱衷於電腦，是美國密西根大學安娜堡分校的畢業生，擁有理工科學士學位。

季芬商品
天價算命

季芬商品，指的是在其他因素都不變的情況下，商品的價格上升，反而造成需求購買量增加，而價格下降時，需求購買量反而下降的商品。

有一個人，他「生於北京，長在豪富之家」、「祖宗無犯法之男，親族無再婚之女」，且他本人也是「行事謹慎，非理不為，非財不取」。這樣一個人，怎麼看都和「盜匪」扯不上關係，但他卻活生生地被逼上了「梁山」，原因很簡單，因為宋江和吳用盯上了他，他就是河北麒麟盧俊義。

日本畫家歌川國芳所畫的玉麒麟盧俊義。

話說盧俊義被梁山上的人盯上後，智多星吳用就給宋江出了個主意，他說自己將要去給盧俊義算命，算命之後，就能讓盧俊義乖乖地上梁山。宋江聽完吳用的整個計畫後，覺得可行，就讓他帶著李逵下山執行計畫。

吳用打扮成一個道士，李逵則扮他的道童，兩人來到盧俊義的店舖門口招攬生意。

在遇到吳用的那一天，盧俊義正好在自家的當舖心滿意足地看著夥計們為他忙裡忙外。

突然，他聽到了吳用的吆喝聲，就找來自家的夥計問：「外面是何人喧嘩？」

夥計回答說：「一個算命先生，是從外地來的，他說自己算卦極準。」

盧俊義嗤之以鼻：「這樣的人每年不知道有多少，我還當是什麼新鮮事。」

「確實也有新鮮事。」小夥計說，「別人算命，幾文錢就夠了，這個道士算命卻要一兩銀子。」

在描述盧俊義的反應之前，我們先來瞭解下一兩銀子在當時的購買力。《水滸傳》中林沖風雪山神廟之際，陸謙在李小二店裡招待管營和差撥時曾拿出一兩銀子，要求是「取三四瓶好酒來，客到時，果品酒饌只顧將來」；吳用讓阮小七用一兩銀子買了一甕酒、二十斤生熟牛肉、一對大雞；在戴宗和楊林請石秀吃飯時，楊林也拿出一兩銀子給酒保：「不必來問，但有下飯，只顧買來予我們吃了。」按照這個消費水準，一兩銀子也就是相當於現在一百美元的購買力。

讓我們回到故事本身，盧俊義一聽說道士算一次命要一兩銀子，就對夥計說：「敢要這麼多錢，這人要嘛是個騙子，要嘛是有真才實學的，請他進來。」

至於後來盧俊義如何被騙上梁山就不在本故事探討的範圍。我們所要探討的是，當吳用聽到盧俊義願意見自己時，心裡就知道自己的方法管用了，他用特殊的訂價方式打動了盧俊義。

教書先生出身的吳用一不小心用了一個現代經濟學上的原理——季芬效應，具有這種效應的商品被稱為季芬商品。

天下「財」經

季芬商品是十九世紀由英國著名經濟學家羅伯特．季芬根據愛爾蘭馬鈴薯的銷售情況進行研究時發現並提出的，指的是在其他因素都不變的情況下，生活必需品的價格上升，反而造成需求購買量增加，而價格下降時，需求購買量反而下降的商品。

實際上，季芬商品並不是一種真正的商品，而是一種經濟現象，由於是生活必需品，當價格上升時，老百姓擔心將來會買不到，所以需求購買量反而增加，而價格下降後，人們知道肯定不會缺貨，所以也就不急著買了，需求購買量自然就下降了。

季芬商品是一種低檔商品，即供過於求的一些劣等商品，這些商品具有可替代性，其可替代性和價格是與價格呈反比變化的。很多經濟學家都在爭論季芬商品是需求定理的一種例外，是因為弄混了消費者的「意圖需求」和「實際需求」的不同，其實需求定理做為經濟學中消費者的心理規律是無法作假的，但這裡所關注的是「意圖需求」。在實際的生活中，產生的多是實際需求，當二者混淆時，則容易產生誤導。

財富名人堂

傑夫．貝索斯（Jeff Bezos）：男，西元二〇一三年《富比士》全球億萬富豪排行榜上排名第十九名，淨資產兩百五十二億美元。美國人，從事網路服務業。創辦了全球最大的網路書店 Amazon（亞馬遜），並成為經營最成功的電子商務網站之一，引領時代潮流。更可貴的是，隨著網路泡沫的破滅，面對「破產」的批評，不畏艱辛，在維持持續增長的情況，步步走向盈利，重新樹立起電子商務的信心。直到今天，他依然是全球電子商務的第一象徵。

波浪理論
叛逆的學生

波浪理論，是股票價格的波動和海裡的潮汐一樣，一浪接著一浪，從整體來看，是以一種可以被識別的方式來前進和反轉的，形態上不斷重複。

凌文志最近參加了一個關於股市波浪理論的培訓班，老師號稱是在股市混跡多年的操盤手，有很多的股市實戰經驗，對波浪理論更是研究得出神入化。

凌文志聽了一會兒的課後，發現老師對於過往實例講得確實是很好，但是，事後諸葛誰都做得了，事前誰能預測到呢？

又聽了半節課，凌文志漸漸察覺出不對勁來，老師介紹了波浪理論是「上漲五浪下跌三浪」，這個是波浪理論的基本結構。但是這個基本結構中，老師又介紹說，在這個基本結構中還能分基礎子系浪來，而子系浪又能分解出子子系浪，拿老師的話說，這個再分解出來的，就是「孫子輩的浪」，「孫子輩的浪下面又有重孫子輩的浪」。

總而言之，波浪理論被培訓老師講解得像是宏大的宇宙，其基本結構「上漲五浪下跌三浪」就是銀河系，那些無窮盡的「子系」波浪就是宇宙中繁多複雜的星系。

凌文志本身也是操盤手，對於這種將波浪理論大肆誇大又誤人子弟的「同行」非常反感，他站起身來對老師說：「老師，我用一個故事來談一下我對於波浪理論的看法，可以嗎？」

老師落落大方地說：「當然可以。」

凌文志講的是一個狡猾的和尚的故事——

在古代的某一天，三個秀才一起去京城趕考，當天色已晚的時候，三個人留宿在一個簡陋的小廟宇中。

這個廟中住著一個老和尚和一個小和尚，三個秀才在用過簡單的齋飯之後，不免擔憂起自己的仕途來。

在一旁幫忙收拾碗筷的小和尚聽到他們的討論，就插嘴說：「我師父會占卜之術，你們為什麼不讓他來給你們算算呢？」

三個秀才都說這個方法好，於是小和尚叫來了老和尚，老和尚為三人占卜之後，伸出一隻手指。三個秀才問：「這是什麼意思？」老和尚只是搖搖頭：「天機不可洩露。」

接過三個秀才給的香火錢，小和尚攙著老和尚回房休息。

來到臥室，小和尚問老和尚：「您伸出一隻手指到底是什麼意思呢？」

老和尚笑著說：「這裡大有玄機，如果他們三人之中有一人中舉了，那我的手指就是一人中舉的意思；如果他們三人之中有兩人中舉了，那我的手指就是只有一人沒中舉的意思；如果他們三人同時榜上有名，那我的手指就是一起中舉的意思。」

故事講到這裡，凌文志看向老師，老師丈二和尚摸不到頭腦：「這個故事和波浪理論有什麼關係？」

還沒等凌文志開口，他身邊的女士就開口了：「老師，他是想說，如果有人能把波浪理論研究得精確無比，那修練的功力比這老和尚還厲害！換句話說，我們這些人坐到這裡聽你培訓，簡直是浪費時間。」

天下「財」經

波浪理論是在投機領域常用的趨勢分析工具之一，由美國證券分析家拉爾夫·納爾遜·艾略特根據美國道瓊工業指數平均研究，而發現的不斷變化中的股價結構形態。

波浪理論用一個詞形容就是「八浪循環」，其特點是：股價的上升和下跌會交替進行；推動和調整是價格波動的兩個最基本的形態，推動浪可以分為五個波浪來表示，調整浪可以分為三個波浪來表示；推動和調整的波浪共八個是一個循環，結束後會進入下一個八浪循環；時間的長短並不會改變波浪的基本形態，市場的發展依然是波浪循環前進，只是波浪可能拉長，也可能縮短，但形態不變。

要想真正掌握波浪理論的八浪循環並不容易，因為細小的波動和區別就可能影響整個的分析。波浪不同的屬性、結構、規模和層次都不盡相同，要想真正透過波浪理論進行精確的預測還是非常困難的，只能在趨勢上尋求方向。

財富名人堂

卡爾．阿爾巴切特（Karl Albrecht）：男，西元二〇一三年《富比士》全球億萬富豪排行榜上排名第十八名，淨資產兩百六十億美元。德國人，從事零售、紡織服裝業。出生礦工家庭，家境貧寒。透過第二次世界大戰後的一個偶然機會，將一家小雜貨店逐漸演變成海內外赫赫有名的零售商。他的阿爾迪超市堅持「低價、超底價」原則，吸引了德國百分之九十的顧客。

拉弗曲線
餐巾上的稅率

拉弗曲線，講的是在一般情況下稅率越高，政府的稅收越多，但在稅率提高超過一定限度時，政府獲得的稅收卻減少了。

西元一九七四年的一天，在華盛頓的一家小餐館中，南加州大學的亞瑟．拉弗和理查．切尼等人談起了「徵收的稅率是否和政府收入完全成正比」。

理查．切尼等人一臉茫然，問亞瑟．拉弗：「這個話題是什麼意思，請你先解釋一下。」

亞瑟．拉弗解釋說：「我們都知道，一般情況下稅率越高，政府的稅收收入也越多；但是在稅率提高到一定的高度時，比如說稅率高至百分之百……」

理查．切尼說：「如果稅率是百分之百，那麼政府的收入就會是百分之百的百姓收入。」

「是的。」亞瑟．拉弗贊同地說，他順手拉住服務生向他要了一張餐紙巾，這張紙巾在日後被經濟學家們廣為引述。

亞瑟．拉弗在餐紙巾上畫出了一條「反 C 形」的曲線，對理查．切尼等人解釋說：「這條曲線就像是稅率和政府收入的關係，一般情況下，稅率越高，政府的收入也就會越多，這個道理誰都懂；但是……」

他指著曲線的頂點說，「如果稅率到達了最高峰，人們如果知道自己的全部收入納稅之後就一分錢都不剩了，那麼，人們就不會再去工作，就算工作有了收入也會千方百計地逃漏稅，政府的收入也會隨之減少，直至沒有。」

亞瑟·拉弗的一番話讓理查·切尼茅塞頓開，後來他成為了美國的副總統，在國家稅率方面做了很多努力，幾乎將「稅率控制在合適範圍之內」做為了共和黨的傳統方針。

西元二〇〇一年六月，美國總統布希在十年內減稅一·三五萬億美元的法案上簽字，使得這個法案正式成為了一項法律。根據這項法律，西元二〇〇一年美國每個家庭平均將得到高達六百美元的退稅，並且從二〇〇一年七月開始，美國每個民眾的個人所得稅平均降低了百分之三左右。

此舉引起了美國民眾的一片喝彩，但這並不是共和黨政府的第一次稅率改革，自從西元一九八一年雷根總統執政之後，已經連續為民眾進行過三次大規模的稅率改革了，而這一切福利都來自於當年那張廉價的餐巾紙。

天下「財」經

拉弗曲線是由美國著名經濟學家拉弗提出的，他曾是雷根總統的經濟顧問，雷根總統在位時，提出減稅政策時曾說過這一經濟原理。

拉弗曲線提出了稅收可能產生變動的一種可能，也跟政府提醒要做多方的準備，但實際上拉弗曲線也並不是一定會出現的，具有一定的侷限性，它的成立必須滿足一些前提條件，比如封閉的經濟背景、私有化的市場等，這些並不容易實現；拉弗曲線把個人的收入都看作勞動收入，卻忽略了非勞動的收入，這也是對拉弗曲線有影響的；拉弗曲線實際上展現的是長期經濟背景下，稅率對稅收和經濟的影響而非短期的變化；拉弗曲線只看到了個人收入和稅收的關係，卻忽略了不同收入的人群以及人們是否努力工作的原因。

財富名人堂

羅伯森．沃爾頓（S. Robson Walton）：男，西元二〇一三年《富比士》全球億萬富豪排行榜上排名第十七名，淨資產兩百六十一億美元。美國人，從事零售業。山姆．沃爾頓的長子，自西元一九九二年起，他就擔任著零售巨頭沃爾瑪的董事長。在這期間，沃爾瑪的營收從四百四十億美元增長至四千四百億美元。該公司在全球二十八個國家擁有超過兩百兩十萬雇員。

二八定律
創新的雙贏

二八定律，指的是在任何的事物中，最重要並且發揮決定性作用的永遠都是其中約百分之二十的小部分，而剩餘的百分之八十的大部分卻是次要的，並不會發揮出決定性作用。

夏日的一天，歐洲某廚具公司的市場總監傑德來到中國，尋求合作夥伴。

傑德在國內已經進行過大量的市場調查和研究，此次來中國，說是尋找最適合的合作夥伴，實則是特地來考察歐葉公司的，這家注重創新的公司在幾年前就吸引了傑德的注意。經過幾年的觀察，傑德基本上可以確認這家規模不大的公司就是他們需要攜手共進的夥伴，只是在和董事會商量具體合作細節之前，他還需要到歐葉公司進行實地考察。

歐葉公司的老總歐葉先生帶傑德參觀了公司的智慧化廚具生產線，並介紹說，在二〇一〇年舉行的上海世界博覽會上，他們的首款低碳智慧廚房也被展出，全球近五十萬人現場領略了其中的魅力。同時公司還邀請國際巨星對明星產品進行代言，大大地提升了產品的知名度。

參觀之後，傑德問歐葉：「廚具是個典型的消費產品，你們是怎麼避免創新的風險？」

歐葉回答說：「我們在創新道路上堅持『二八定律』，開發的新產品八成以上是為了迎合現實消費需求，只有不到百分之二十的比例屬於較高階的開發，並以此引領市場、引導消費，最大限度地減少了創新的風險。」

歐葉的回答贏得了傑德的讚賞，他接著問道：「你們在產品出口的同時，有沒有生產國際化的打算？」

這個問題歐葉沒有立即回答，反而是微笑看著傑德，慢慢地說道：「您這次前來，不就是和我商量這件事的嗎？」

傑德也笑了：「沒錯，明人不說暗話，我這次前來，不僅僅是要拓寬我們公司的市場，還想挑選一個合作夥伴，讓雙方的產品能夠很好的融合，從而開發出更好更創新的產品。」

歐葉對傑德的來意也是心知肚明的，對傑德的開門見山，他也坦誠地推薦自己的產品：「我知道您的來意，所以我特意將我們的生產線開放給您看，也將我們的創新理念毫無保留地相告，我們的二八定律創新無疑是最為科學的，我們的產品在市場上的佔有率也是不容小覷的。」

傑德認同道：「正因為對這些細節的瞭解，我們才來和貴公司進行深入的洽談。」

經過雙方的多次商談，歐葉公司終於和傑德所在的公司形成了合作夥伴關係。

天下「財」經

二八定律也稱二八法則或巴萊多定律，是在十九世紀由義大利著名經濟學家巴萊多發現的。他認為，社會上百分之二十的人掌握著百分之八十的社會財富，企業百分之八十的利潤都來自於百分之二十的重要客戶，當然這是個大概的數字。

二八定律在經濟學、管理學甚至日常生活中應用廣泛：

一、可以更好地幫助人們進行時間的有效管理，把百分之八十的精力以及資源都花在重點的百分之二十的方面，以這核心的百分之二十的發展來帶動剩餘百分之八十的發展。

二、在管理方面，企業應該抓好百分之二十的重要員工的管理，以他們來帶動大多數的員工來提升企業的生產效率。

三、在進行商業決策時，抓住最關鍵的問題來決策，剩餘的小問題都會迎刃而解。

四、在行銷中也是要抓住百分之二十的核心客戶，甚至自己生產的商品，也要注意百分之二十的核心競爭力。

五、用二八定律進行企業的風險調控時，首先要確定企業發展的總體目標，依據目標來分析最主要的風險並制訂相關的政策和措施來防範其主要風險。

財富名人堂

愛麗絲．沃爾頓（Alice Walton）：女，西元二〇一三年《富比士》全球億萬富豪排行榜上排名第十六名，淨資產兩百六十三億美元。美國人，從事零售業。沃爾瑪創始人山姆．沃爾頓的長女，她一向關心慈善捐助，也多次捐助教育。她創立了兒童學業基金，給低收入家庭的孩子發放獎學金。沃爾頓家族還曾在西元二〇〇二年向阿肯色大學捐款三億美元，創下了美國一所公立大學接受捐款最高的紀錄。

尋租理論
邁向小康的羊群

尋租理論，指的是在市場競爭的社會環境下，稅收的壟斷所帶來的社會損失高於前期估算的。

在一個天然牧場上，居住著數百萬隻無憂無慮的綿羊，上帝許諾牠們，這塊牠們賴以生存的牧場由全體綿羊共同享有及營運。

在屬於自己的這片牧場上，數百萬隻綿羊生活得很幸福，直到有一天，有一位叫做圖特的人改變了這一切。

圖特看中了這片牧場，對上帝說：「這片牧場很肥美，綿羊們根本不會管理，不如祢放開許可權讓我來管理吧！我會讓這群綿羊們吃到上等的青草，牠們會比現在生活得更好。」

上帝答應了他的請求，圖特正式在這片天然牧場走馬上任了。

在圖特進入天然牧場的時候，綿羊們雖然對居住環境不是特別舒心，但還是能夠勉強維持下去的。

圖特對綿羊們說，為了適應現代化生活，牧場需要改革，建立更高級的生活社區。

綿羊們同意了，上帝也批准了圖特的申請，特意撥了專款用來建設高級羊圈。

專款到位不久，圖特就找來開發商建起了高級羊圈，他信誓旦旦地對所有綿羊說會讓牠們過著小康生活。

在圖特的監督下，新的羊圈不管從哪個方面看都比過去破爛的羊圈好多了，綿羊們很滿意。可是就在綿羊們興致勃勃地打算喬遷新居的時候，開發商跳出來了：「不能進去，你們還沒有交錢！」

交錢？綿羊們都住愣了，這個羊圈不是上帝撥款修建的嗎？

開發商解釋說，在搭建這個羊圈的時候，是掏自己的腰包，圖特不但沒給他錢，還向他要了不少的管理費。

疑惑的綿羊們跑到圖特面前求證開發商的話，圖特一臉理所當然的表情：「那麼好的羊圈，上帝撥的錢早就用完了，新羊圈確實是開發商掏錢蓋的，既然人家投入了，自然是想回收的。不找你們要錢難道找我要錢嗎？又不是我來住！」

上帝撥的那麼多錢都用完了，看來這個羊圈真的是很高級。綿羊們爭著將自己的積蓄拿出來購買羊圈，這時候就出現了分流。

數百萬隻綿羊們也是有貧有富的，有錢的綿羊可以拿出積蓄來買一個羊圈居住，那些沒有經濟能力的，就只能找圖特抗議了。

圖特被這些窮苦的綿羊鬧煩了，就對牠們說，在這片牧場之外，還是有能居住的地方的，只是地點有點偏僻，配套設施也稍差一點，且房租需要綿羊們給開發商打工來獲得。綿羊們雖然不是很滿意，但想著有地方住了，也感恩戴德地接受了圖特的安排。

就這樣，整個牧場都進入到了小康社會，實現了人人有房住，戶戶有工作。

天下「財」經

尋租理論來自於西元一九六七年美國著名經濟學家戈登・圖洛克的一篇論文，他認為在市場競爭的社會環境下，稅收的壟斷所帶來的社會損失是高於前期估算的，因為人們會透過各種管道增加自己的收入，他把這個方式稱為「尋租」。

尋租理論最關鍵的部分在於「尋租」的定義界定，由於圖洛克更關注在政府的壟斷特性上，另一位著名經濟學家布坎南又在他的基礎上進一步探討了尋租的內涵，他提出「尋租」實際上是「尋求利潤」的含意，在市場經濟中，任何利潤的產生都來自於市場經濟活動的進行，人們透過競爭來尋求利潤，尋租的產生取決於市場競爭中限制的制度和政策，與政府的權力干預有很大關聯。

如果將故事中的上帝看作是政府，祂正是運用行政權力對企業或個人的經濟活動進行了干預和管制，妨礙了市場競爭的作用，從而創造了少數有特權者（也就是圖特）獲得超額收入的機會。

市場經濟中的尋租有三個層次：

第一個層次是指對政府活動所產生的額外收益的尋租方式，也是腐敗產生的溫床。

第二個層次是對政府提供的好職位的尋租，也就是我們常說的肥缺。

第三個層次是政府透過活動而獲得公共財政收入的尋租。

財富名人堂

謝爾登·阿德爾森（Sheldon Adelson）：男，西元二〇一三年《富比士》全球億萬富豪排行榜上排名第十五名，淨資產兩百六十五億美元。美國人，從事博彩業。西元一九八九年，他以一億兩千八百萬美元買下了舊的金沙賭場酒店，並建起金沙展覽中心，踏進他並不熟悉的博彩業。西元一九九九年，集合度假村、酒店、賭場的「威尼斯人度假村」誕生，成為拉斯維加斯當時最高級的度假村，也把阿德爾森的事業推向另一個高峰；西元二〇〇四年，他看好亞洲人愛賭的天性，斥資兩億六千五百萬美元在澳門興建的澳門金沙娛樂場正式營業。

木桶原理
外調的「懶惰」員工

木桶原理，指的是一個由很多塊木板組成的木桶的裝水量，並不是由最長的木板決定，而是受到最短的木板所限制。

在大華通訊公司，有一個叫志民的員工一直是公司主管們的「老大難」，他因為不會處理和上司的關係，工作中的很多想法都得不到肯定，所以經常表現的狀態就是終日工作懶散、憂心忡忡的。

這天，大羅通訊公司的總經理打電話給大華通訊公司的總經理，一陣寒暄之後，大羅通訊公司的總經理說出自己的真實目的來：「我們公司最近開發一個新的技術，但是公司人手不夠，你看我們是這麼多年的老同學了，能不能幫忙從你那裡借調一名技術人員過來？薪水我們這邊來付，工作完成後，我保證把人還給你。」

「沒問題。」大華通訊公司的總經理回答說，「我以後同樣需要麻煩你的時候，你別忘了也借人給我就行了。」

對方也笑呵呵地答應了。

掛了電話，總經理看著眼前的主管，靈機一動想起了一個辦法：「你把志民叫過來，我來跟他談談。」

志民到了總經理面前，果然如同主管所說的那樣，在聊天期間一直是恍惚狀態，說話心不在焉，回答問題也是慢半拍。這樣的狀態不禁讓總經理懷疑自己新想出來的辦法是不是可行。

總經理對志民說：「你一直抱怨公司對你不夠重視，那我現在給你一個機會，你願不願意去試試？」

志民表示無所謂。

總經理將大羅通訊公司總經理的要求說了一遍，表示自己想把志民做為借調人員派過去，希望他能為公司爭光。

志民還是無所謂的表情，總經理有點著急：「你這次出去，既代表你個人，更代表我們公司，怎麼表現，不用我教你吧？如果你覺得撐不住了，可以打通電話給我，我再換人過去。」

就這樣，這位「老大難」員工被派到了陌生的公司裡，一個月後，大羅通訊公司的總經理打來電話：「你們這位借調人員太出色了！很多事情都能獨當一面，還帶領我們的員工提前完成工作。」

「哈哈，我們還有更出色的！」大華通訊公司的總經理不忘推銷自己的公司，同時也鬆了一口氣。

當志民回到大華通訊公司，部門經理都反映說，他的工作積極性很高，跟之前完全兩樣。

天下「財」經

木桶原理是由美國管理學家彼得所提出的，指的是一個由很多塊木板組成的木桶的裝水量，並不是由最長的木板決定，而是受最短的木板所限制。從而延伸出在企業和團隊中，都會面臨的共同問題：一個團隊要想發揮最大的力量，就要讓所有的員工共同發展，尤其是相對弱勢的要趕緊提升到足夠的高度，才可以真正發揮團隊的價值。

木桶原理不僅在團隊建設上有所幫助，同樣在企業的銷售、市場推廣、服務以及生產管理方面都可以發揮作用。每個企業都有薄弱的環節，有自己的軟肋，要從這些方面入手去提升和改善企業的內部，才能補齊自己的劣勢，從而避免在市場競爭中由於弱點而處於不利的地位甚至導致企業的失敗。

而若想實現木桶原理的改善，需要從幾個方面努力：

一、先找出弱點在哪裡並進行改進。

二、在改進後的部分再找新的弱點，繼續改進。

三、要持續進行前兩步的動作。

四、學會截長補短，這樣可以提高企業工作的效率。

財富名人堂

吉姆．沃爾頓（Jim Walton）：男，西元二〇一三年《富比士》全球億萬富豪排行榜上排名第十四名，淨資產兩百六十七億美元。美國人，從事零售業。現任沃爾瑪（Wal-Mart）總裁，山姆．沃爾頓的小兒子，畢業於馬里蘭大學派克分校。他是在沃爾瑪商場裡長大的，打掃環境、整理貨架是他當時的主要工作。

比較優勢理論
田忌賽馬

比較優勢理論，指的是國際間的貿易基礎是生產技術的相對差別，和由此所產生的相對成本的差別，在國家層面上，應該發展對自己具有相對優勢的商品，而進口相對劣勢的商品。

中國古代的齊國有個大將軍叫做田忌，他很喜歡賽馬，經常約人一起進行賽馬比賽。

有一回，田忌約了齊威王賽馬，他們在賽前訂下規矩說，將各自的賽馬分為上、中、下三等，然後在比賽中用上馬對上馬，中馬對中馬，下馬對下馬。

由於齊威王每個等級的馬都比田忌的好一點，所以每場都是田忌輸，幾場比下來，田忌的臉都拉長了，比賽還沒結束，就氣沖沖地離開賽馬場。

這時，田忌聽到有人叫自己的名字，抬頭一看，是自己的好朋友孫臏在向他招手。

田忌向孫臏走過去，孫臏拍拍他的肩膀說：「我剛

中國戰國初期軍事家，兵家代表人物──孫臏。

才觀看了賽場的情況，其實齊威王的馬沒有比你的快很多，你輸得沒道理……」

田忌不高興了，打斷孫臏的話：「真沒想到，我最好的朋友也來挖苦我！」

孫臏哈哈笑道：「我不是挖苦你，我是說你再與齊威王比一次，我有辦法讓你贏。」

田忌疑惑地說：「你的意思是讓我去找更好的馬？可是我哪有時間再去訓練新馬？就算我能找到，齊威王也不肯等我慢慢培養啊！」

「當然不是，你一匹馬都不用換。」孫臏胸有成竹地說。

田忌撇了撇嘴：「那還不是一樣會輸。」

「你就照我說的做吧！」孫臏推著田忌往齊威王面前走。

齊威王身邊圍繞著一堆人，正在聆聽齊威王得意洋洋地誇讚自己的賽馬有多優秀，看到田忌和孫臏過來，眾人散開了，讓他們直接面對齊威王。

齊威王看著田忌苦著的一張臉，不禁笑出聲來：「怎麼了？不服氣？還想和我比一次？」

「再比一次吧！」田忌在孫臏的慫恿下接受了挑戰。

齊威王看著田忌，叫人把賭注加大，挑釁地問田忌：「你敢加大賭注嗎？」

田忌把自己的錢都倒在桌子上，不服輸地看著齊威王。

齊威王看了看田忌的錢，又派人加了一千兩黃金。

比賽再次開始了。

在第一場上等馬的比賽中，孫臏讓田忌的下等馬出賽，結局可想而知。

齊威王說：「沒想到，大名鼎鼎的孫臏會出這樣的主意給田忌，看來田忌的本錢我贏定了。」

第二場比賽中，孫臏讓田忌的上等馬對陣齊威王的中等馬，輕鬆獲勝一局。

齊威王漸漸看出門道，不由得有些慌了，從看臺上站起身來。

第三場比賽中，孫臏用原來的中等馬對陣齊威王的下等馬，又戰勝了一局。

賽馬的最終結果是，田忌三局兩勝。

天下「財」經

這個故事的結局就是由動態比較優勢決定的。

比較優勢理論是由英國著名的古典經濟學家大衛·李嘉圖提出的，指的是國際間的貿易基礎是生產技術的相對差別和由此所產生的相對成本的差別，在國家層面上應該發展對自己具有相對優勢的商品，而進口相對劣勢的商品，才能最大限度地產生貿易的利潤。

要想使用比較優勢理論，應符合幾個必要的前提條件，比如至少有兩個國家、兩種商品來進行比較，並且國家與國家之間需要有一定的差異；兩國的自由貿易應該是在市場競爭下進行，生產所需的基礎應該只在自己所在的一國而不是兩國間；兩國的貿易額應該是均等的。

比較優勢理論為國家間的自由貿易發展提供了有利的依據，兩國的比較優勢差異越大，兩國間貿易的空間也是越大的，都可以根據比較優勢的原則來將生產要素進行專業化的生產和發展。

這樣的自由貿易思想為政府間的經濟利益爭奪創造了相對文明的環境，也讓各國都可以促使自己國家商品的市場銷售率大幅增長。

財富名人堂

麥可·彭博（Michael Bloomberg）：男，西元二〇一三年《富比士》全球億萬富豪排行榜上排名第十三名，淨資產兩百七十億美元。美國人，從事傳媒、網路服務業。三十多年前，他創辦了布隆伯格新聞公司。十多年前，他成為美國紐約市長，並將在這個位置上工作到西元二〇一四年。在一次的採訪中，他笑稱在自己去世後，《紐約時報》肯定會以大篇幅來刊登他的訃告。

邊際成本
飛機場上的糾紛

邊際成本，指的是每增加產品的一單位的產量而隨之增加的成本量，隨著產量的增加，邊際成本會先減少後增加。

「緊急通知，緊急通知，飛往B城的飛機因為突發事件暫時不能起飛，造成各位乘客的不便敬請諒解……」

航站大廈的廣播一直重複著這句話，而在這架因為突發事件而不能起飛的候機室內則是另外一種景象。

這次的突發事件來自於一個暴躁的乘客，此刻他正在航空公司的辦公室中大嚷大叫，既不讓飛機起飛，也不同意投訴處理人員關於賠錢退票的建議，非要航空公司的高層親自說明才行。

航空公司的負責人很快到了「事故」現場，在接觸這名乘客之前，他先找到負責此次投訴的經理詢問具體細節：「乘客是因為什麼原因大鬧機場？」

經理據實回答：「因為他買的票沒有座位了。」

「什麼？」負責人很驚訝，飛機不同於其他交通工具，很少會出現乘客買了票而沒有座位的情況，「是系統出了問題？」

「不是。」經理回答說，「公司這兩年效仿國外航空公司的做法，每次都會多賣出去幾張票。因為根據歷史統計，每次的航班都會有一些乘客購買了機票而不會前來乘坐的情況，這個比例大約是三百分之五，也就是說每三百張票中會有五個人不會前來，所以國際的做法是，三百個座位的航班賣三百零五張票，正好坐滿飛機，這樣能降低邊際成本，還能多賺五張票的錢。」

「如果最後乘坐航班的人超過三百位，你們該怎麼處理呢？」負責人對這種做法聞所未聞，初次聽到非常驚訝。

經理習以為常地回答道：「如果超過了三百位，我們就會詢問一下有沒有人願意改乘，搭乘下一個航班。當然，對於乘客的損失，我們會給予補償，基本上不急的乘客都會接受，所以一直沒有出過問題。」

「那麼這次呢？」

「這次……」經理慚愧地說，「飛機上的乘客都不願意改乘，這位乘客是最後一個登記的，所以就沒有座位了……」

負責人沒有再說什麼，經過簡單地思考，他走向那位乘客：「先生，十分抱歉，購票系統在您使用的時候出現了混亂，導致出票失誤……」

他的話還沒說完，就被乘客打斷了：「那是你們的錯，跟我有什麼關係！」

「是的，的確是我們的錯。」負責人平靜地說，「但是我認為，現在追究到底是誰的錯，不是最重要的事情。您的時間很寶貴，我們最需要做的，是如何彌補這個錯誤。」

話說得漂亮，但乘客就是不接受，負責人又提出很多種解決方法，乘客都不答應。

最後，負責人不得不救助於公司老總，派出老總的私人飛機將乘客送到了目的地。

這次的投訴事件解決後，公司老總特意召開會議，徹底取消了這種超額賣票的「賺錢」方式。

天下「財」經

邊際成本認為，當產品的產量小的時候，企業生產產品的設備使用率較低，隨著更多員工的生產工作增加，設備的使用率增加，所以這個階段產量的增加速度是高於生產成本的增加速度的，邊際成本會減少；當員工增加到一定的程度，企業生產設備的使用率也增加，但是設備的有效率卻因過度使用而降低，這個過程中隨著產量的增加，邊際成本也在不斷增大。

邊際成本的計算方法在一定程度上，可以科學地計算生產成本和單位成本，準確反映企業成本的變化，從而更加準確地反映出企業生產所產生的實際利潤的大小。但在實際的生活應用中，由於邊際成本的計算方法只包括了變動的生產成本而沒有計算固定成本，其實忽略了固定成本對單位成本的影響，從而在產品的存貨計算上還存在差誤。

所以，在實際應用中不能生搬硬套，而要揚長避短地靈活使用。

財富名人堂

斯蒂芬・佩爾森（Stefan Persson）：男，西元二〇一三年《富比士》全球億萬富豪排行榜上排名第十二名，淨資產兩百八十億美元。瑞典人，從事零售、紡織服裝業。H＆M服飾公司的老闆。西元二〇〇九年，他花費四千萬美元以及相應的稅（一筆對他來說尚屬節儉的支出）買下了地處漢普郡的整個林肯霍特村，獲得約六平方公里的農田和近兩平方公里的林地。

鯰魚效應
引入迪士尼樂園

鯰魚效應，指的是從外引進優秀人才後，可以刺激內部人才的競爭激勵，從而促進企業內部人才的良性競爭和發展。

花榮城的主題樂園很多，但是一直沒辦法呈現出欣欣向榮的景象來。花榮城的市長為了此事大為惱火，幾次召開政府高層開會商量解決辦法。

這天，市長在自己家中宴請了幾位商界人士，這幾個人彼此都不認識，但他們都有一個共通點——都是市場行銷方面的高手。

杯觥交錯之餘，市長首先開口了：「邀請各位來，想必各位也是略有耳聞的，市政府花了大筆經費建了幾個主題樂園，與其他城市相比，算是主題樂園比較多的城鎮。但是這些主題樂園不管做什麼行銷，都是不慍不火的，大家有什麼好的想法沒有？」

幾位商界精英面面相覷，但誰都沒有開口。對於市長宴請的意圖，他們事先也是猜到了幾分，具體的對策也是心中有數的，但這畢竟涉及到政府的顏面，誰都不願意先開口得罪市長。

市長混跡官場多年，對這幾位商界人士的心理也是能揣摩得到，他緩緩開口道：「誰有好的解決辦法，不讓建樂園的錢白花，政府願意和他所在的公司共同營運這幾家主題樂園。」

聽到這句話，這些商界人士頓時眼睛一亮，能和政府一起營運主題樂園，不僅能有豐厚的資金做後盾，還可能有優惠的政策，對於提升自己公司的形象和收益都是有好處的。

經過深思熟慮，一個經理人首先開口了：「其實，主題樂園的問題不是出在設備和行銷策略上，而是出在人的身上。」

市長感興趣地問：「怎麼說？」

經理人解釋說：「這幾家主題樂園的設備都是一流的，但它們都是由政府人員來營運的，抱著『不求最好，但求無過』的態度，營運人員不會像市場型公司那樣，努力地為公司服務，很多行銷策略都是為了面子，而不是收益。因此，導致年收益率不斷下滑的現狀。」

「那你有什麼好的辦法嗎？」市長問。

「引進另一家主題樂園。」

市長不解：「為什麼？引進什麼主題樂園？」

「將迪士尼引進到花榮城。」經理人說，「迪士尼主題樂園做為一家成熟的主題樂園，它的營運策略會對現在的主題樂園產生衝擊，而由政府和市場型公司一起營運原先的主題樂園，則可以更好地督促現有的營運人員。」

經理人又講述了一系列自己的想法，市長頻頻點頭表示讚許。

宴會後不久，市長就著手辦理迪士尼主題樂園的引進工作，並指派出主意的經理人加入營運。效果也如同經理人說過的一般，幾家主題樂園都一改過去的懶散之風，呈現出市長希望見到的繁榮模樣。

天下「財」經

鯰魚效應是財富管理學中一個非常重要的概念，原本説的是漁民發現沙丁魚不愛動，捕撈後往往活不了多久就會死，而沙丁魚的天敵是鯰魚，漁民把一條鯰魚放進裝有沙丁魚的魚艙，沙丁魚迫於無奈，為了躲避被吃的命運而不停地游動。

在管理學中，鯰魚效應通常表現為兩個方面：

一、企業要不斷地引進補充新鮮血液，把優秀的年輕人才放在管理層中，刺激老員工和因循守舊的員工重新燃起競爭意識。

二、在引進人才的同時也要引進新的技術、設備以及管理理念，這樣才能保證企業在大市場環境中保有生存和適應能力。

故事中迪士尼主題樂園的引進正是發揮著鯰魚的效應。

鯰魚效應在社會生活的各個方面都有廣泛的應用，尤其是在企業的人才管理中，但是，鯰魚效應的使用要注意一個前提，就是鯰魚數量的控制，試想若是魚缸裡大部分都是鯰魚而只有幾條沙丁魚的話，就會出現副作用，沙丁魚會破罐破摔，反正也逃不了。

在企業中也要適度考慮鯰魚型優秀人才的數量控制，二者合理的搭配才能達到最佳的效果。

在企業人才管理中，也有鯰魚效應沒有達到應有的效果反而影響企業發展的，因為鯰魚型員工通常都是空降兵，職位通常不低，在沒有與現有團隊建立信任的基礎上，團隊成員的消極情緒可能會造成空降兵與原有團體間的不合作狀態，從而影響企業正常的發展。

財富名人堂

克利斯蒂．沃爾頓（Christy Walton）：女，西元二〇一三年《富比士》全球億萬富豪排行榜上排名第十一名，淨資產兩百八十二億美元。美國人，從事零售業。沃爾瑪創始人山姆．沃爾頓的兒媳，她的丈夫約翰是沃爾瑪公司創始人山姆．沃爾頓的第二個兒子。約翰是老山姆的繼承人，而在他死後，他的妻子克利斯蒂成為其家族財產的繼承人，這項繼承使得克利斯蒂的身家一躍超過自己的婆婆和小姑（老山姆的妻子和女兒），成為「美國第一富婆」。

馬太效應
誰是最聰明的僕人

馬太效應，指的是強者愈強、弱者愈弱的一種社會現象。在經濟學中被用來反映收入分配不公的現象，也就是莊家為大獨攬財富的現象。

在遙遠的國度，有個智慧的國王，他想驗證自己最寵愛的三個僕人誰最聰明，就在遠行前將三個僕人叫到自己面前。

三個僕人來到國王面前，發現每人面前的桌上都擺著一錠銀子。他們詫異地看向國王，國王解釋說：「我現在給你們一人一錠銀子，我一個月之後回來時，你們再帶著銀子來見我。」

「那這錠銀子的使用權歸我們嗎？」僕人之一問道。

「當然。」國王很高興看到有人提出問題，「你們隨便怎麼使用都可以。」

三個僕人表示已經明白遊戲規則，帶著一錠銀子走了出去。

一個月之後，國王遠行回到了自己的國家，立即召見那三個僕人來見自己。

第一個僕人說：「陛下，您終於回來了。」

國王點點頭：「之前我給的一錠銀子，你是怎麼使用的？」

第一個僕人畢恭畢敬地回答說：「稟告陛下，您給我的那錠銀子，我用來做了點小生意。」

「結果如何呢？」國王問。

第一個僕人捧出五錠銀子：「我的小生意總共賺到了四錠銀子，加上本金的一錠銀子，現在總共是五錠銀子。」

「很好！」國王點點頭，轉向第二個僕人說，「你的銀子怎麼樣了？」

第二個僕人回答：「稟告陛下，我在其他國家做了點投資，現在已經賺到十錠銀子了。」

國王很高興，轉向第三個僕人：「你呢？」

第三個僕人也尊敬地回答說：「稟告陛下，您賜給的銀子，我怎麼敢亂動呢？我一直都小心翼翼地包在手帕裡。」他拿出手帕，小心翼翼地解開：「您看，一點都沒有被破壞，跟您給我的時候是一模一樣。」

國王明顯臉色不好。

短暫停頓後，國王宣布，將五錠銀子送給了第一個僕人，將十錠銀子送給了第二個僕人，最讓人意外的是他對第三個僕人的處理。

國王將第三個僕人的一錠銀子拿走，並把這錠銀子給了賺錢最多的第二個僕人，說：「凡是少的，就連他所有的，也要奪過來；凡是多的，還要給他，叫他多多益善。」

後來，這個現象就被稱為馬太效應，意指贏家通吃。

天下「財」經

馬太效應在金融、心理學甚至教育領域都有廣泛的應用，指的是強者愈強、弱者愈弱的一種社會現象。

這是由美國的羅伯特·莫頓於西元一九六八年提出的，他認為「任何個體、群體或者地區，在如金錢、名譽或者地位等某一個方面獲得了成功和進步，就會繼續產生一種累計的優勢，也就是說將會有更多的機會獲得更大的成功」。

在經濟學中，它被用來反映收入分配不公的現象，也就是莊家為大獨攬財富的現象。

馬太效應對強者是優勢的累積，但對弱勢來說，則會刺激失敗者消極以對，喪失原有的理智，從而走向更大的失敗。

所以，要想在一個領域保持持續的領先地位，就必須在這個領域迅速變得強大，佔據市場的大半，成為行業的領頭羊，才有更多機會獲得更多的社會資源以輔助自己取得更大的成功。同樣，當發現目標領域中已經有了強大的領頭羊且憑藉自己的能力無法超越，那也不要灰心喪氣，應該另闢蹊徑尋找自己的優勢並加以應用發揮。

財富名人堂

伯納德·阿諾特（Bernard Arnault）：男，西元二〇一三年《富比士》全球億萬富豪排行榜上排名第十名，淨資產億兩百九十美元。法國人，從事奢侈品業。法國首富、世界奢侈品教父、LVMH 集團締造者、精品界的拿破崙。依靠法國人與生俱來的藝術細胞，成立了今天的 LVMH 帝國。他多次被時尚雜誌捧為「最佳著裝男士」之類的頭銜。

棘輪效應
商紂王墮落記

棘輪效應，指的是人的消費習慣形成後就會具有不可逆性，尤其是在短期內，也就是說只會向上調整而很難向下調整。

歷史上被人們所熟知的商紂王是個昏庸的君主，他寵幸妲己，殘害忠良，最終將商朝推上了滅亡的不歸之路。

但這並不是商紂王最初的樣子，初登帝位的商紂王不僅天資聰慧、智力超群，還是遠近聞名的大力士，那個時候，幾乎所有的臣民都相信，商紂王一定會帶領商朝走向繁盛。

在古代，人們常將亡國之君的過失與女色聯繫起來，因此，商紂王的妃子妲己就成了被詛咒的對象。

這樣一個出色的少年君主最終為何會走上毀滅之路呢？這還要從一雙象牙筷子說起。

登上王位不久，就有人向商紂王進獻了一雙象牙製成的筷子，商紂王很高興，當天晚上就宴請群臣，用這雙筷子用餐。這個細節引起了商紂王叔父箕子的注意，他向商紂王進諫說：「陛下，這雙筷子固然精美，但由儉入奢易，由奢入儉難，我勸您還是將它做為收藏品收藏起來，而不是日常使用。」

商紂王聽了不以為然，滿朝文武大臣也覺得箕子有點小題大做，不過是一雙筷子，能有多大的影響作用？

參加完宴會回到家中的箕子一個勁兒地嘆氣，躺在床上輾轉反側就是無法入眠。

妻子問他：「大人，您為了何事煩心呢？」

箕子將晚宴的情況向妻子說明，妻子不解地問：「天下都是大王的，他只不過用了一雙高級的筷子，會怎樣呢？」

箕子說：「妳一個婦道人家，都會想到天下都是他的，他可以為所欲為。做為大王，他自己也會想到這一點，他今天用了象牙製成的筷子，明天就可能想要犀牛角做成的酒杯，有了犀牛角杯，他又會想要美玉做成的碗碟，長此以往，現在使用的俗物都入不了大王的眼了。隨著奢華的升級，他會不再想吃普通的食物，有了精美的食物，他又會想要穿綾羅綢緞，吃穿都達到最高的等級時，他就會想要建造更高級的樓臺廟宇。這樣一來，有可能就會民不聊生，天下大亂。我一想起此事，就憂愁萬分，怎麼也無法安心入眠啊！」

妻子安慰箕子說：「也許大王只是想用這雙筷子而已，可能事情不會像你想的那樣悲觀。」

「但願如此吧！」箕子又嘆了口氣，在妻子的撫慰下進入了夢鄉。

當時的很多人，包括箕子的妻子在內，都覺得箕子過於杞人憂天，但五年後發生的故事卻證明了箕子的高瞻遠矚。商紂王在奢侈的路上一去不回頭，變成人們所熟知的驕奢淫逸、貪圖享樂的無道君主，最終將商湯幾百年的基業拱手送人。

天下「財」經

棘輪效應又被稱為制輪作用，指的是消費者的消費習慣會容易由於收入的提升而增加更多消費支出，在日後哪怕收入減少，也會想方設法維持原有的消費習慣。

棘輪效應最早來自於對蘇聯計畫經濟制度的研究，普遍存在於經濟及管理領域中。故事中商紂王便是「棘輪效應」的展現。

棘輪是出於人的本性及人的慾望，用中國的古話來說就是「由儉入奢易，由奢入儉難」，人的慾望只要出現，就會想方設法去滿足。

對待棘輪效應要分兩方面來看：

一、壞的消費習慣會讓我們的生活出現很多困擾、麻煩以及壓力，這是棘輪效應的負面效應。

二、好的消費習慣則會改善消費者的生活品質，促進經濟的發展，這是棘輪效應的正面效應。

所以，若是合理利用棘輪效應，形成良好的生活、理財和消費習慣，不僅能大大改善財務狀況，也能間接促進經濟增長。

財富名人堂

利利安·貝當古（Liliane Bettencourt）：女，西元二〇一三年《富比士》全球億萬富豪排行榜上排名第九名，淨資產三百億美元。法國人，從事零售、日用化學產品業。世界女首富，世界美容業翹楚萊雅集團（L'Oréal Group）低調的掌門人，被稱為世界上最有錢的女人。其公司名下商標有歐萊雅、蘭蔻、卡尼爾、薇姿、巴黎萊雅、聖芙蘭、碧兒泉、植村秀、美體小舖等。

羊群效應
網路經濟的盲從者

羊群效應，是經濟學中常見的一種從眾跟潮流的行為，指的是從眾的心理很容易導致盲從，從而陷入騙局。

二十世紀末期，網路經濟一路飆升，幾乎所有的投資家都在跑馬圈地賣概念，IT 業的 CEO 們也都在比賽「燒錢」，似乎燒得越多，股票就會漲得越高。

投資家里克問自己的朋友（同時也是他的智囊）亨利：「你覺得我現在是不是需要加入網路經濟中，趁亂大撈一筆？」

亨利沒有直接回答，而是對里克說：「我來講兩個簡單的故事給你聽，你就會明白你是不是要跟從這股潮流。」

第一個故事是關於毛毛蟲的實驗，法國科學家曾經做過一個實驗，他把很多隻毛毛蟲放在一個花盆的邊緣，讓牠們首尾相連成一圈，然後在花盆的不遠處撒了一些牠們最愛吃的食物。聞到食物香味的毛毛蟲們開始不停地遊走，但是首尾相連的姿勢讓牠們沒有一隻能逃得出來，只是一隻跟著一隻地繞著花盆一圈圈地走。這些毛毛蟲不停歇地走了七天七夜，最後因為飢餓和勞累相繼死去。這個故事中，最可悲的地方就在於，只要其中有一隻毛毛蟲改變了路線，牠們就能吃到相距不遠的食物。

第二個故事是一個幽默的小笑話。說的是一位石油大亨到了天堂，但沒想到天堂也需要開會。這天，石油大亨到了會議室，發現會議室中已經座無虛席，連站的地方都沒有了。這時，他靈機一動，大喊道：「好消息啊，地獄裡發現石油了！」

這一喊，會議室中所有的人都跑向了地獄，轉眼間只剩下了石油大亨一人了。見眾人都跑了，原本散布謠言的石油大亨也不禁心動地說：「難道地獄真的發現石油了？」說完，他也跟著急匆匆地向地獄跑去。

亨利對里克說：「我所說的這兩個故事就是羊群效應的故事，大家都有從眾的心理，這個時候所有人都投身進去，你不覺得很像羊群效應嗎？並且，在這個時候，媒體充當了羊群效應的煽動者，將傳聞宣傳成新聞，將觀點宣傳成民意，藉助自己的工具，欺騙了無辜的羊群。」

里克點點頭，這兩個故事對他的觸動很大，他也覺得此時投資可能過於激進。果然，在西元二〇〇一年，就如同亨利所說的那樣，泡沫破滅，浮華散盡，大家才發現在狂熱的市場氣氛下，獲利的只是領頭的那幾個企業，其餘跟潮流者的全都成了犧牲者。

天下「財」經

羊群效應多出現在競爭激烈的行業裡，通常這個行業裡會有一個優秀的領導者主導大眾注意力，而行業裡的其他人都喪失了基本的判斷力，導致整個行業都會紛紛效仿其經濟行為及決策 。

羊群效應是把雙刃劍，若是合理利用引導，有利於區域性品牌的創立，規模化的形成，而很多失敗者則是在跟潮流的過程中喪失了自己最基本的判斷力，當沒有創新意識和獨立思考能力時，失敗也是顯而易見的。

由此可以看出，羊群效應的優勢在於可以強化客戶的安全感；也可以使客戶產生緊迫感從而促成購買，由此帶動更多人的購買行為，形成連鎖效應。而劣勢則是可能會使客戶受到別人購買的影響，從而影響了自己的判斷而盲目購買，最終可能會後悔而給企業造成不必要的麻煩；還有就是在應用羊群效應時，若是沒有足夠的經驗，則有可能顧此失彼。

財富名人堂

李嘉誠：男，西元二〇一三年《富比士》全球億萬富豪排行榜上排名第八名，淨資產三百一十億美元。香港人，多元化經營。長江實業集團有限公司創始人、董事長。西元一九五八年開始投資地產，一九七九年購入老字號英資商行「和記黃埔」，成為首位收購英資商行的華人，一九八一年獲選「香港風雲人物」和太平紳士，一九八九年獲得英國女王頒發的 CBE 勳銜，一九九二年被聘為港事顧問，一九九三年度榮登香港風雲人物。

蝴蝶效應
流浪漢獲救

蝴蝶效應，指的是微小的變化可能引起整個系統長期而龐大的系列連鎖反應，即初始條件的微小偏差可能會帶來結果的巨大不同。

紐約的一個平常日子裡，羅伯特結束了一天的工作之後，搭乘捷運前往時代廣場站。

羅伯特是美國著名的心理學家，同時也是亞利桑那州立大學的心理教授。

當羅伯特走到捷運站的時候，正好趕上下班高峰期，如水流的人群像往常一樣沿著臺階蜂擁而下向站臺奔去。

就在到達站臺的時候，羅伯特看到一位男子躺在站臺的空地處，他衣衫襤褸，閉著眼睛，躺在那裡一動也不動。

但是，人們從他身邊經過，像沒有看到他一樣，有幾個人看起來是急著回家，甚至從他的身上跨過去。

看到這樣的狀況，羅伯特停下腳步，想看看接下來會發生什麼事情。

就在羅伯特停下腳步的那一刻，奇怪的事情也發生了，疾步快走的行人中有幾個人也停下了腳步，和羅伯特一樣盯著流浪漢看。

很快，彷彿人群一瞬間被傳染，流浪漢的身邊聚集了一小部分愛心人士，人們的同情心一下子被激發。眾人發現這個流浪漢暈了過去，有個男人打開水壺，將幾滴水滴到流浪漢的嘴唇上；有個女人去買了食物，以免流浪漢醒來後飢餓；還有幾個人把工作人員叫來，請他們打電話叫救護車。

幾分鐘後，這個流浪漢終於醒了過來，經過簡單的交談，人們瞭解到這個流浪漢來自西班牙，只會說西班牙語，因為弄丟了錢包，所以身無分文，已經有好幾天沒有吃過東西了，結果因為飢餓而暈倒在地鐵的站臺上。

這就涉及到一個有意思的問題，為什麼當羅伯特「停下腳步」這一動作發生的時候，會引起站臺上這麼大的反應呢？

後來，經過長時間的觀察，羅伯特認為，這一現象產生的一個重要原因是，在人們身處熙熙攘攘、匆匆忙忙的人潮中，往往會陷入集體催眠的自我狀態中，這一狀態並不說明人們沒有同情心，而是他們在忽視身邊沒有關係的資訊的同時，也忽略了身邊需要幫助的資訊。就像有一首詩說的那樣：「走在嘈雜的大街上，眼睛卻看不見，耳朵卻聽不見。」在社會學中，這種狀態也被稱為「都市恍惚症」。

天下「財」經

故事中的流浪漢被救助類似蝴蝶效應。

蝴蝶效應是由美國氣象學家愛德華．羅倫茲在一篇論文中所提及的，說的是一隻南美洲熱帶雨林裡的蝴蝶，偶然搧動了幾下翅膀，兩週後在美國德克薩斯州引起了一場龍捲風。

這說明，在動力學系統中，微小的變化可能引起整個系統長期而龐大的連鎖反應，初始條件的微小偏差可能會帶來結果的巨大不同。

蝴蝶效應被劃分為混沌學的類別，和多米諾效應有些雷同，只是多米諾效應的時間週期可能更長，而經濟學家們也用蝴蝶效應來進行股票投資非線性的分析，例如西元一九九八年亞洲金融危機就是蝴蝶效應的真實展現。

所謂蝴蝶效應歸於混沌學的說法，是因為在我們的日常生活中，當我們無法從常規角度分析解釋一種經濟現象時，就會傾向於去關注那些無關緊要的因素。當這些無關緊要的因素關注多了，就變得更加不可預測，這也是非線性的分析和發展。

所以，尤其是在投資領域，對於微小細節的關注以及細節之間關聯性的分析，可能會幫助我們更為準確地分析未來的趨勢和走向。

財富名人堂

大衛．科赫（David Koch）：男，西元二〇一三年《富比士》全球億萬富豪排行榜上排名第六名，淨資產三百四十億美元。美國人，多元化經營。是美國「科氏工業」的老闆之一，現任科氏工業集團副董事長。這家總部位於堪薩斯州的企業是美國第二大私人公司，業務包括石油、能源、化工、木材等。

示範效應
漂亮女孩落網

示範效應，指的是消費者在協調處理自己個人或家庭的消費支出與收入的關係時，會不自覺地與其他消費者進行比對，試圖超過或不低於與自己同一階層的消費者的水準，以找到自己的經濟歸屬。

衛城警局逮捕了一個美麗的姑娘，見到的人都無不嘆息：「這樣一個美麗的姑娘，怎麼會做傻事呢？」

這個姑娘名叫可欣，今年剛滿二十五歲，正是一個女人最美麗的年華，且她本身就長得美麗，更是讓人一見尤憐，卻因為挪用公款而被逮捕，準備擇日審訊。

在警局裡，可欣呆呆地看著自己手腕上的手銬，一直沉默不說話，直到警局的工作人員問及她的家人時，她才淚如雨下，講述了自己逐步墮落的故事。

可欣在結婚前，是個人見人愛的姑娘，很多男孩子圍在她公司門口等她下班，只為了陪她走上一段路。在這些男孩子之中，有一個長相最帥氣、最有耐心的，不管可欣如何拒絕，他都表現出一往情深的樣子。久而久之，這個男孩進入到可欣的心裡，兩個人談了一年的戀愛就走進了婚姻的殿堂。

可欣的丈夫是個很時尚的人，吃的、穿的、用的無一不是最好的，他和可欣的薪水幾乎都被用在他一個人的身上了。新婚的可欣還能忍受，但隨著積蓄的逐漸減少，可欣漸漸心理不平衡了，她不滿於自己的薪水都花在丈夫的身上，也開始變得奢侈起來，穿的衣服一天比一天時尚，佩戴的首飾也是越來越昂貴。

她的丈夫不是一味吃軟飯的小白臉，也很高興看到可欣一天天變美，但是兩個人的薪水就那麼多，沒有額外的收入。為了負擔兩人的開銷，丈夫開始不斷以各種藉口舉債，這個原本應該很幸福的小家庭也因此債臺高築。

可欣也不忍心丈夫在外面四處碰壁，但兩人的消費水準已經上去了，怎麼也沒辦法降下來。

就在這時，可欣找到了一個好的辦法，她身為公司的財務，經常能接觸到大量的現金，從少量現金開始挪用，等發了薪水再還回去。就這樣反覆了幾次，也沒出什麼大問題。

後來，可欣的膽子越來越大，最高一次甚至挪用了數百萬元。

可欣所在的公司很快便發現了現金的流失，將早已悔恨萬分但卻無力償還的可欣告發，最終，這個漂亮的姑娘將在監獄中度過自己最美好的年華。

天下「財」經

在生活中，當消費者看到別人因為消費習慣或者收入水準的變化而購買高級的消費品或服務時，無論自己的收入是否提高，都會想辦法效仿他人也去擴大自己的消費支出類別，從而改變自己的消費行為，明星的示範效應帶動更是明顯。故事中可欣的「墮落」就是丈夫的消費行為發揮了示範效應。

十九世紀四〇年代在經濟學界提出了一個理論——「相對收入假說」，就是基於示範效應而產生的，消費者的支出不僅是由自己的真實收入水準決定，由於虛榮心理影響，往往會與周圍人的消費去做類比。

在市場經濟中，若是能夠恰如其分地應用消費的示範效應，可以創造巨大的商品及服務需求，從而為經濟發展帶來積極影響的；但若是過於使用示範作用，則會助長社會中逐富心理的滋生，會給社會風氣帶來負面影響。

財富名人堂

查理斯．科赫（Charles Koch）：男，西元二〇一三年《富比士》全球億萬富豪排行榜上排名第六名，淨資產三百四十億美元。美國人，多元化經營。大衛．科赫的哥哥，現任美國科氏工業集團董事長兼 CEO。科氏工業是僅次於美國嘉吉公司的世界第二大私人持股公司，同時也是全球最大的非上市公司，其業務包括石油、能源、化工、木材等。科赫兄弟擁有的煉油廠遍布阿拉斯加、德克薩斯、明尼蘇達等地，為他們帶來了源源不斷的財富。

替代效應
聰明保姆賺小費

替代效應，指的是當一種商品的價格發生變化後，導致消費者所購買的商品中此商品與其他商品間的替換，在這個過程中所產生的消費變化。

季先生和季太太事業蒸蒸日上，但特別愛哭的孩子卻讓他們傷透了腦筋。為了這個孩子，夫妻二人想了很多辦法，最後總算是找到了一個實用的。

原來，他們的孩子特別喜歡一種糖果和一種一次性的玩具球，每次孩子快哭的時候，給他玩個玩具球或者吃顆糖，小孩就會安靜下來，如果多給幾顆，孩子還會手舞足蹈。夫妻二人對這項「哄孩子工程」做了預算，每週大概需要投入五十元左右，包括購買一百個〇・二五元的一次性玩具球和兩百八十顆〇・一元的糖果。

隨著事業的逐漸擴張，夫妻二人已經無法全心投入在照顧孩子上。為了更好地支持丈夫工作，季太太雇了一名保姆。小保姆的基本工作就是不讓孩子哭，當然主要方法還是季先生和季太太摸索出來的「球＋糖果」戰術。

在季先生和季太太的幫助下，保姆很快就學會了這個戰術，一個月後，一次性玩具球的價格下降至〇・一五元，保姆很高興，她現在購買同樣的玩具球，可以省下將近十元，她把這十元裝進自己的腰包當作「小費」。

這僅僅是賺小費的開始，經過幾次的摸索，保姆還發現，根本不需要購買那麼多價格較高的玩具球，她嘗試著用四十四元買一百四十五個玩具球和兩百二十顆糖果，不僅小孩能忍住哭泣，偶爾還會露出笑容。

週末，保姆去找自己正在經濟系讀研究生的哥哥玩，得意洋洋地將自己賺小費的事情講了出來。哥哥聽完之後，直誇妹妹有經濟頭腦，但是他認為妹妹的「心機」還不算深，因為讓小孩高興並不是妹妹的工作，妹妹大可以在孩子不哭的前提下，更好地組合玩具球和糖果。

在哥哥的建議下，妹妹又經過反覆試驗，發現每週購買一百四十個玩具球和兩百一十顆糖就能保證孩子不哭。這個組合每次花費大概在四十二元左右，比之前每週多賺兩元。

轉眼間春節到了，保姆要回家過年，購買玩具球和糖果的任務就又回到了季先生和季太太的身上。保姆左思右想，如果這兩位去購買東西，一定會發現自己賺了小費的事。於是，她以退為進，不再賺取小費，將主人給的錢全部用來購買玩具和糖果，並對季先生和季太太建議說，每週購買一百八十個球和兩百七十顆糖是最能讓小孩高興的量。

季先生和季太太都很高興，直誇她能幹，而對她主動提起的玩具球降價一事，也為自己贏得了誠實的美名。

天下「財」經

當一種商品價格降低時，消費者會有意識地用這個商品去替代其他原本要購買的商品，這一舉動使得此降價商品的需求量大幅增加，總的來說就是當消費者的購買滿足水準不變時，一種商品的價格變化所引起的該商品需求數量的改變。故事中保姆賺小費的方法，就解釋了消費中所包含的替代效應。

替代效應在很多經濟領域中都有展現：

一、稅收方面，由於國家的徵稅政策而導致的某種商品或服務的價格變化，人們會選擇一種消費或活動來代替另一種消費或活動。

二、在貨幣與證券領域，也有替代效應的出現，常常在國家貨幣利率上升時，人們會選擇以債券來代替貨幣，而當利率下降時，又會選擇貨幣來代替債券。

三、在商品市場中，正常商品和低檔的商品若是價格下降，會由於替代效應而使商品的需求量增加。

財富名人堂

拉里·埃里森（Larry Ellison）：男，西元二〇一三年《富比士》全球億萬富豪排行榜上排名第五名，淨資產四百三十億美元。美國人，從事電腦應用業。世界上最大資料庫軟體公司甲骨文的老闆，他的產品遍布全世界。埃里森在三十二歲以前還一事無成，讀了三個大學，沒有得到一個學位文憑，換了十幾家公司，老婆也離他而去。開始創業時只有一千兩百美元，卻使得Oracle公司連續十二年銷售額每年翻一倍，成為世界上第二大軟體公司。

破窗效應
拒絕舊情人

破窗效應，是指環境對一個人所產生的強烈暗示和誘導性。如果環境中的不良現象被放任地存在，則會誘使人們紛紛效仿，甚至變本加厲，從而增加犯罪率。

安明是一位著名的外科醫生，他和太太結婚已經二十年了，兒子也進入了知名大學，生活過得很安逸。

在一次同學聚會中，安明遇到了阿麗。阿麗是安明學生時代的班花，二十多年過去了，還是那麼美麗。

同班同學都知道，當年安明和阿麗是一對情侶，在他們畢業的時候，兩人因為一個誤會分手了。後來，阿麗去了國外，兩人再也沒有見過面。

同學聚會的那天晚上，安明和阿麗單獨聊了很久，當年的誤會終於在二十年後解開了，兩人感慨良多。

聚會的第二天，阿麗約安明吃晚餐，相約的餐廳環境很浪漫。安明問阿麗：「昨天我們見過了，今天是不是要邀請我和我的太太一起共進晚餐？」

「不是的。」阿麗很吃驚安明竟然不懂她的安排：「我只想約你一個人，我們已經失去了太多的時間，我想彌補。」

「不好意思，我現在除了公事，通常都會回家吃飯。」安明拒絕說。

「你是怕老婆嗎？」阿麗問。

「我怕，」安明並不掩飾自己，「我怕她不開心。」

被拒絕之後，阿麗並不死心，在幾天後寄給安明一封信，信封上寫明讓安明親啟。

安明再次將信退回。

阿麗打來電話質問，安明說：「我已經習慣了和我妻子分享所有的祕密，我本來是想和我的妻子共同來讀這封信，但是妳寫了只讓我自己看，所以我不能看，只好退還給妳。」

阿麗很生氣，在沒有見面的這幾天裡，她偷偷看過安明的妻子，是個中年發福的女人，完全不像自己這樣風華正茂。而且安明當時追自己的時候，很熱烈，他不可能對自己完全失去感覺的，一定是他的妻子太兇了。

這樣想著，阿麗決定親自到安明的診所看一看。

見了安明，阿麗問：「我現在只想知道，你對我還有感覺嗎？」

安明笑笑說：「什麼感覺？愛過妳，也恨過妳，現在就讓一切都過去吧！」

阿麗還是不死心：「那你現在真的愛你的妻子嗎？超過當年愛我嗎？」

「我很懷念對妳的初戀，但是我更珍惜我現在的婚姻。」安明的思維很清楚，「在我最難過的時候，我的妻子安慰了我。後來我們一起成長，互相看著白髮萌生，皺紋出現，我們遇到的點點滴滴都寫在我們相處的歲月裡，這些，只有我和她才懂。至於妳，我懷念，但是我不會用現在的幸福生活來交換那段已逝時光的延續。」

阿麗聽了，擁抱了一下安明，轉身離開了。

天下「財」經

現代社會，一夜情、外遇層出不窮，但這並不能成為破壞婚姻的理由。以上這個故事，和破窗效應類似。

破窗效應是犯罪心理學的理論之一，由美國的政治學家詹姆士·威爾遜和犯罪學家喬治·凱林提出，是指環境對一個人所產生的強烈暗示和誘導性，如果環境中的不良現象被放任，則會誘使人們紛紛效仿，甚至變本加厲，從而增加犯罪率。

我們在生活中也常有這樣的體會，隨意放在桌上的財物，家中敞開的大門，都有可能使得原本沒有貪念的人心生念意，或者誘使人們心生貪念。

在經濟學上，對破窗效應有一個荒謬的解釋，一個叫黑茲利特的學者說，假如小孩打破了窗戶，必將導致破窗人更換玻璃，這樣就會使安裝玻璃的人和生產玻璃的人開工，從而推動社會就業。在這裡，學者是為了說明孩童的行為與政府的行為所能產生的後果，從而徹底地否定凱因斯主義的政府干預政策。

「破窗理論」就是典型的「破壞創造財富」。把這樣的謬論放之於洪災，放之於地震，放之於戰爭，好像都很合適。

那麼，破窗效應在現實經濟中真的可以成立嗎？

答案是否定的，因為砸破玻璃帶動的經濟效用是以另外一部分負效應為代價的。整個社會上的資源並沒有增加，所以孩童砸破玻璃是破壞而不是建設。

財富名人堂

華倫·愛德華·巴菲特（Warren Edward Buffett）：男，西元二〇一三年《富比士》全球億萬富豪排行榜上排名第四名，淨資產五百三十五億美元。美國人，從事金融，投資業。全球著名的投資商，生於美國內布拉斯加州的奧馬哈市。在第十一屆慈善募捐中，巴菲特的午餐拍賣達到創記錄的兩百六十三萬美元。西元二〇一〇年七月，華倫·愛德華·巴菲特再次向五家慈善機構捐贈股票，依當前市值計算相當於十九億三千萬美元。

習慣經濟
美國蘋果在日本

習慣經濟，主要關注的焦點是消費者的消費習慣帶來的經濟效應。消費習慣能夠產生穩定的消費行為，對人們的購買行為產生重要的影響，從而也是產生經濟效益的主要來源。

西元一九九五年，對美國蘋果公司的負責人來說，是幸運的一年，因為經過漫長的二十四年的談判之後，美國蘋果終於做為一個重要的引進品牌得以進入日本市場了，但欣喜的同時，他也面臨著巨大的壓力。

「跟您彙報一下，根據之前的市場調查研究，我們發現日本人吃蘋果和美國人的習慣是不同的。」市場調查研究人員站在負責人面前向他彙報說，「美國人把蘋果當成是零食，通常是咬著吃的，不削皮；但是日本人就不同了，他們是當成飯後的甜點，而且一定是要削皮後切成小塊吃。並且，我們還發現，日本蘋果在種植過程中添加特殊的肥料，結出來的蘋果比美國蘋果大。」

「因此，我們想要打入日本市場，就需要試圖改變日本人民的吃蘋果習慣？」負責人猶豫地說。

「是的。」營運人員在旁邊補充說，「之前柯林頓總統在美日貿易會談的結束儀式上，送了一大籃的美國紅蘋果給日本首相，對於這件事，日本的《朝日新聞》和《讀賣新聞》都進行了報導，這些報導對於日本人民接受美國蘋果是有推動作用的。」

「接下來你們的營運計畫都有什麼？」負責人問。

「接下來，我們打算在進入日本市場的時候，做一些優惠活動，帶動消費。」營運人員回答道。

負責人考慮了幾秒，提出一個建議，營運人員立即退出他的辦公室執行去了。

幾天後，在日本最繁華的街頭搭起了一個遊戲高臺，遊戲規則很簡單，只要人們自願登上高臺，一口咬下最大塊蘋果的人，就能獲得一件印有美國圖案的運動衫，並且在場的所有旁觀者都能獲得主辦方贈送的三顆美國紅蘋果。

這個遊戲得到了日本消費者的踴躍參與，他們在一笑之餘瞭解了美國人吃蘋果的方式。這次活動大受日本年輕人的歡迎，他們開始摒棄老人們的吃法，學著像美國人那樣大口咬著美國蘋果，把它當成是零食的一種。

與這次行銷活動相配合的，是美國蘋果在日本市場的訂價策略。日本蘋果的定價是從一·五美元到五十美分不等，而美國蘋果在日本市場的售價僅為七十五美分，有趣的是，這個看似高額的訂價仍然高於美國國內的市價大約四倍。

天下「財」經

消費習慣通常表現為消費者對某種商品的偏好，或者對某個品牌的偏好，甚至是對某種消費方式的偏好。

消費習慣的形成不僅與商品的特點以及消費場所的服務有關，同時也與消費者自己的心理原因有關。從大的方面來看，與文化、價值觀、風俗習慣等相關，從小的方面來看，消費者的家庭、社會關係及地位對於消費行為的產生也有很大的影響，尤其是家庭內部的消費，通常是由家庭成員共同決定的。而每個消費者的不同社會角色、職業角色以及經濟狀況，都在不同程度上影響著消費習慣的產生。

透過對消費習慣的分析和研究，可以有效地幫助企業從正確的角度切入市場，甚至在產品研發及行銷手法上都可以借鑑消費習慣的分析，這樣才能最大限度地創新和獲得經濟效益。

財富名人堂

阿曼西奧．奧特加（Amancio Ortega）：男，西元二〇一三年《富比士》全球億萬富豪排行榜上排名第三名，淨資產五百七十億美元。西班牙人，從事零售、紡織服裝業。以生產女性旗袍起家，後成立 Inditex 集團。經過二十世紀八〇年代在西班牙市場的成長和九〇年代在歐洲市場的發展，現在的 Inditex 集團已成為西班牙最大的服裝企業，並且在過去三年中發展尤為迅速。該集團在世界六十八個國家中總計擁有三千六百九十一家品牌店，一躍成為世界第二大成衣零售商。

基尼係數
貧民窟裡的高級社區

基尼係數，是經濟學家基尼根據勞倫茨曲線所提出的判斷收入分配的公平程度的一個指標，是在〇和一之間的一個比例數值。

在墨西哥的一個小鎮上，有一個高級社區。

這個社區和其他城市裡的高級社區一樣，有各式各樣的娛樂和健身設施，以及那些讓人一眼望去就無法忘懷的別墅群。

但是，讓這個高級社區得以世界聞名的，不是它的這些尋常優點，而是它的地理環境——矗立在一個貧民窟中。

自己享受高級的物質生活，而四周卻環伺著密密麻麻的貧民窟，像一隻隻飢餓而眼紅的野狼，隨時會撲進來狠咬一口。

這個問題高級社區的富人們不是沒有想過，因此他們買通了墨西哥當地的員警和司法機構，私設公堂，對那些肆意闖入社區的人濫用私刑，甚至不惜取人性命。

悲劇就在這樣的背景下發生了。

在一個風雨交加的夜晚，貧民窟的三個少年經過高級社區附近，他們發現社區高高築起的圍牆有個缺口，就翻牆進入裡面。

高級社區中有完善的監控系統，三個少年的身影很快就被發現了。在被員警抓到之前，兩個稍微年長的少年將小一點的少年藏匿到一家別墅的酒窖中。

少年躲在酒窖裡一待就是三天，這期間他一直靠著酒窖中儲存的乳酪過活，完全不知道外面的世界早已經是天翻地覆了。

這天，別墅的主人進入到酒窖中取酒，少年來不及躲藏，被主人撞了個正著。

兩個人都怔住了，主人很快反應過來，認定這個陌生人應該就是闖入社區的少年，他拿起身邊的鐵棒，防備地看著少年。

少年表現得更惶恐，他向主人請求饒恕，說自己只是和年紀大一點的孩子一起闖進來的，希望能找到他們一起回家。

別墅的主人聽著少年的表述，慢慢放下手裡的鐵棒，因為不管面前這個人做錯了什麼，他也只是個未成年的孩子：「你躲在這裡不要出去，我會給你送吃的喝的。你的那兩個同伴……」主人猶豫著，最終還是決定說出真相，「已經被員警射殺了。」

少年一愣，接著蹲在地上抱住自己瘦削的肩膀抽泣不已。

從這之後，主人每天都會來給少年送吃的和喝的，並且每次到來都會和他促膝長談。

最後，在主人的勸解下，少年決定去自首。

不幸的是，少年還沒有去自首就被員警發現了，不管主人怎麼幫忙勸說，社區裡的人都要處死少年。

故事的結局是悲傷的，雖然有自首的意向，少年還是被高級社區裡的人活活打死了，而早已被收買的員警也如往常一般視若無睹。少年的母親和女朋友，也在暴力的脅迫下選擇沉默。

三個闖入高級社區的年輕生命就這樣消逝了，人們的生活一如往昔。

天下「財」經

基尼係數是國際上用以綜合考察居民收入分配差異狀況的一個經濟學分析指標，它是在〇和一之間的一個比例數值，越接近〇說明收入的分配越趨於平等，越接近一則說明收入的分配越趨於不平等。

國際規定，基尼係數低於〇·二表示收入絕對平均；〇·二～〇·三表示比較平均；〇·三～〇·四表示相對合理，基尼係數在〇·四以上表明居民的收入分配差異較大，當基尼係數達到〇·六以上，則表示居民收入分配的差距很大。

〇·四是基尼係數的警戒線，根據黃金分割，實際是〇·三八二，但是全世界，美國〇·四五偏高，發展中國家則在〇·二四～〇·三六之間，所以取了〇·四做為分界點。由於基尼係數反映的是居民的收入分配情況，其實這個不僅與經濟發展水準相關，同時還受到國家的社會文化傳統、經濟政治制度所影響。

財富名人堂

比爾·蓋茲（Bill Gates）：男，西元二〇一三年《富比士》全球億萬富豪排行榜上排名第二名，淨資產六百七十億美元。美國人，從事電腦應用業。美國微軟公司的董事長。首屈一指科技人才、大慈善家、環保者，與保羅·艾倫創辦微軟公司，曾任微軟首席執行長和首席軟體設計師，持有公司超過百分之八的普通股，是公司最大的個人股東。

銀根緊縮
智鬥小三的主婦

銀根緊縮，是銀行為了緩解市場上貨幣供大於求的情況而採取的一系列措施，目的是減少貨幣的流通量，避免通貨膨脹的產生。

曉晴的老公有了外遇，但最後又離開了小三。這件事曉晴的知心好友也知道，她向曉晴請教經驗時，曉晴只是笑笑說：「鬥小三還不容易？緊縮銀根就可以了！」

曉晴多年來和老公的感情一直不錯，為了紀念結婚十週年，老公特意帶著曉晴和孩子到歐洲旅行。但沒想到，這次的旅行卻成了他們婚姻的滑鐵盧。

在這次的歐洲旅行中，曉晴和老公的導遊是位年輕漂亮的小姐，曉晴第一眼就不喜歡這位導遊小姐，在她一身A貨的裝扮中，曉晴早就看出了她的虛榮和物慾。

但曉晴的老公並不這樣認為，在他看來，這個導遊小姐又單純又可愛。在歐洲遊回國不久，他就和導遊小姐走在一起了。

曉晴的老公自以為天衣無縫，卻不知世界上沒有不透風的牆。曉晴很快就知道了這個消息，她早就猜到導遊小姐對自己老公的垂涎，只是沒想到手段如此了得，速度如此迅速。

當得知老公出軌消息後，曉晴就開始了「銀根緊縮」這一戰略。兒子一直想去歐洲留學，曉晴從經濟上考慮一直沒有答應，這次的事情一出，曉晴立刻用老公的信用卡刷了學費。由於這個投資有關孩子的教育，曉晴的老公也沒說什麼。

曉晴做為專職主婦，在家開銷怎麼省怎麼來。但導遊小姐的出現，讓她徹底變了，她開始約姐妹們去飯店吃飯，見到高價化妝品和好衣服想買就買。

導遊小姐也沒閒著，她經常會發一些資訊到曉晴的手機上，說曉晴的老公又給她買了什麼高級品，有多麼多麼愛她，但曉晴都是一笑置之，不但沒跟導遊小姐鬥，甚至跟老公也沒提過一句。

雖然她心裡很生氣，但是她知道這個時候必須忍住。

漸漸地，曉晴發現她的老公開始在半夜偷偷做兼職。曉晴看著深夜那個苦熬的身影，雖然心裡有點心痛，但還是忍住了，她知道，此刻如果忍不住自己的心痛，自己就會失去了老公。

又過了一段時間，曉晴偶然聽到老公在浴室裡和導遊小姐吵架，原來，老公終於看清了小三的貪財本質。

一個月之後，曉晴接到了導遊小姐的電話，她約曉晴在咖啡廳見面。

坐在導遊小姐的對面，曉晴心平氣和地說她家兩間房子都在自己名下，老公雖然收入還不錯，但大部分是用來還房貸的，即便離婚，老公是過錯方，什麼都不會得到的。

聽曉晴說到這裡，導遊小姐一句話也沒說就走了。

不久，曉晴的老公就和導遊小姐斷了聯繫。

某天，曉晴的老公喝多了，對曉晴坦白了這件事，說自己錯得離譜，曉晴只是笑笑。

後來，曉晴對知心好友說，既然管不住老公的花心，就管住他的錢包。最多一年，男人肯定就會灰頭土臉地回來。如果不回來，那就放他走，畢竟他可以為了「偉大」的愛情寧願放棄所有的財物。

天下「財」經

國家所採用的銀根緊縮的措施通常是提高利息稅、印花稅、證券交易稅等調控手法，促使央行提高基本利率，促進國債或外匯的買賣等。

銀根緊縮是在宏觀經濟層面的調控，也間接地影響了股市、房地產、鋼鐵、汽車等行業的經濟，尤其是股市中資金鏈的供應，短期內會受到一定程度的負面影響；同時，銀根緊縮對很多上市公司的經營也產生程度不一的影響，包括銀行的信貸計畫；對人們的投資意向也會產生很大影響，很多投資者由於不明政策前景而縮減投資額，甚至會撤回投資，從而產生一系列的後續影響。

財富名人堂

卡洛斯・斯利姆・埃盧（Carlos Slim Helu）：男，西元二〇一三年《富比士》全球億萬富豪排行榜上排名第一名，淨資產七百三十億美元。墨西哥人，從事通信營運業。畢業於墨西哥國立自治大學土木工程系，他名下企業的總市值佔目前墨西哥股市總市值的近一半，其個人所擁有的財富總額相當於墨西哥國內生產總值的百分之八。

國家圖書館出版品預行編目資料

關於財富的100個故事／陳鵬飛著.
－－第一版－－臺北市：宇河文化出版；
紅螞蟻圖書發行，2015.5
面 ； 公分－－(Elite；41)
ISBN 978-957-659-997-2（平裝）

1.財富 2通俗作品

551.2 104006450

Elite 41

關於財富的100個故事

作　　者／陳鵬飛
發 行 人／賴秀珍
總 編 輯／何南輝
責任編輯／韓顯赫
校　　對／鍾佳穎、周英嬌、賴依蓮
美術構成／Chris' office
出　　版／宇河文化出版有限公司
發　　行／紅螞蟻圖書有限公司
地　　址／台北市內湖區舊宗路二段121巷19號（紅螞蟻資訊大樓）
網　　站／www.e-redant.com
郵撥帳號／1604621-1 紅螞蟻圖書有限公司
電　　話／(02)2795-3656（代表號）
傳　　真／(02)2795-4100
登 記 證／局版北市業字第1446號
法律顧問／許晏賓律師
印 刷 廠／卡樂彩色製版印刷有限公司
出版日期／2015年 5 月　第一版第一刷

定價 300 元　港幣 100 元

ISBN 978-957-659-997-2　　Printed in Taiwan